2022

COORDENADORES
MARIA LUIZA MACHADO GRANZIERA
FERNANDO REI

LICENCIAMENTO AMBIENTAL

ABORDAGENS NO ESTADO DE SÃO PAULO

ANA CRISTINA
PASINI DA COSTA

ANDREW RANGEL
DOS REIS

ANTONIO LUIZ LIMA
DE QUEIROZ

CELI APARECIDA
CONSOLIN HONAIN

CÉLIA
POETA

FERNANDO
REI

FLÁVIO DE
MIRANDA RIBEIRO

KAMYLA
CUNHA

MARIA ISABEL LEITE
SILVA DE LIMA

MARIA LUIZA
MACHADO GRANZIERA

RAFAEL ANTONIETTI
MATTHES

SANDRA MARA
PRETINI MEDAGLIA

2022 © Editora Foco

Coordenadores: Maria Luiza Machado Granziera e Fernando Rei
Autores: Ana Cristina Pasini da Costa, Andrew Rangel dos Reis, Antonio Luiz Lima de Queiroz,
Celi Aparecida Consolin Honain, Célia Poeta, Fernando Rei, Flávio de Miranda Ribeiro, Kamyla Cunha,
Maria Isabel Leite Silva de Lima, Maria Luiza Machado Granziera,
Rafael Antonietti Matthes e Sandra Mara Pretini Medaglia
Diretor Acadêmico: Leonardo Pereira
Editor: Roberta Densa
Assistente Editorial: Paula Morishita
Capa Criação: Leonardo Hermano
Diagramação: Ladislau Lima e Aparecida Lima
Impressão miolo e capa: FORMA CERTA

Dados Internacionais de Catalogação na Publicação (CIP) de acordo com ISBD

L968

    Licenciamento ambiental / Ana Cristina Pasini da Costa ... [et al.] ; coordenado por Maria Luiza Machado Granziera, Fernando Rei. -Indaiatuba, SP : Editora Foco, 2022.

    232 p. ; 17cm x 24cm.

    Inclui bibliografia e índice.

    ISBN: 978-65-5515-380-4

    1. Direito Ambiental. 2. Licenciamento ambiental. I. Costa, Ana Cristina Pasini da. II. Reis, Andrew Rangel dos. III. Queiroz, Antonio Luiz Lima de. IV. Honain, Celi Aparecida Consolin. V. Poeta, Célia. VI. Rei, Fernando. VII. Ribeiro, Flávio de Miranda. VIII. Cunha, Kamyla. IX. Lima, Maria Isabel Leite Silva de. X. Granziera, Maria Luiza Machado. XI. Matthes, Rafael Antonietti. XII. Medaglia, Sandra Mara Pretini. XIII. Título.

2022-66   CDD 341.347   CDU 34:502.7

Elaborado por Vagner Rodolfo da Silva - CRB-8/9410

Índices para Catálogo Sistemático:

1. Direito Ambiental 341.347

2. Direito Ambiental 34:502.7

DIREITOS AUTORAIS: É proibida a reprodução parcial ou total desta publicação, por qualquer forma ou meio, sem a prévia autorização da Editora FOCO, com exceção do teor das questões de concursos públicos que, por serem atos oficiais, não são protegidas como Direitos Autorais, na forma do Artigo 8º, IV, da Lei 9.610/1998. Referida vedação se estende às características gráficas da obra e sua editoração. A punição para a violação dos Direitos Autorais é crime previsto no Artigo 184 do Código Penal e as sanções civis às violações dos Direitos Autorais estão previstas nos Artigos 101 a 110 da Lei 9.610/1998. Os comentários das questões são de responsabilidade dos autores.

NOTAS DA EDITORA:

Atualizações e erratas: A presente obra é vendida como está, atualizada até a data do seu fechamento, informação que consta na página II do livro. Havendo a publicação de legislação de suma relevância, a editora, de forma discricionária, se empenhará em disponibilizar atualização futura.

Erratas: A Editora se compromete a disponibilizar no site www.editorafoco.com.br, na seção Atualizações, eventuais erratas por razões de erros técnicos ou de conteúdo. Solicitamos, outrossim, que o leitor faça a gentileza de colaborar com a perfeição da obra, comunicando eventual erro encontrado por meio de mensagem para contato@editorafoco.com.br. O acesso será disponibilizado durante a vigência da edição da obra.

Impresso no Brasil (02.2022) – Data de Fechamento (02.2022)

2022
Todos os direitos reservados à
Editora Foco Jurídico Ltda.
Avenida Itororó, 348 – Sala 05 – Cidade Nova
CEP 13334-050 – Indaiatuba – SP

E-mail: contato@editorafoco.com.br
www.editorafoco.com.br

APRESENTAÇÃO

Resultado da demanda gerada aos países pela Conferência de Estocolmo de 1972, o licenciamento ambiental foi concebido para regular as condutas humanas e compatibilizar o exercício das atividades econômicas com a manutenção da qualidade ambiental, que começava a apresentar sinais pontuais de desequilíbrio.

Prestes a se transformar em um instrumento de política pública "cinquentão", ainda é o principal instrumento preventivo da gestão ambiental que visa à proteção do meio ambiente por meio da verificação de conformidade e da adequação dos projetos, obras e atividades à legislação vigente, aos padrões de qualidade ambiental e à melhor tecnologia de forma a minimizar e mitigar os impactos por eles causados.

Entretanto, não obstante uma série de avanços na regulação e na aplicação desse instrumento de gestão ambiental, preventivo e de precaução em sua essência, o licenciamento ambiental continua a ser pautado por uma lógica da escola de "comando e controle", mediante as chamadas medidas de "fim de tubo", muitas vezes burocráticas e pouco dinâmicas para as demandas de uma economia em transição e para fazer frente às complexas questões ambientais globais.

Portanto, se por um lado há evidências de que o licenciamento ambiental é merecedor de remodelações e de concepções de governança, de outra parte é gerador de desgaste e incrementa movimentos em setores da sociedade que desprestigiam sua importância e se mobilizam para a sua excessiva flexibilização.

Embates desnecessários. Para um país como o nosso, a preservação do meio ambiente e da qualidade ambiental são cruciais para o crescimento das atividades econômicas, porque, enquanto potência ambiental megadiversa, o caminho do desenvolvimento sustentável nos é o mais evidente, inclusive como *soft power*, e a chancela de serviços ambientais deveria estar presente em nossas exportações, nomeadamente do setor agropecuário.

Na construção dessa jornada, o Direito tem dado a sua contribuição. Qual então a razão de ser de mais uma obra, se já são várias os livros que tratam do licenciamento ambiental? Há pelo menos duas variáveis que buscam distinguir este livro: a reunião de autores da Academia, propriamente do Grupo de Pesquisa Energia e Meio Ambiente do Programa de *Stricto Sensu* em Direito da Universidade Católica de Santos, com especialistas da Companhia Ambiental do Estado de São Paulo – CETESB, que há décadas trabalham com o tema no órgão ambiental, uma referência ambiental no país e no exterior.

Dessa forma, a obra ganha um perfil mais técnico e prático, apresentando detalhes do processo de licenciamento, não perceptível em obras puramente acadêmicas, podendo ser, sem esgotar o assunto, uma contribuição extremamente útil para profissionais que não só estudam, mas que vivenciam o dia a dia do licenciamento ambiental, nomeadamente no Estado de São Paulo.

Esperamos que este livro contribua para a evolução do licenciamento e da gestão ambiental, a partir da experiência do Estado de São Paulo, evidenciando que, mediante a modernização do licenciamento ambiental e do fortalecimento dos órgãos ambientais do país, é possível perseguir um modelo de desenvolvimento que congregue o necessário ganho econômico com a imprescindível adequação ambiental.

Os autores organizadores

Maria Luiza Machado Granziera e Fernando Rei

SOBRE OS AUTORES

Ana Cristina Pasini da Costa: Geóloga. Trabalha na área de licenciamento ambiental com base em AIA desde 1986. Atuou em empresas de geração de energia e consultoria. Na CETESB ficou por 20 anos, 12 dos quais como Diretora de Avaliação de Impacto Ambiental. Atualmente, desde 2019, na SABESP, assessora da Diretoria de Sistemas Regionais.

Andrew Rangel dos Reis: Advogado atuante no Direito Ambiental, Urbanístico e Imobiliário. Graduado pela Fundação Armando Alvares Penteado e Mestre em Direito Ambiental pela Universidade Católica de Santos. Atualmente Pós-graduando em Direito Imobiliário pela Fundação Getúlio Vargas.

Antonio Luiz Lima de Queiroz: Engenheiro agrônomo formado pela ESALQ USP, atualmente assistente executivo da Presidência da CETESB, trabalhando no sistema ambiental estadual desde 1997, tendo atuado como assessor da Diretoria Geral do DEPRN, Diretor do Departamento de Fiscalização e Monitoramento da SMA, e Assessor da Diretoria de Controle e Licenciamento Ambiental da CETESB.

Celi Aparecida Consolin Honain: Mestre em Direito Ambiental pela Universidade Católica de Santos com bolsa CAPES (2021). Possui graduação em Licenciatura Plena em Letras - Português e Alemão - pela UNESP - Universidade Estadual Paulista Júlio de Mesquita Filho; em Pedagogia pela FALC e em Direito pela Universidade Católica de Santos (2018). Foi bolsista pelo CNPq, pela FAPESP (Auxílio à pesquisa - 1993) e pela CAPES (2020-2021). É advogada (OAB SP nº 425739) e membro do grupo de pesquisa "Energia e Meio Ambiente" da Universidade Católica de Santos (2019-2021).

Célia Poeta: Engenheira Química com especialização em Engenharia de Segurança e em Engenharia Sanitária e Ambiental pela Faculdade de Engenharia da Fundação Armando Alvares Penteado – FAAP e em Engenharia Ambiental e Saúde Pública pela Faculdade de Saúde Pública da Universidade de São Paulo – FSP-USP. Atua há 40 anos na CETESB, com ênfase no licenciamento ambiental. Atualmente é assistente executiva da Diretoria de Controle e Licenciamento Ambiental da Companhia Ambiental do Estado de São Paulo – CETESB

Fernando Rei: Professor-Associado do Programa de Doutorado e Mestrado em Direito da Universidade Católica de Santos. Professor Titular de Direito Ambiental da Fundação Armando Álvares Penteado – FAAP. Diretor Científico da Sociedade Brasileira de Direito Internacional do Meio Ambiente – SBDIMA. Foi, por duas vezes, Diretor-Presidente da Companhia Ambiental do Estado de São Paulo – CETESB.

Flávio de Miranda Ribeiro: Engenheiro, Mestre em Energia e Doutor em Ciências Ambientais pela Universidade de São Paulo. Possui 17 anos de experiência na CETESB-Companhia Ambiental do Estado de São Paulo, e é Professor Doutor da Universidade Católica de Santos.

Kamyla Cunha: Advogada. Pós-Doutora em Direito pela Universidade Católica de Santos. Mestre e Doutora em Planejamento de Sistemas Energéticos pela Faculdade de Engenharia Mecânica da UNICAMP. Graduada em Direito pela USP. Foi Docente dos Cursos de Ciências Ambientais e Engenharia Química na Universidade Federal de São Paulo. Trabalha atualmente no Instituto Clima e Sociedade.

Maria Isabel Leite Silva de Lima: Advogada. Doutoranda em Direito Ambiental Internacional e Mestre em Direito Ambiental, ambos pela Universidade Católica de Santos. Bolsista CAPES/PROSUP. Especialista em Gestão Ambiental e Sustentabilidade pela Universidade Federal de São Carlos.

Maria Luiza Machado Granziera: Advogada em São Paulo. Consultora com experiência em direito ambiental, recursos hídricos, saneamento básico, resíduos sólidos, contratos públicos, concessões e licitações no Brasil e América Latina. Consultora da UNESCO e da OEA. Mestre em Direito Internacional e doutora em Direito pela Universidade de São Paulo. Professora Associada ao Programa de Pós-Graduação Stricto Sensu – Mestrado e Doutorado em Direito Ambiental Internacional da Universidade Católica de Santos (UNISANTOS). Líder do Grupo de Pesquisa 'Energia e Meio Ambiente'. Autora dos livros "Direito Ambiental", 5ª. ed., "Direito de Águas – Disciplina Jurídica das Águas Doces", 4a. ed. e "Agência Nacional de Águas e Saneamento Básico", entre outros trabalhos.

Rafael Antonietti Matthes: Doutorando em Direito Ambiental Internacional, bolsista CAPES, e mestre em Direito Ambiental pela Universidade Católica de Santos. Advogado e consultor nas áreas de Direito Ambiental e Agronegócio. Tecnólogo em Gestão Ambiental. Professor de cursos preparatórios no CERS. Autor de obras jurídicas pela Editora Rideel.

Sandra Mara Pretini Medaglia: Advogada, é Mestre em Direito Político e Econômico pela Universidade Presbiteriana Mackenzie. Docente e coordenadora de cursos de pós-graduação lato sensu e de graduação. Ex-gerente jurídico da CETESB – Companhia Ambiental do Estado de São Paulo (1992 a 2004 e 2007/2019). Membro efetivo da Comissão de Meio Ambiente da OAB/SP. Representante da OAB/SP perante o CONSEMA – Conselho Estadual de Meio Ambiente.

SUMÁRIO

APRESENTAÇÃO

Maria Luiza Machado Granziera e Fernando Rei III

SOBRE OS AUTORES V

45 ANOS DE LICENCIAMENTO AMBIENTAL: UM REEXAME AINDA NECESSÁRIO

Maria Isabel Leite Silva de Lima e Fernando Rei 1

COMPETÊNCIA DOS MUNICÍPIOS PARA O LICENCIAMENTO AMBIENTAL –
EXPERIÊNCIA DO ESTADO DE SÃO PAULO

Sandra Mara Pretini Medaglia 25

AVALIAÇÃO DE IMPACTO AMBIENTAL

Ana Cristina Pasini da Costa 39

LICENCIAMENTO AMBIENTAL DAS ATIVIDADES AGROSSILVIPASTORIS NO
ESTADO DE SÃO PAULO

Rafael Antonietti Matthes... 59

LICENCIAMENTO AMBIENTAL E A DINÂMICA DA LICENÇA RENOVÁVEL NO
ESTADO DE SÃO PAULO

Flávio de Miranda Ribeiro e Fernando Rei 77

RISCOS DE LITIGÂNCIA CLIMÁTICA NO LICENCIAMENTO AMBIENTAL

Fernando Rei e Kamyla Cunha.. 97

LICENCIAMENTO DE PLANTAS DE PRODUÇÃO E DE ATIVIDADES UTILIZA-
DORAS DE AMIANTO

Celi Aparecida Consolin Honain e Maria Luiza Machado Granziera 113

LICENCIAMENTO E ÁREAS CONTAMINADAS

Andrew Rangel dos Reis 139

DA FLORESTA PROTETORA DE 1934 À ÁREA DE PRESERVAÇÃO PERMANENTE DE 2012 – A EVOLUÇÃO DA CONSERVAÇÃO E PROTEÇÃO DA VEGETAÇÃO NO LICENCIAMENTO AMBIENTAL

Antonio Luiz Lima de Queiroz 159

LICENCIAMENTO DE PARCELAMENTO DO SOLO URBANO E CONDOMÍNIOS

Célia Poeta 179

LICENCIAMENTO AMBIENTAL E LOGÍSTICA REVERSA: CONCEITUAÇÃO E O CASO DO ESTADO DE SÃO PAULO

Flávio de Miranda Ribeiro 199

45 ANOS DE LICENCIAMENTO AMBIENTAL: UM REEXAME AINDA NECESSÁRIO[1]

Maria Isabel Leite Silva de Lima

Fernando Rei

1. INTRODUÇÃO

A história do homem também pode ser observada sob a ótica de como as sociedades se apropriaram dos recursos naturais disponíveis para convertê-los em bens e serviços para a satisfação de necessidades individuais, coletivas e sociais.[2]

Além do aumento da demanda por recursos, o homem deteriorou a capacidade do meio natural em oferecer estes bens e serviços, em virtude da degradação do meio físico e da emissão e lançamento de poluentes, resultantes do conjunto das cada vez mais impactantes atividades humanas.[3]

Não obstante alguns pontos de discordância, é pacífico entre os pesquisadores envolvidos com a ampla temática da sustentabilidade que a questão ambiental na era contemporânea nos traz enormes desafios, particularmente porque essa questão está acompanhada pela produção de riscos à sobrevivência de toda a humanidade.[4]

A atuação do Estado nessa tensão acontece mediante a adoção de políticas públicas e, dentro das diversas formas de atuação do poder público, a regulação ambiental é imprescindível para garantir a compatibilização entre desenvolvimento de atividades econômicas e a ocupação humana com a preservação da natureza, análise e mitigação dos riscos envolvidos e potenciais danos ao meio ambiente.

O presente capítulo introduz conceitos sobre regulação ambiental como parte das políticas públicas, notadamente o licenciamento ambiental brasileiro, mas não se limitando a este instrumento. Mais relevante é verificar como este tem sido operacionalizado pelos órgãos ambientais, ao que parece de maneira legalista e estática, sem ter apresentado evolução na incorporação e enfrentamento de novos problemas ambientais, cada vez mais complexos, apesar de avanços e resultados de melhoria ambiental em determinadas regiões do País.

---

1. Este Capítulo é uma revisão atualizada do artigo 40 anos de licenciamento ambiental: um reexame necessário, dos autores, publicado na Revista de Direito Econômico e Socioambiental, Curitiba, v. 8, n. 2, p. 378-410, nov. 2017. ISSN 2179-8214. Disponível em: https://periodicos.pucpr.br/index.php/direitoeconomico/article/view/16646
2. DOBSON, 1995.
3. ABRAMOVAY, 2012.
4. BECK, 2010.

A percepção ampla que se tem na sociedade brasileira dos limites a que chegou o licenciamento ambiental originou diversas iniciativas de reforma da regulação ambiental normatizada, nem sempre, é verdade, preocupadas com a melhoria do seu desempenho e sua qualidade.

Dentre as iniciativas que serão analisadas, citam-se a Proposta de Emenda à Constituição (PEC) 65/2012, o Projeto de Lei do Senado (PLS) 654/2015, a proposta de alteração das Resoluções CONAMA 01/86 e 237/97 (Processo MMA 02000.001845/2015-32) e, por fim, o Projeto de Lei da Câmara dos Deputados (PL) 3729/04 e seus apensados, atualmente em tramitação no Senado, após já ter sido aprovado na Câmara dos Deputados em maio de 2021, por maioria, o que será o marco legal em âmbito nacional sobre o Licenciamento Ambiental.

O objetivo não é concordar ou divergir sobre a flexibilização de normas ambientais, e sim propor uma análise crítica e trazer à tona a necessidade de discussão constante sobre a temática de modo a encarar as realidades e obstáculos presentes no modelo atual.

2. A REGULAÇÃO AMBIENTAL E O MODELO DE COMANDO E CONTROLE

A regulação ambiental pode ser conceituada como o conjunto de regras e instrumentos utilizados pelos órgãos ambientais na implementação das políticas públicas, a partir de condicionantes preventivas e corretivas que buscam a conformidade ambiental das atividades potencialmente poluidoras. Cabe à Administração Pública executar a vontade do Estado contida na lei para o atendimento do interesse público, sob as regras de Direito Público.

Em outras palavras, "o conjunto diverso de instrumentos pelos quais governos especificam requisitos para empresas e cidadãos no seu relacionamento com o meio natural".[5] Ou seja, seu propósito é condicionar condutas individuais e coletivas dos entes regulados.[6]

Para Granziera,[7] as funções da Administração Pública em matéria ambiental podem ser divididas em funções de prestação, de fomento e as protetoras ou de polícia administrativa.

A regulação ambiental está inserida nas funções protetoras ou de polícia administrativa, por decorrer do sistema de comando e controle da Administração Pública.

As funções protetoras estão relacionadas ao poder de polícia ambiental, caracterizado por ações orientadoras ou limitadores dos interesses econômicos particulares para que estejam em consonância com os interesses gerais ambientais e com o desenvolvimento sustentável. O licenciamento ambiental é um exemplo, pois

---

5. JACOBZONE; CHOI; MIGUET, 2007, p. 101.
6. REI; RIBEIRO, 2014.
7. GRANZIERA, 2019.

estabelece condicionantes para a execução do empreendimento e os regulamentos fixam os padrões e regras atinentes aos limites da atuação do particular. Havendo transgressão à norma e a ocorrência do dano, os infratores são passíveis de sanções pelo Poder Público.[8]

Para Rei e Ribeiro,[9] no sistema de comando e controle, o governo prescreve as ações desejadas para corrigir situações de risco para a saúde humana e aos ecossistemas por meio de requisitos ambientais presentes em normas (comando) e cria um conjunto de ações para assegurar seu atendimento (controle).

Os elementos essenciais para o funcionamento do modelo são: o estabelecimento normativo dos requisitos ambientais (por exemplo, em leis e decretos); normas administrativas para registro das fontes de poluição e comunicação sistemática dos requisitos a estes (como as licenças ambientais); a criação de um sistema de coleta e análise de informações de monitoramento das fontes poluentes e a criação de uma rotina de inspeções *in loco* para identificar violações; o estabelecimento de sanções no caso de violações; a criação de um sistema de monitoramento da qualidade ambiental para avaliar o impacto destas medidas no meio, dentre outras ações necessárias à operacionalização do processo.[10]

Existem alguns limites do sistema de comando e controle no enfrentamento dos problemas ambientais atuais. O primeiro é a sua efetividade, ou seja, o seu real potencial de transformação da realidade conforme as metas estabelecidas, posto que o modelo advém de uma concepção histórica restrita tão somente ao atendimento legal.[11]

Outros limites para Rei e Ribeiro[12] são: o imperativo da adequação, o foco no fim de tubo, a visão compartimentada dos problemas ambientais, restrições à mera adequação legal, desprezo pelas inovações tecnológicas ou de gestão e o foco no desempenho ambiental.

A regulação com base apenas no controle corretivo não tem sido suficiente para os desafios contemporâneos, necessitando ser complementada com novas abordagens. Isto inclui os próprios órgãos ambientais que, ao invés de serem meros fiscais da lei, devem adotar uma postura de facilitador e fomentador, o que "por um lado cria condições de avanço, e estimula estas ações, e por outro mantém o acompanhamento e monitoramento para verificar se a estratégia tem sido bem-sucedida".[13]

Uma das novas abordagens pressupõe o enfrentamento dos custos ambientais das atividades potencialmente poluidoras e degradadoras (externalidades), dispersas por uma quantidade incalculável de indivíduos, como em casos de contaminação

---

8. GRANZIERA, 2019.
9. REI; RIBEIRO, 2014.
10. REI; RIBEIRO, 2014.
11. REI; RIBEIRO, 2014.
12. REI; RIBEIRO, 2014.
13. REI; RIBEIRO, 2014, p. 45.

ou escassez de recursos,[14] com afetação direta na saúde pública, como já destacavam Philippi Junior e Marcovitch.[15]

Como resultados, os benefícios poderiam ir além dos requisitos legais e reduzir a necessidade de um aparato estatal coercitivo, o que consome recursos. Igualmente, deve haver a abertura ao diálogo, com a participação dos diversos atores sociais, incluindo a população em geral, o que tende a melhorar a qualidade das decisões e dar transparência ao processo e voz aos anseios da sociedade.[16]

A ênfase à questão ambiental no cenário mundial ocorreu após a Conferência da ONU em Estocolmo, em 1972. A matéria, portanto, pode ser considerada recente se comparada ao início da industrialização, sendo que, nestes quase 50 anos passados da 1ª Conferência Mundial, houve avanços nas políticas nacionais e na própria estruturação dos governos para a execução dos objetivos ambientais.

No Brasil, em 1973, cita-se a criação da Secretaria Especial de Meio Ambiente (SEMA). Em 1981, foi promulgada a Política Nacional do Meio Ambiente (PNMA), introduzida pela Lei 6.938/1981, que foi considerada um marco legal e histórico para a proteção ambiental no país, influenciada pela nova política ambiental norte-americana de 1969 (*National Environmental Policy Act – NEPA*).

Dentre os instrumentos trazidos pela PNMA, destacam-se o licenciamento ambiental de atividades efetivas ou potencialmente poluidoras ou capazes de causar degradação ambiental e a Avaliação de Impactos Ambientais (art. 9º, III e IV, respectivamente).

Tendo por base o princípio da prevenção, estes são os principais instrumentos da gestão pública do meio ambiente no País desde então, principalmente por estabelecer um processo administrativo para ordenar as restrições e condicionantes da implantação e operação de atividades, buscando que seu exercício respeite a qualidade ambiental e o interesse público.[17]

No entanto, antes da PNMA, já havia algumas leis esparsas que tratavam da questão ambiental no país e que foram retomadas na política nacional. Citam-se, por exemplo, a Lei 6.803/1980, que já previa o licenciamento de estabelecimentos industriais nas áreas críticas de poluição e a avaliação dos impactos para a criação de zonas de uso estritamente industrial, bem como a lei sobre o controle de poluição no Estado de São Paulo, Lei Estadual 997/1976, regulamentada pelo Decreto Estadual 8.468/1976.[18]

A PNMA criou também o Sistema Nacional do Meio Ambiente (SISNAMA), composto por: Conselho de Governo, Conselho Nacional do Meio Ambiente (CO-

---

14. JORDAN, 2001.
15. PHILIPPI JUNIOR; MARCOVITCH, 1993.
16. REI; RIBEIRO, 2014.
17. FREIRIA, 2011; FIGUEIREDO, 2011.
18. GRANZIERA, 2019.

NAMA), Secretaria do Meio Ambiente da Presidência da República (atual Ministério do Meio Ambiente), o Instituto Brasileiro do Meio Ambiente e dos Recursos Naturais Renováveis (IBAMA) e o Instituto Chico Mendes de Conservação da Biodiversidade – (ICMBio), além dos órgãos setoriais e ambientais estaduais e municipais (art. 6º, Lei 6.938/1981).

O SISNAMA foi inspirado no modelo da política americana, com a finalidade de "estabelecer uma rede de agências ambientais governamentais, que buscam assegurar instrumentos, então inspirados no modelo de comando e controle, capazes de implementar a Política Nacional".[19]

Para Rei e Cibim[20], a tônica da Lei 6.938/1981 foi o reconhecimento de que "a execução de uma Política Nacional de Meio Ambiente em uma federação continental como a nossa, só seria possível se admitida a descentralização de ações com o estabelecimento de instrumentos viáveis."

Apesar do novo modelo que tende a descentralizar a função regulatória do Poder Executivo, tanto na esfera da produção normativa quanto na execução propriamente dita em matéria ambiental, o fenômeno da concentração governamental é ainda presente, pois a elaboração de políticas públicas ambientais continua reunida no núcleo central dos órgãos ambientais, ainda que muitos pertencentes à administração indireta, porém parte do Executivo.[21]

Nesse sentido, compete aos órgãos e entidades ambientais exercer representativa parcela das atividades de regulação para dar efetividade às políticas públicas, por meio da elaboração de atos normativos, da fiscalização do seu cumprimento e da adoção de demais medidas administrativas, inclusive sanções, no exercício de seu poder de polícia ambiental.[22]

Ao CONAMA, órgão consultivo e deliberativo do SISNAMA, cabe estabelecer normas e critérios para o licenciamento ambiental e fixar os critérios básicos para a elaboração de estudos de impacto ambiental (art. 8º, I, Lei 6.938/1981). Os Estados podem elaborar normas e padrões ambientais, desde que observadas as diretrizes do CONAMA, sendo que aos Municípios é permitida a elaboração de suas normas, observados os padrões federais e estaduais.

O Decreto 88.351/83, que regulamentou a PNMA, determinou o licenciamento trifásico e serviu de base para a construção das Resoluções CONAMA 01/86 e 237/97, que tratam dos procedimentos para o licenciamento ambiental e para a avaliação de impactos ambientais.

---

19. REI; CIBIM, 2011, p. 19.
20. REI; CIBIM, 2011, p. 22.
21. REI; RIBEIRO, 2014.
22. REI; RIBEIRO, 2014.

Destacam-se, ainda, a Lei 7.347/85, que trata da Ação Civil Pública para a defesa dos direitos difusos e coletivos, e a Constituição Federal de 1988 que consagrou, no art. 225, o direito de todos ao meio ambiente ecologicamente equilibrado.

Apesar da responsabilização penal ambiental já estar prevista no art. 225 da Constituição Federal (1988) e na PNMA (1981), posto que estabeleceram que as condutas e atividades lesivas ao meio ambiente acarretariam sanções nas esferas penal, administrativa e civil, somente em 1998 os crimes ambientais foram de fato tipificados com a edição da Lei 9.605/1998, denominada Lei de Crimes Ambientais.

Pondera-se, no entanto, que não basta somente a criação de leis, sem que haja a estrutura adequada para o seu cumprimento.

As metas de minimização dos impactos ao meio ambiente não foram atingidas, seja pelo desempenho dos agentes fiscalizadores da lei, seja pela inaplicabilidade ou falta de inteligibilidade da lei para a adequação do comportamento social.[23]

Os diversos órgãos ambientais que foram criados para a aplicação da lei acabaram gerando um mosaico institucional anacrônico, muitas vezes sobreposto e confuso. A lógica do comando e controle, com vistas tão somente à conformidade legal, deu causa a uma postura reativa e legalista dos órgãos ambientais, sem considerar, no entanto, práticas de planejamento e gerenciamento que pudessem trabalhar e pensar as causas da poluição. A lógica territorial baseada na divisão dos entes federativos não leva em conta, por exemplo, a bacia hidrográfica, os biomas e os problemas transfronteiriços.[24]

Rei e Ribeiro[25] destacam que:

Uma lei só é eficiente se for eficientemente aplicada, cumprida e assimilada pelos agentes sociais. Nessa visão, o modelo de comando e controle tem a sua importância histórica, porém não consegue avançar nas soluções não previstas pelo próprio modelo e não reguladas. Ter boas leis é o primeiro e mais importante passo, mas não basta. A norma é apenas um ponto de partida. Para a sua efetividade, é necessário estabelecer condições operacionais que viabilizem (ou descartem, quando for o caso) a sua adequada aplicação, numa organicidade institucional que fomente a contratação de técnicos especializados, que seja dotada de infraestrutura apropriada e viabilizada por recursos financeiros para a consecução dos trabalhos, além de um público instruído e sensibilizado com as questões ambientais.

Nesse sentido, é possível observar que, apesar do caminho já traçado, ainda não é possível afirmar que o país esteja cumprindo o seu papel a contento em relação à política ambiental estabelecida. Como afirma Fiorino,[26] os tempos mudaram e a regulação ambiental deve mudar com ele.

---

23. REI; RIBEIRO, 2014.
24. REI; RIBEIRO, 2014.
25. REI; RIBEIRO, 2014, p. 27.
26. FIORINO, 2006.

3. O LICENCIAMENTO COMO INSTRUMENTO DA POLÍTICA AMBIENTAL E O MODELO ATUAL BRASILEIRO

Os instrumentos de gestão ambiental, previstos no art. 9º da Lei 6.938/1981, são os mecanismos utilizados pela Administração Pública para alcançar os objetivos da política ambiental, ou seja, preservação, melhoria e recuperação da qualidade ambiental.[27]

O licenciamento ambiental objetiva regular as condutas humanas e compatibilizar o exercício das atividades econômicas com a manutenção da qualidade ambiental. O licenciamento ambiental refere-se, assim, ao poder de polícia preventivo, a fim de evitar a ocorrência do dano, e sua aplicação é feita mediante processos administrativos.

Conforme Granziera,[28] o licenciamento ambiental possui natureza técnica e ao mesmo tempo constitui um tipo de processo administrativo, submetido ao regime jurídico de Direito Público. Para Rei e Cibim,[29] é o instrumento preventivo que visa à proteção do meio ambiente por meio da verificação de conformidade e da adequação dos projetos, obras e atividades à legislação vigente, aos padrões de qualidade ambiental, à melhor tecnologia de forma a minimizar e mitigar os impactos por ele causados.

Segundo Leite,[30] o licenciamento ambiental visa "controlar as atividades humanas que interferem nas condições ambientais, estabelecendo condições e limites ao exercício dessas atividades, sendo decorrência do poder de polícia da Administração Pública."

Trata-se de instrumento de gestão de risco, no qual os impactos negativos ambientais são identificados, mitigados e compensados depois da avaliação. Hoje, o licenciamento ambiental engloba em sua concepção e em sua aplicação os princípios da precaução e da prevenção.

O princípio da precaução relaciona-se com a avaliação prévia das atividades humanas, diante da incerteza do dano. Já o princípio da prevenção atua quando existe certeza científica quanto aos perigos e riscos ao meio ambiente.

Ao serem exigidos estudos ambientais para a instalação de obras ou atividade *potencialmente* degradantes, está abrangido não só o dano certo, mas como o incerto e o dano provável.[31] Entretanto, o licenciamento ambiental de atividades potencial ou efetivamente poluidoras e o estudo prévio de impacto ambiental e suas demais modalidades são ainda exemplos da aplicação apenas do princípio da prevenção, na maioria das vezes.

---

27. REI; RIBEIRO, 2014.
28. GRANZIERA 2019.
29. REI; CIBIM, 2011.
30. LEITE, 2015, p. 183.
31. MACHADO, 2015.

O licenciamento ambiental não tem o condão de inviabilizar a implantação do empreendimento, mas de buscar "todos os meios possíveis para essa implantação, a menos que os riscos de dano evidenciem a falta de segurança quanto aos efeitos desse empreendimento no futuro".[32]

O art. 10 da Lei 6.938/1981 estabelece que dependem de prévio licenciamento ambiental a construção, instalação, ampliação e funcionamento de estabelecimentos e atividades utilizadores de recursos ambientais, efetiva ou potencialmente poluidores ou capazes, sob qualquer forma, de causar degradação ambiental.

Estudo Prévio de Impacto Ambiental e respectivo relatório (EIA/RIMA) será obrigatório nos casos em que a lei o exigir ou sempre que houver significativa degradação ambiental. Na dispensa deste, poderão ser exigidos estudos simplificados, a depender da magnitude do impacto e da atividade, a critério do órgão ambiental. A sua previsão legal pode ser encontrada na Constituição Federal (art. 225, § 1º, IV), na PNMA (Lei 6.938/81), nas Resoluções CONAMA 01/86 e 237/97, seguidas das legislações ambientais estaduais e municipais cabíveis.

A Lei Complementar 140/2011 prevê que passa a ser competência dos Estados e Municípios promover o licenciamento ambiental de grande parte das atividades potencialmente poluidoras, antes atribuição concedida ao órgão estadual competente e ao IBAMA, órgão ambiental federal, em caráter supletivo, pela redação dada pela PNMA. O controle e a fiscalização destas atividades caberão exclusivamente ao ente federativo que concedeu a licença.

O Estado possui competência residual para o licenciamento ambiental, quando não incidir os casos de competência da União (art. 7º) e dos Municípios (impacto local) ou, ainda, enquanto não houver órgão ambiental municipal capacitado. Para que haja o licenciamento municipal, as atividades de impacto local deverão ter sua tipologia definida pelos respectivos Conselhos Estaduais de Meio Ambiente – CONSEMA (art. 9º, inciso XIV, alínea "a", Lei Complementar 140/2011).

No âmbito do Estado de São Paulo, por exemplo, caso o Município não disponha da estrutura necessária, como ter um órgão ambiental capacitado, equipe multidisciplinar, Conselho Municipal de Meio Ambiente e sistema de fiscalização ambiental, caberá à CETESB – Companhia Ambiental do Estado de São Paulo, órgão ambiental estadual, no exercício da sua competência supletiva, promover o licenciamento ambiental enquanto subsistir a situação impeditiva do Município (art. 5º, Deliberação CONSEMA 01/14).

A Resolução CONAMA 01/86 apresenta uma lista exemplificativa para licenciamento com EIA/RIMA. Já a Resolução CONAMA 237/97 elenca os empreendimentos e atividades sujeitos ao licenciamento ambiental, conferindo ao órgão ambiental licenciador a definição dos critérios de exigibilidade, o detalhamento e a complementação da lista, levando em consideração as especificidades, os riscos ambientais,

---

32. GRANZIERA, 2019.

o porte e outras características do empreendimento ou atividade (art. 2º, § 1º da Resolução CONAMA 237/97).

A participação pública no processo de licenciamento ambiental baseado em EIA/RIMA é garantida com a realização de audiências públicas. A Resolução CONAMA 09/87 estabelece que as audiências são obrigatórias quando solicitadas por entidade civil, pelo Ministério Público ou por 50 (cinquenta) ou mais cidadãos. Na hipótese de solicitação não atendida pelo órgão ambiental, a não realização da audiência pode acarretar a perda da validade da licença ambiental concedida.

A licença ambiental, conforme definição do art. 1º, II, da Resolução CONAMA 237/97, é o ato administrativo pelo qual o órgão ambiental competente estabelece as condições, restrições e medidas de controle ambiental que deverão ser obedecidas pelo empreendedor, pessoa física ou jurídica, para localizar, instalar, ampliar e operar empreendimentos ou atividades utilizadoras dos recursos ambientais consideradas efetiva ou potencialmente poluidoras ou aquelas que, sob qualquer forma, possam causar degradação ambiental.

O licenciamento ambiental brasileiro, conforme já asseverado, é realizado em três etapas, coincidentes com a fase do empreendimento: Licença Prévia (LP), Licença de Instalação (LI) e Licença de Operação (LO). Conforme esclarecem Rei e Cibim (2011), o licenciamento ambiental não é um ato e sim um processo formado por estas etapas, cada qual com sua especificidade, conforme descrito no art. 8º da Resolução CONAMA 237/97.

A LP, concedida na etapa preliminar, atesta a viabilidade ambiental do projeto, sua localização e estabelece as condições básicas do empreendimento e, no caso de licenciamento ambiental com AIA, a LP somente é emitida após a análise e aprovação do estudo ambiental pelo órgão competente.

A próxima etapa é a obtenção da LI, emitida com base nos planos aprovados na etapa anterior e após a análise da efetiva implementação das medidas previstas. Em seguida, tem-se a LO, que autoriza a regular operação do empreendimento. A licença para operar somente será concedida após a constatação pelo órgão ambiental do cumprimento das condicionantes anteriores, além da formulação de novas exigências técnicas a serem cumpridas durante o período de validade da licença ambiental, que deverá ser constantemente renovada.

A renovação da LO deverá ser requerida ao órgão ambiental com antecedência mínima de 120 (cento e vinte) dias, contados a partir de sua validade, prazo que ficará automaticamente prorrogado até a manifestação definitiva do órgão. Em resumo, as etapas são as descritas no art. 10 da Resolução CONAMA 237/97.

Para empreendimentos de baixo potencial poluidor, a LP, LI e LO poderão ser concedidas em um único documento, denominado licenciamento ambiental simplificado, citando-se as Resoluções CONAMA 279/2001, 312/2002, 349/2004, 377/2006, 385/2006, 412/2009 e 413/2009.

O órgão ambiental pode estabelecer prazos diferenciados para a análise da licença em função das peculiaridades de cada caso, tendo sido fixado o prazo de 6 (seis) meses para a decisão, que pode ser aumentado para 12 (doze) meses se depender da elaboração de EIA/RIMA e realização de audiência pública, conforme art. 14 da Resolução CONAMA 237/97.

Os prazos, no entanto, podem ser suspensos durante a elaboração de estudos ambientais complementares ou esclarecimentos pelo empreendedor ou alterados, desde que motivadamente e com a concordância do empreendedor e do órgão ambiental.

O art. 36 da Lei Federal 9.985/2000 (Sistema Nacional de Unidades de Conservação) define que, havendo significativo impacto ambiental fundamentado em EIA/RIMA, o empreendedor é obrigado a destinar montante de recursos à Unidades de Conservação, valor que será fixado pelo órgão ambiental licenciador, de acordo com o grau de impacto.

Não obstante o robusto marco normativo regulador do licenciamento ambiental no País, é conhecida a fragilidade em muitas estruturas institucionais de órgãos do SISNAMA, não condizente com a tarefa a ser realizada, bem como recursos adequados para o seu exercício.

De fato, constata-se que os métodos inspirados exclusivamente no mecanismo de comando e controle não têm sido suficientes para solucionar muitos dos problemas ambientais que nos deparamos neste início de milênio. Inspirado em fatores de sucesso de reformas regulatórias,[33] esse desafio exige que a efetivação dos objetivos das políticas ambientais vá além do estabelecido no marco regulatório, incorporando a possibilidade discricionária, por meio de instrumentos e práticas de gestão ambiental que abram espaço a uma abordagem mais interdisciplinar, flexível e abrangente de processos de negociação, participação e construção conjunta das soluções.[34]

A falta de políticas públicas assertivas no âmbito do licenciamento ambiental reclama a necessidade de discussão sobre o tema e do enfrentamento de realidades e obstáculos presentes no modelo atual, o que não significa a flexibilização das normas referentes ao licenciamento.

O licenciamento ambiental, antes de ser jurídico, é um ato administrativo extremamente técnico, o que faz com que a margem de discricionariedade do órgão licenciador possa ser de difícil controle e por isso tem sido cada vez mais questionado.[35]

A opção técnica necessitará sempre do contorno legal, ainda que motivada politicamente. Existe de fato uma perda de credibilidade dos órgãos ambientais, em grande parte por uma ação exacerbada dos Ministérios Públicos Estaduais e Federal, tendo em vista as suas atribuições constitucionais, que exercem um patrulhamento constante na busca de falhas ou mesmo ilegalidades nos processos de licenciamento

---

33. JACOBZONE; CHOI; MIGUET, 2007.
34. FREIRIA, 2011.
35. ANTUNES, 2012.

ambiental, o que muitas vezes tem gerado certo bloqueio na emissão de pareceres técnicos ou mesmo da emissão de licenças, pelo receio dos servidores serem acionados por uma ação de improbidade administrativa ou até mesmo procedimentos criminais.

Nesse sentido, os procedimentos administrativos do licenciamento ambiental devem ser pautados pela segurança técnica e legal, pois licenciamentos pouco consistentes implicarão em ações judiciais que poderão resultar na paralisação de atividades, no bloqueio de empreendimentos, com impactos negativos para o desenvolvimento do País.

Órgãos ambientais estruturados e com técnicos bem formados, condizentes com a tarefa a ser realizada, bem como recursos adequados para o seu exercício, limitariam os poderes do Ministério Público que, a bem da verdade, ganha ares de órgão revisor do licenciamento ambiental, sendo que, em muitos casos, inicia sua ação de intervenção antes mesmo da licença ser emitida, por meio de suas recomendações.

Destaque-se ainda o desperdício de recursos públicos de obras inacabadas em razão das inúmeras liminares concedidas, muitas vezes motivadas por pedidos do Ministério Público, ainda que o empreendimento tenha licença ambiental concedida pelo órgão competente, após a devida análise e aprovação do EIA.

Esta situação tende a causar insegurança jurídica, aliada ao fato de que, segundo o ordenamento vigente, o órgão ambiental é o responsável por licenciar as obras, de modo que a recorrência de liminares acaba por prejudicar o seu poder de polícia e o andamento do licenciamento ambiental para os administrados.

Não significa dizer que os órgãos ambientais ficarão maculados de qualquer interferência do Poder Judiciário, mas na verdade que deverá haver uma maior ponderação nas medidas cautelares, caso não seja efetivamente revelado num primeiro momento o vício de legalidade no ato administrativo que concedeu a licença, para que se evitem desperdícios de recursos públicos e transtornos à população, sem ferir naturalmente o art. 5º, XXV, da Constituição Federal.[36]

É preciso avançar para um modelo que consiga trazer segurança e tranquilidade para todas as partes, já que é inevitável reconhecer que o licenciamento ambiental dificilmente deixará de abordar conflitos e de buscar uma solução adequada a visões diferenciadas sobre o uso dos recursos naturais envolvidos.

4. AS PROPOSTAS LEGISLATIVAS SOBRE LICENCIAMENTO AMBIENTAL

Não é de hoje que o Parlamento brasileiro busca alterações na legislação ambiental que cuida do licenciamento, mormente flexibilizá-lo. No âmago desse esforço parlamentar, está a ideia equivocada de que o licenciamento ambiental impõe entraves ao pleno desenvolvimento econômico do país.

---

36. REI; LIMA, 2016.

[37]Por detrás de todas as proposições legislativas está a necessidade de celeridade na tramitação do procedimento de licenciamento ambiental, sob a justificativa da morosidade de análise do processo pelos órgãos ambientais e da própria sistemática atual.

Por exemplo, segundo a justificativa do Projeto de Lei 654/2015, o moroso rito do licenciamento ambiental, em três fases, freia o desenvolvimento brasileiro e afasta novos investimentos, nacionais e internacionais, em empreendimentos desenvolvidos no País. Complementa, ainda, que há excesso de discricionariedade no processo de licenciamento ambiental, excesso de condicionantes e ausência de acompanhamento dos benefícios potenciais e efetivos decorrentes do licenciamento de obras.

Uma visão compartilhada é que a morosidade dos órgãos ambientais é derivada de inúmeros fatores, como a atuação de diversos órgãos, a paralisação do licenciamento em decorrência de decisões judiciais, a falta de técnicos para analisarem estudos ambientais e a complexidade inerente ao processo de licenciamento ambiental.

Outrossim, ainda que, de fato, a falta de estrutura e a morosidade na análise dos processos sejam um óbice ao desenvolvimento dos projetos públicos, o governo, seja ele estadual, federal ou municipal, não pode se eximir da responsabilidade por tais problemas, tendo em vista que, para a sua solução, são necessários atos dos próprios governantes, após a devida participação popular, e principalmente um orçamento adequado.

Tal ineficiência é, portanto, fruto do próprio quadro atual das instituições e órgãos ambientais brasileiros e que acaba por afetar o bom funcionamento da Administração. Logo, não se trata apenas de flexibilizar normas ambientais ou criticar o sistema atual, mas na verdade propor mudanças que resolvam a raiz do problema.[38]

4.1 Proposta de Emenda à Constituição (PEC) 65/2012

A PEC 65/2012, apresentada pelo Senador Acir Gurgacz (PDT/RO), pretendeu acrescentar o parágrafo 7º ao artigo 225 da Constituição Federal, propondo que a apresentação do estudo prévio de impacto ambiental "importa autorização para a execução da obra, que não poderá ser suspensa ou cancelada pelas mesmas razões a não ser em face de fato superveniente". O objetivo seria "assegurar a continuidade de obra pública após a concessão da licença ambiental".

Em abril de 2016, a Comissão de Constituição, Justiça e Cidadania (CCJ) do Senado emitiu parecer favorável à PEC. Com a aprovação do relatório, a PEC seria votada em dois turnos pelo Plenário do Senado.

O relatório do senador Blairo Maggi (PR-MT), favorável à PEC e que passou a constituir o parecer da CCJ, argumentou que a aprovação da proposta seria uma

---

37. REI; LIMA, 2016.
38. REI; LIMA, 2016.

garantia de celeridade e economia de recursos em obras públicas sujeitas ao licenciamento ambiental.

No entanto, a notícia causou alvoroço na comunidade científica, na sociedade civil e nos órgãos públicos ambientais, sob a argumentação de que o projeto seria um retrocesso ambiental e que tenderia a acabar com o licenciamento ambiental, visto que somente a apresentação do estudo seria salvo conduto para o início das obras. Foram então lançadas inúmeras notas de repúdio à PEC 65/2012 e juntados ofícios.

Foi então apresentado requerimento para a tramitação conjunta da PEC 65/2012 com a PEC 153/2015, esta última que pretendeu acrescentar o inciso VIII ao § 1º do art. 225 da Constituição Federal para incluir, entre as incumbências do poder público, a promoção de práticas e a adoção de critérios de sustentabilidade em seus planos, programas, projetos e processos de trabalho.

O requerimento foi aprovado e a matéria voltou à CCJ para nova votação, nomeando-se como relator o Senador Randolfe Rodrigues (REDE-AP). Em 21.12.2018, a PEC foi definitivamente arquivada.

Como visto no item anterior, a apresentação do estudo ambiental é etapa que precede a licença ambiental e que auxilia o órgão ambiental para a tomada de decisão sobre a concessão ou não da licença ou, ainda, sobre as condições em que a licença ambiental será emitida.

Logo, a concessão da licença e a apresentação do estudo ambiental ocorrem em momentos diferentes, de modo que sem a análise do EIA pelo órgão ambiental, que poderá solicitar complementação, não haveria como serem estabelecidas condicionantes para a execução da obra, ficando, na prática, a critério do próprio empreendedor a forma como será feita.[39]

Além de usurpar claramente a competência do órgão ambiental e permitir uma maior incidência de impactos negativos e de danos ambientais, a proposta vai contra o próprio artigo 225 da Constituição, em seu § 1º, IV, que diz que incumbe ao Poder Público exigir estudo prévio de impacto ambiental para a instalação de obra ou atividade de significativo impacto.[40]

Portanto, não há como se flexibilizar que o início das obras seja autorizado pela simples apresentação do EIA e não após a concessão da licença ambiental.

Ademais, o texto da PEC dispõe que a obra iniciada "não poderá ser suspensa ou cancelada pelas mesmas razões a não ser em face de fato superveniente", em visível conflito com o que diz o art. 19 da Resolução CONAMA 237/97, que prevê outras hipóteses, como violação ou inadequação de quaisquer condicionantes ou normas legais, omissão ou falsa descrição de informações relevantes que subsidiaram a expedição da licença e a superveniência de graves riscos ambientais e de saúde.

---

39. REI; LIMA, 2016.
40. REI; LIMA, 2016.

4.2 Projeto de Lei do Senado (PLS) 654/2015

O PLS 654/2015, do Senador Romero Jucá (PMDB-RR), pretendeu criar o licenciamento ambiental especial, no qual propõe-se um rito mais célere para licenciar empreendimentos de infraestrutura estratégicos, tais como: sistemas viário, hidroviário, ferroviário e aeroviário, portos e instalações portuárias, energia, telecomunicações e exploração de recursos naturais.

O parecer do Senador Blairo Maggi, aprovado na Comissão Especial de Desenvolvimento Nacional (CEDN), foi no sentido da aprovação do PLS 654/2015 com emendas. Posteriormente, foram apresentadas as Emendas 7 a 22.

Em 2017, foram apresentados requerimentos para que fossem ouvidas a CMA (Comissão de Meio Ambiente, Defesa do Consumidor e Fiscalização e Controle (CMA), a CCJ e a Comissão de Direitos Humanos (CDH). Os requerimentos foram aprovados em 15 de março de 2018 e, atualmente, o PLS se encontra na CDH, redistribuído ao Senador Telmário Mota, para emitir relatório e seguir para as demais comissões e, somente após isso, para deliberação do Plenário do Senado Federal.

Segundo o PLS, haveria a emissão de uma única licença, a licença ambiental integrada, que estabeleceria condicionantes, restrições e medidas de controle ambiental aos empreendimentos. O empreendedor não precisaria necessariamente ser pessoa jurídica de direito público, podendo ser também privado, bastando que o empreendimento de infraestrutura seja considerado estratégico para o desenvolvimento nacional pelo Poder Legislativo.

O procedimento iniciaria pela manifestação de interesse do empreendedor e elaboração do termo de referência pelo órgão licenciador, ouvidos os órgãos e entidades públicos envolvidos que comporiam um comitê específico para cada empreendimento, coordenado pelo órgão licenciador.

Ao requerer a licença, o empreendedor deveria apresentar os estudos ambientais exigidos e o órgão licenciador poderia solicitar esclarecimentos e complementações, uma única vez. Os demais órgãos e entidades públicas envolvidos deveriam apresentar ao órgão licenciador anuências, licenças, certidões e outros documentos necessários e, em seguida, o órgão licenciador emitiria parecer técnico conclusivo, concedendo ou não a licença ambiental.

Pretendeu-se criar também o Programa de Comunicação Ambiental para a prestação de informações ambientais à sociedade referentes ao processo de licenciamento ambiental especial, a ser executado pelo empreendedor, sob a orientação do órgão licenciador.

Dentre as diferenças em relação ao procedimento atual, destaca-se a licença ambiental única e não mais o licenciamento trifásico (LP, LI e LO), bem como a limitação de somente uma solicitação de esclarecimento ou complementação pelo órgão ambiental.

O PLS concede prazo de 60 dias para que os empreendedores apresentem os documentos e estudos ambientais, contados a partir da publicidade do termo de referência, e estipula o mesmo prazo, a partir do recebimento dos últimos documentos, para análise do processo e concessão da licença ambiental.

A ausência de resposta dos órgãos envolvidos implicaria sua aquiescência ao processo de licenciamento ambiental especial, importando assim numa espécie de autorização tácita.

O órgão licenciador poderia modificar as condicionantes e as medidas de controle e adequação, suspender ou cancelar licença ambiental integrada, quando ocorresse violação ou inadequação de condicionante ou norma legal e/ou omissão ou falsa descrição de informações, não estando prevista a terceira hipótese do art. 19 da Resolução CONAMA 237/97, ou seja, superveniência de graves riscos ambientais e de saúde.

Nota-se que não são previstos meios de participação popular ou em relação às populações que serão afetadas pelos empreendimentos, como audiências públicas e consulta aos processos em momento anterior à concessão da licença.

Nas obras de infraestrutura, como por exemplo portos e hidrelétricas, é sabida a maior extensão e magnitude de impactos negativos ao meio ambiente e, logo, as condicionantes de controle ambiental devem ser bem pontuadas e observado o direito à ampla participação da sociedade, pela abrangência das comunidades e direitos afetados com as obras de infraestrutura. O licenciamento para obras estratégicas deve levar em conta não somente a questão econômica do país, mas também o caráter socioambiental.

A autorização tácita dos órgãos intervenientes no licenciamento em caso de descumprimento de prazos de manifestação também é temerária, pois poderá implicar na inobservância de restrições legais e permitir uma maior incidência de impactos ambientais negativos, além de eventuais judicializações dos casos.

Já o prazo de análise para órgão licenciador de 60 dias para a concessão ou não da licença ambiental parece ser exíguo, sabendo da falta de estrutura e pessoal e de orçamento adequado dos órgãos ambientais. Considerando que a licença será única, o órgão ambiental deverá já prever nesta licença todas as condicionantes que no procedimento atual estariam divididas nas etapas prévia, de instalação e de operação, o que demanda uma análise muito mais acurada do processo.

O PLS 654/2015, se aprovado como redigido, poderá gerar uma maior judicialização dos processos de licenciamento ambiental o que, ao invés de otimizar o procedimento, acabará por criar maiores entraves aos projetos de infraestrutura.

4.3 Proposta de alteração das Resoluções CONAMA 01/86 e 237/97 (Processo MMA 02000.001845/2015-32)

De iniciativa da Associação Brasileira de Entidades de Meio Ambiente (ABEMA), pretende substituir as Resoluções CONAMA 01/86 e 237/97, atualizando o procedimento de licenciamento ambiental.

A proposta prevê como modalidades: licenciamento ambiental trifásico (LP, LI e LO), licenciamento ambiental unificado (Licença Ambiental Única – LU), licenciamento ambiental por adesão e compromisso (Licença Ambiental por Adesão e Compromisso – LAC) e licenciamento ambiental por registro.

O licenciamento ambiental por adesão e compromisso seria realizado, preferencialmente, por meio eletrônico, em uma única etapa, por meio de declaração de adesão e compromisso do empreendedor aos critérios e pré-condições estabelecidos pelo órgão ambiental licenciador para a instalação e operação do empreendimento ou atividade definidos como de baixo e médio potencial poluidor/degradador.

Já o licenciamento ambiental por registro teria caráter declaratório, no qual o empreendedor insere os dados e informações relativos ao empreendimento ou atividade, a serem especificados pelo órgão licenciador, resultando na emissão de uma Licença Ambiental por Registro.

Para Araújo e Hofmann (2016), em nota técnica da Consultoria Legislativa da Câmara dos Deputados, não faria sentido aprovar a Lei Geral do Licenciamento Ambiental contida no PL 3.729/2004 e apensos e essa nova resolução do CONAMA. A opção pela regulamentação geral mediante Resolução do CONAMA traria fragilidade do ponto de vista jurídico e restrições quanto ao alcance das normas estabelecidas.

Muito tem se discutido sobre a competência do Conama para criar regras sobre o licenciamento ambiental, principalmente quanto a modalidades de licenciamento ambiental não previstas em lei em senso estrito. Considerando a discussão sobre a Lei Geral do Licenciamento Ambiental no Poder Legislativo, parece mais acertado que as normas gerais e diretrizes sejam contempladas em lei, tendo em vista a ausência de uma lei nacional específica sobre o tema.

4.4 Projeto de Lei (PL) 3729/04 e apensados – Lei Geral do Licenciamento

O PL 3729/04, originado na Câmara dos Deputados, de autoria do Deputado Luciano Zica (PT/SP) e outros, prevê a aprovação de Lei Geral do Licenciamento Ambiental. Isto porque, apesar do licenciamento ter sido introduzido em âmbito nacional pela Lei 6.938/81 (PNMA), não há lei geral específica sobre a matéria. No decorrer do período de tramitação iniciado em 2004, foram apensados a ele inúmeros outros projetos de lei.

O PL foi distribuído às Comissões de Agricultura, Pecuária, Abastecimento e Desenvolvimento Rural (CAPADR), de Meio Ambiente e Desenvolvimento Sustentável (CMADS), de Finanças e Tributação (CFT) e de Constituição e Justiça e de Cidadania (CCJ), nessa ordem.

Na CAPADR, o parecer do relator Deputado Moreira Mendes, aprovado por unanimidade, em maio de 2014, foi no sentido da aprovação do PL n.º 3729/04, com texto substitutivo. Na CMADS, o parecer do Deputado Ricardo Tripoli foi aprovado, por unanimidade, em outubro de 2015, no sentido da aprovação do PL, com outro texto Substitutivo.

O texto aprovado pela Comissão de Meio Ambiente parecia então ser o mais indicado para servir como base para a lei geral. Porém, em junho de 2017, na CFT, o relator Deputado Mauro Pereira (PMDB-RS) apresentou novo Substitutivo ao PL e, em decorrência da mudança de relatoria para o Dep. Neri Geller (PP-MT), em 2021 foi apresentada outra proposta de texto Substitutivo. Na CCJ, o parecer foi favorável ao PL 3.729/04, de seus apensados e dos substitutivos aprovados nas comissões anteriores.

Em 13.05.2021, por fim, houve a votação da redação final assinada pelo relator Deputado Neri Geller, com 290 votos favoráveis e 115 desfavoráveis, totalizando 405 votos na Câmara dos Deputados.

A matéria agora encontra-se no Senado Federal, sob o n. 2.159/2021, e, em 11.06.2021, foi designada como relatora de Plenário a Senadora Kátia Abreu (PP), da bancada ruralista. Foi apresentado requerimento solicitando a audiência da Comissão de Meio Ambiente e já foram recebidas nove propostas de Emendas no Senado.

Foi juntada a Recomendação do Conselho Nacional de Direitos Humanos, que recomendou a suspensão da tramitação do PL enquanto perdurar o quadro pandêmico no Brasil, bem como, quando de sua retomada, seja garantido amplo debate com a sociedade brasileira. Além disso, foi juntada Carta da Associação Brasileira de Antropologia sugerindo a realização de audiências para debate do tema, tendo em vista que entendem que o PL desconsidera toda a produção científica nacional e internacional sobre os efeitos socioambientais dos projetos de infraestrutura e logística, mineração, agronegócio e outros, bem como Carta da Associação Empresarial de Joinville manifestando seu total apoio na aprovação do texto base.

Dentre as medidas para a celeridade do procedimento, destacam-se a priorização da tramitação eletrônica de estudos e documentos e a disponibilização eletrônica de informações ao público (arts. 32 e 33).

Outra inovação trazida pela lei, que os autores consideram benéfica, é a fundamentação técnica por parte da autoridade licenciadora das condicionantes ambientais que exigir do empreendedor que aponte seu nexo causal com esses impactos, conforme previsto no art. 13 do texto atual. Isto porque, sendo o licenciamento ambiental um procedimento técnico, nada mais justo do que constar a justificativa técnica das exigências ambientais, contribuindo para a transparência e melhor entendimento das partes envolvidas sobre o seu processo de licenciamento em específico.

Também foi incluído que as condicionantes não devem se prestar a mitigar ou a compensar impactos ambientais causados por terceiros e em situações nas quais o empreendedor não possua ingerência ou poder de polícia, bem como não poderiam obrigar o empreendedor a manter ou a operar serviços de responsabilidade do Poder Público.

Foram previstas novas modalidades de participação no licenciamento ambiental, de forma presencial ou remota, além da consulta pública e da audiência pública, para auxiliar a autoridade licenciadora na tomada de decisões, como a reunião participativa, pela qual solicita contribuições, e a tomada de subsídios técnicos, pela qual solicita contribuições técnicas a especialistas convidados.

As áreas de influência direta e indireta do empreendimento, ao invés de ter um raio fixo de alcance geográfico, como as vezes é observado na prática ambiental, por exemplo 500 m ao redor do empreendimento, deve ser delimitada no estudo ambiental pelo empreendedor e ser aprovada pela autoridade licenciadora, o que tende a adequar melhor o projeto às realidades locais e às áreas de fato afetadas.

Ademais, caso o empreendimento opte por implantar novas tecnologias, programas voluntários de gestão ambiental ou outras medidas que permitam alcançar resultados mais rigorosos do que os padrões e critérios estabelecidos pela legislação ambiental, a autoridade licenciadora poderá estabelecer condições especiais, como a priorização na análise, dilação do prazo renovação da LO, LI/LO E LAU ou outras condições, de forma motivada (art. 14).

Sobre os procedimentos, haveria o procedimento ordinário, na modalidade trifásico, com a emissão sequencial de LP, LI e LO, o procedimento simplificado podendo ser bifásico, em fase única ou por adesão e compromisso, e o procedimento corretivo.

Além das tradicionais LP, LI e LO, seriam criadas 3 (três) novas modalidades de licença ambiental: a Licença Ambiental Única (LAU), a Licença por Adesão e Compromisso (LAC) e a Licença de Operação Corretiva (LOC).

A LAU seria a licença ambiental que avalia a viabilidade ambiental e autoriza a instalação e operação da atividade ou empreendimento em uma única etapa.

A LAC seria a licença ambiental que autoriza a instalação e a operação de atividade, mediante declaração de adesão e compromisso do empreendedor aos critérios e condicionantes ambientais estabelecidos pela autoridade licenciadora, desde que se conheçam previamente os impactos ambientais, as características ambientais da área de implantação e as condições de sua instalação e operação.

Permanecem como requisitos para a emissão da licença ambiental a apresentação de estudos ambientais, como EIA ou demais estudos ambientais, conforme Termo de Referência definido pela autoridade licenciadora, para a LP, foram criadas novas denominações de estudos, como o Plano Básico Ambiental (PBA) para a LI e o Relatório de Caracterização do Empreendimento (RCE) para a LAC, além do estudos mais simplificados já utilizado atualmente, como o Plano de Controle Ambiental e respectivo relatório (RCA-PCA) para a LAU e para a LOC.

Um dos pontos mais polêmicos e que pode ser temerário do ponto de vista ambiental e jurídico é a LOC, prevista nos artigos 22 e 23, licença corretiva que regulariza empreendimento em desacordo com a legislação, por meio de condicionantes que viabilizem sua continuidade e conformidade com as normas ambientais.

Se a autoridade licenciadora concluir pela impossibilidade de expedição da LOC, deve estipular as medidas para desmobilização e recuperação do ambiente afetado, às expensas do empreendedor.

Pretende-se, ainda, possibilitar que o licenciamento corretivo ocorra por adesão e compromisso, assim como na nova modalidade LAU, que seria um procedimento simplificado no qual o próprio empreendedor declara que irá cumprir com os requisitos preestabelecidos de forma geral para aquela atividade pela autoridade licenciadora, o que os autores consideram desarrazoado por gerar, além de benefícios para aqueles que não cumpriram a legislação, propor um procedimento muito mais simples do que se fosse iniciado o licenciamento necessário pelo rito comum, seja bifásico (LP/LI e LO) ou trifásico (LP, LI e LO).

Mais grave é a tentativa prevista no parágrafo 5º do art. 22, que prevê que quando solicitada a LOC espontaneamente, o cumprimento de condicionantes extinguirá a punibilidade de crime ambiental previsto no art. 60 da Lei de Crimes Ambientais (funcionar sem licença), além de suspender eventuais processos já em curso, cumprimentos de pena e prazos prescricionais. Isto porque é sabido que a regularização de atividade não exclui a tríplice responsabilidade ambiental, ou seja, penal, administrativa e civil por atos ilícitos praticados em desrespeito à legislação.

Tratar-se-ia, assim, de verdadeiro salvo conduto para aqueles que transgrediram a norma, o que também poderia gerar uma onda de empreendimentos que iniciarão suas obras sem a licença ambiental, sob o pretexto de regularizar-se posteriormente, já que seria mais benéfico e mais célere do que cumprir a lei e buscar o procedimento adequado.

O PL prevê a dispensa de licenciamento ambiental para atividades previstas no art. 8º do texto atual, entre elas: obras de serviço público de distribuição de energia elétrica (até o nível de tensão de 69 Kv), estações de tratamento de água e esgoto sanitário, obras de intervenções emergenciais e de manutenção para empreendimentos de infraestrutura, acidentes ou desastres, obras urgentes para prevenir dano ambiental iminente ou situações de riscos, pontos de entrega voluntária, usinas de triagem de resíduos sólidos, pátios, estruturas e equipamentos para compostagem de resíduos orgânicos, usinas de reciclagem de resíduos da construção civil, bem como ecopontos e ecocentros.

Sobre este ponto, destaca-se que se trata de obras de infraestrutura e de resíduos sólidos, o que poderia causar degradação ambiental e, portanto, a dispensa automática pode ser temerária.

Para obras de saneamento básico, o art. 10 propõe que não poderá exigido EIA, o que pode ser considerado inconstitucional, já que o art. 225 da Constituição Federal prevê que, havendo significativo impacto ambiental, deverá ser apresentado tal estudo. Portanto, caso um empreendimento de saneamento básico possa causar impacto significativo, o que é comum dada a extensão das obras e a sua complexidade, não há como se impedir a apresentação de estudo mais rigoroso para a melhor avaliação dos impactos negativos e para subsidiar a tomada de decisão pelo órgão licenciador.

Outra questão polêmica é a dispensa de licenciamento ambiental prevista no art. 9º para certas atividades agropecuárias, como pecuária extensiva, semi-intensiva e intensiva de pequeno porte, desde que a propriedade esteja regular no Cadastro Ambiental Rural (CAR) ou em processo de regularização.

Apesar da ausência de licenciamento não significar a desnecessidade de autorização para supressão de vegetação, na prática, a única atuação pelos órgãos ambientais será esta e não serão avaliados outros aspectos como destinação de resíduos e poluição, por exemplo, além da dificuldade conceitual de se distinguir o que é pecuária de pequeno, médio ou grande porte.

Ainda, há a previsão de que somente empreendimentos de pecuária intensiva de médio porte deverão ser licenciados e, ainda assim, por procedimento simplificado de adesão e compromisso, ou seja, por simples declaração do empreendedor, sem a análise do órgão licenciamento sobre o empreendimento.

Os prazos de validade das licenças para operar, atualmente com vigência mínima de 04 (quatro) anos e máxima de 10 (dez) anos conforme art. 18 da Resolução CONAMA 237/97, passariam a ter validade mínima de 5 (cinco) anos e máximo 10 anos para LAU, LO, LI/LO e a LOC, não tendo sido estipulado um prazo máximo.

Ponto negativo é que a licença ambiental poderia ser renovada automaticamente, ou seja, sem a análise das condições atuais pelo órgão ambiental, por igual período, a partir de simples declaração do empreendedor, em formulário disponibilizado na internet, de que as características e o porte do empreendimento não serão alterados, que não houve a alteração da legislação e que tenham sido cumpridas as condicionantes anteriormente exigidas, desde que o empreendimento não tenha sido objeto de sanções administrativas ou penais por infração à legislação ambiental e a legislação não tenha sido alterada.

Fragiliza-se, assim, o licenciamento ambiental quando da renovação do licenciamento, que em determinados casos é a oportunidade de introduzir o empreendimento na lógica da melhoria contínua, do desempenho ambiental do processo produtivo. Ademais, em sendo a renovação automática, o órgão ambiental, caso não faça vistoria *in loco*, não terá condições de avaliar concretamente se a declaração do empreendedor faz jus à realidade.

Outrossim, com o passar do tempo, é forçoso reconhecer que novas tecnologias e novos processos industriais podem garantir maior eficiência na utilização dos recursos naturais envolvidos, mesmo que a situação do empreendimento não tenha mudado.

Entende-se, assim, pela necessidade de permanência do sistema atual, em que a renovação da LO é solicitada ao órgão licenciador, que analisa os estudos apresentados e o memorial de caracterização do empreendimento e, com base nestes documentos e em vistoria no local, concede (ou não) a renovação da licença ambiental, podendo ainda propor novas condicionantes.

Outro ponto negativo é o art. 16 sobre a desnecessidade de apresentar ao órgão licenciador a certidão de uso e ocupação do solo fornecida pelas Prefeituras Municipais, atualmente exigida pela Resolução CONAMA 237/97. Isto porque tal documento certifica se a atividade a ser licenciada é compatível com a classificação da área, o que seria o ponto inicial para que o órgão licenciador decida pela viabilidade ou não da atividade. Sem a posse de tal documento, fragiliza-se novamente o licenciamento ambiental e desprestigia-se o Plano Diretor dos Municípios.

Ponto positivo é que as autorizações ou outorgas a cargo de órgão ou entidade integrante do SISNAMA que se fizerem necessárias para a licença ambiental devem ser emitidas previamente ou concomitantemente a ela.

Questão polêmica é a figura denominada autoridade envolvida, que seria o órgão ou entidade da administração pública que, em função de suas atribuições legais, pode se manifestar de forma não vinculante no licenciamento ambiental sobre os temas de sua competência. A ausência de manifestação da autoridade envolvida no prazo estabelecido não obstaria o andamento do processo de licenciamento, nem a expedição da licença ambiental.

Assim, independentemente do posicionamento das autoridades envolvidas, caberia somente à autoridade licenciadora, competente pelo licenciamento ambiental, o poder decisório para a emissão e renovação das licenças ambientais.

Por um lado, a afirmação da autonomia do órgão licenciador é necessária para o bom desenvolvimento do processo de licenciamento e para contribuir com a sua celeridade. Por outro lado, a não vinculação dos relatórios dos demais órgãos envolvidos é questionável, pois abre margem para que o órgão licenciador aprove empreendimentos, principalmente públicos, mesmo diante de impactos ambientais de grande monta, pressionados por questões políticas ou por questões mais graves, como a corrupção.

A solução, portanto, poderia ser manter a manifestação de forma não vinculante das autoridades envolvidas no licenciamento ambiental, condicionando-se, no entanto, para a aprovação do empreendimento pelo órgão licenciador, a análise detalhada dos pontos trazidos pelas autoridades envolvidas e a fundamentação dos motivos que levaram o órgão licenciador a não acatar a sugestão daquelas.

Atualmente, as licenças devem ser analisadas no prazo máximo de 6 meses a contar do ato de protocolar o requerimento até seu deferimento ou indeferimento, ressalvados os casos em que houver EIA/RIMA e/ou audiência pública, quando o prazo será de até 12 meses. No PL, os prazos máximos de análises seriam: 10 (dez) meses para a LP, quando o estudo ambiental exigido for o EIA, 6 (seis) meses para a LP, para os casos dos demais estudos, 3 (três) meses para a LI, LO, LOC e LAU, 4 (seis) meses para as licenças do rito bifásico (art. 43).

O decurso dos prazos máximos não implica emissão tácita nem autoriza a prática de ato que dela dependa ou decorra, mas instaura a competência supletiva de licenciamento, seguindo o que já é previsto na Lei Complementar 140/2011.

5. CONCLUSÕES

Os autores entendem que, sobre o modelo atual de licenciamento ambiental, o reexame é ainda necessário e deve relativizar a lógica cartesiana e burocrática de tomada de decisão, por um processo mais amplo de gestão, de governança, que adote uma visão mais elaborada do comportamento das empresas e da participação de outros atores sociais para que o País possa cumprir o seu papel a contento em relação à política ambiental estabelecida ao longo dos anos.

Existem inúmeras propostas de alterações no licenciamento ambiental atual, com pontos positivos e negativos, estes últimos que podem indicar retrocessos na legislação ambiental e que não representam de fato o interesse público, mas de políticos e de empresários. Faz-se necessária a vigilância constante por parte das instituições e da sociedade, que devem participar ativamente do processo legislativo e, assim, se mobilizar para a aprovação de uma lei geral de licenciamento que seja adequada aos desafios atuais e que permita a proteção dos recursos naturais e o desenvolvimento sustentável do país.

O modelo tradicional de comando e controle tem se mostrado mais voltado ao procedimento técnico e nem sempre ao resultado final do processo. Apesar das medidas coercitivas e sancionatórias ainda serem necessárias, é viável complementá-las com ações e medidas de prevenção e precaução. A participação popular e a educação ambiental são pilares imprescindíveis para esta transição.

A fragmentação da legislação ambiental, nem sempre harmonizada, é também resultado da ausência de uma lei geral sobre o licenciamento. Os inúmeros projetos para a sua flexibilização demonstram, por si, que o modelo atual está superado e que ele deve ser reexaminado, continuamente avaliado e aprimorado para se tornar mais eficiente.

Não quer dizer que a solução seja simplesmente acabar com o licenciamento ambiental, abrindo espaço para grandes empreendimentos e para a devastação ambiental, mas na verdade fortalecê-lo, no sentido de repensar o modelo para que seja menos burocrático, mais favorável à auto regulação em áreas de impactos de mero incômodo, mais exequível do ponto de vista prático e que, ao invés de desestimular a atividade econômica por todos os entraves advindos no decorrer do processo, acabe por estimular os empreendedores a dar andamento aos seus projetos, na contratação de boas consultorias técnicas e utilizando-se de boas práticas ambientais.

Não é novidade que alguma regulação ambiental tem incorporado instrumentos de gestão oriundos da esfera privada, como no caso dos inventários de emissão industrial dos gases de efeito estufa, o que significa avanço na gestão ambiental. Falta, entretanto, visão nos órgãos ambientais de ampliar tal incorporação de instrumentos e recepcioná-la nas diversas instâncias e rotinas dos órgãos.

O próprio mercado já estimula tais práticas que tendem a acontecer naturalmente para que as empresas se mantenham na concorrência, ao contrário do que ocorre com o Estado que propõe coercitivamente o atendimento às normas ambientais, sem, todavia, ter a estrutura necessária para tanto e, assim, a normatização nem sempre alcança sua efetividade.

De fato, a demora na análise dos processos e o atual licenciamento em três etapas podem ser custosos aos empreendedores e governantes, sendo plausível repensar a simplificação do procedimento, mas que passe, necessariamente, pela apresentação de estudos pertinentes a cada caso e pelo estabelecimento de exigências exequíveis pelo órgão ambiental, que culminem por fim na concessão da licença, para que, só a partir daí, se dê início à execução da obra, ou, se for o caso, que concluam com celeridade pela inviabilidade do empreendimento.

O empreendedor ou até mesmo o próprio Poder Público não estão dispostos a aguardar cinco ou dez anos para a instalação e operação de sua atividade e, de fato, essa lógica não faz sentido se observado o ritmo rápido da economia e os vultosos custos advindos da paralisação. Por outro lado, não havendo restrições àquela atividade, corre-se o risco de enorme degradação ambiental e quem pagará o preço, além do próprio meio ambiente, será a coletividade, que quer usufruir de um meio ambiente equilibrado e não poderá garantir às suas próximas gerações a sadia qualidade de vida.

O resultado é uma política ambiental falha e o crescimento de empreendimentos que buscam implantar-se à margem da lei, e que acabam por reclamar soluções de regularização esdrúxulas, não obstante as consequências nas esferas administrativa, civil e penal. As vultosas multas ambientais? No mais das vezes não são pagas, movimentando tanto os agentes da Administração Pública e quanto do Judiciário, gastando, por sua vez, recursos e tempo que poderiam ser destinados à efetiva melhoria e preservação ambiental.

É necessário que o reexame dessa experiência do licenciamento ambiental no País passe por uma aceitação de um modelo de governança, que busque equilíbrio entre segurança jurídica, flexibilidade e foco estratégico nas ações de *enforcement*, ampliando a diversidade dos instrumentos utilizados, no sentido da preservação, melhoria e recuperação da qualidade ambiental, visando assegurar condições ao desenvolvimento socioeconômico, aos interesses da segurança nacional e à proteção da dignidade da vida humana, conforme os objetivos da Política Nacional do Meio Ambiente.

6. REFERÊNCIAS

ABRAMOVAY, Ricardo. *Muito além da economia verde*. São Paulo: Ed. Abril, 2012.

ANTUNES, Paulo Bessa. *Manual de Direito Ambiental*. 4. ed. São Paulo: Atlas, 2012.

ARAÚJO, Suely Mara Vaz Guimarães de. HOFMANN, Rose Mirian. *Proposta de resolução do Conama com diretrizes gerais para o licenciamento ambiental: análise crítica*. 2016. Disponível em: http://www2.camara.leg.br/a-camara/documentos-e-pesquisa/estudos-e-notas-tecnicas/areas-da-conle/

tema14/2015_778-resolucao-conama-licenciamento-ambiental-suely-araujo-e-rose-hoffaman-1. Acesso em: 10 jul. 2016.

BECK, Ulrick. *Sociedade de risco: rumo a uma outra modernidade*. São Paulo: Ed. 34, 2010.

BENJAMIN, Antonio Herman. Introdução ao direito ambiental brasileiro. *Revista de Direito Ambiental*. Ano 4, n. 14, p. 48-82, São Paulo, abr.-jun. 1999.

DOBSON, Andrew. *Green political thought*. London and New York: Routledge, 1995.

FIGUEIREDO, Guilherme José Purvin de. *Curso de Direito Ambiental*. São Paulo: Ed. RT, 2011.

FIORINO, Daniel. *The new environmental regulation*. Massachussetts: MIT, 2006.

FREIRIA, Rafael Costa. *Direito, Gestão e Políticas Públicas Ambientais*. São Paulo: SENAC, 2011.

GRANZIERA, Maria Luiza Machado. *Direito Ambiental*. 5. ed. Indaiatuba: Foco, 2019.

JACOBZONE, Stéphane; CHOI, Chang – wong; MIGUET, Claire. *Indicators of regulatory management systems*. OECD Working Papers on Public Governance, n. 4. Paris: OECD Publishing, 2007.

JORDAN, Andrew. Environmental Policy: Protection and Regulation. *International Encyclopedia of the Social & Behavioral Sciences*. Oxford: Pergamon, 2001.

PHILIPPI JR., Arlindo; MARCOVITCH, Jacques. *Mecanismos governamentais para o desenvolvimento sustentado*. São Paulo: FEA-USP, 1993.

REI, Fernando; CIBIM, Juliana. *Direito Ambiental*. São Paulo: Editora Saraiva, 2011.

REI, Fernando; LIMA, Maria Isabel Leite Silva de. PEC que altera licenciamento ambiental não reflete sua justificativa. *Consultor Jurídico*. São Paulo: 2016. Disponível em: http://www.conjur.com.br/2016-mai-02/pec-altera-licenciamento-ambiental-nao-reflete-justificativa. Acesso em: 10 jul. 2016.

REI, Fernando; RIBEIRO, Flávio de Miranda. Limites do Controle Corretivo como Instrumento de Regulação Ambiental. In: Gilberto Passos de Freitas; Maria Luiza Machado Granziera (Org.). *Sobre a Efetividade da Tutela Ambiental*. Campinas: Millennium Editora, 2014. v. 1.

COMPETÊNCIA DOS MUNICÍPIOS PARA O LICENCIAMENTO AMBIENTAL – EXPERIÊNCIA DO ESTADO DE SÃO PAULO

Sandra Mara Pretini Medaglia

1. INTRODUÇÃO: ORIGEM DAS ATRIBUIÇÕES MUNICIPAIS PARA O LICENCIAMENTO AMBIENTAL

Desde a edição da Lei federal 6.938, de 31 de agosto de 1981, que dispõe sobre a Política Nacional de Meio Ambiente, que o ordenamento jurídico brasileiro vem desenhando formas de participação mais efetiva dos municípios na proteção ambiental.

A medida adotada em prol desse objetivo instrumentalizou-se quando o legislador inseriu na lei os municípios como responsáveis, localmente, pelo controle e fiscalização das atividades potencialmente degradadoras, no âmbito das suas respectivas jurisdições[1], atribuindo-lhes a competência para também legislar acerca de normas supletivas necessárias para o atendimento ao mister que lhes fora imputado.

Ainda buscando permear entre todos os entes e a própria coletividade a responsabilidade pela proteção ambiental (art. 225, da Constituição Federal), o Constituinte expressamente cominou aos municípios, em competência comum à da União, dos Estados e do Distrito Federal, as atribuições relativas à preservação das florestas, da fauna e da flora (cf. Art. 23, inciso VII, da C. F.).

Estabeleceu-se, ainda, que Lei Complementar fixaria as normas para a cooperação entre estes entes visando ao equilíbrio do desenvolvimento e do bem-estar em âmbito nacional

Ademais, abrindo ao município a possibilidade de legislar acerca de assuntos de interesse local e suplementar a legislação federal e estadual no que julgar necessário (art. 30, incisos I e II, da C.F.), permitiu o Constituinte que este ente exercesse integralmente tal responsabilidade e criasse as ferramentas legislativas necessárias para a finalidade de proteção dos atributos ambientais locais, em prol, inclusive, dos regionais e nacionais.

2. INICIATIVAS NO SENTIDO DA IMPLEMENTAÇÃO DO DITAME LEGAL

A par de iniciativas adotadas em alguns estados no sentido do fortalecimento municipal para a assunção da responsabilidade ambiental - como se deu também no estado de São Paulo-, em nível nacional a determinação constitucional ficou adormecida por alguns anos, até que em 1997 o CONAMA – Conselho Nacional de

---

1. Art. 6º, inciso VI.

Meio Ambiente[2], do qual participavam representantes do poder público e algumas entidades da sociedade civil, fizesse editar uma Resolução 237, de 19 de dezembro de 1997, que dentre outros aspectos buscou a integração dos órgãos competentes do SISNAMA para o licenciamento ambiental, instrumento de vital importância para a atuação preventiva desses órgãos no sentido da preservação ambiental.

Essa Resolução pode ser considerada uma iniciativa bastante importante no que concerne à repartição de competências para o licenciamento ambiental em nível nacional, não só porque buscou explicitar as competências para o exercício de poder de polícia administrativa preventiva ambiental em seus respectivos âmbitos (federal, estadual e municipal), mas também porque foi a primeira norma jurídica a trabalhar os conceitos de impactos regionais e locais, que foram as premissas consideradas para o estabelecimento das competências dos entes.

Além disso, objetivou trazer para o aplicador do direito a ideia de fazer incorporar nesse importante instrumento da Política Nacional do Meio Ambiente as realidades regionais, setoriais e locais, possibilitando o alargamento do espectro de visão dos órgãos e entidades ambientais.

Trouxe algumas definições importantes, como a de impacto regional[3], a partir da qual foi possível tomar-se como diretriz básica para o estabelecimento das competências dos demais entes a do órgão federal, o IBAMA – Instituto Brasileiro do Meio Ambiente e dos Recursos Naturais Renováveis[4], bem como a de Estudos Ambientais[5], que permitiu vislumbrar a possibilidade de apresentação de estudos preliminares que não só o EIA/RIMA, ao qual já se reportava a Resolução CONAMA 01/86[6], - que estabeleceu algumas "linhas de corte" para apresentação dessa complexa análise de variáveis ambientais envolvendo o projeto a ser implantado.

---

2. Criado pela Lei federal 6.938/81 (art. 6°, inciso II), trata-se de órgão consultivo e deliberativo, de nível nacional, que tem por finalidade assessorar, estudar e propor ao Conselho de Governo as diretrizes de políticas governamentais para o meio ambiente e os recursos naturais e deliberar, no âmbito de sua competência, sobre normas e padrões compatíveis com o meio ambiente ecologicamente equilibrado e essencial à sadia qualidade de vida.
3. Art. 1° Para efeito desta Resolução são adotadas as seguintes definições:
   (...)
   IV – Impacto Ambiental Regional: é todo e qualquer impacto ambiental que afete diretamente (área de influência diretas do projeto), no todo ou em parte, o território de dois ou mais Estados.
4. Art. 4° Compete ao Instituto Brasileiro do Meio Ambiente e dos Recursos Naturais Renováveis – IBAMA, órgão executor do SISNAMA, o licenciamento ambiental a que se refere o art. 10 da Lei 6.938. de 31 de agosto de 1981, de empreendimentos e atividades com significativo impacto ambiental de âmbito Nacional ou regional, a saber:
   (...)
5. Art. 1° (...)
   III – Estudos Ambientais: são todos e quaisquer estudos relativos aos aspectos ambientais relacionados à localização, instalação, operação e ampliação de uma atividade ou empreendimentos, apresentado como subsídio para a análise da licença requerida, tais como: relatório ambiental, plano e projeto de controle ambiental, relatório ambiental preliminar, diagnóstico ambiental, plano de manejo, plano de recuperação de área degradada e análise preliminar de risco.
6. Resolução CONAMA 01, de 23 de janeiro de 1986, que dispõe sobre os critérios básicos e diretrizes gerais para a avaliação de impacto ambiental

Do mesmo modo, possibilitou a abertura do entendimento que era equivocadamente atribuído ao artigo 225 da Constituição Federal, no sentido de privilegiar a apresentação de EIA/RIMA a preceder o licenciamento dos empreendimentos, independentemente da complexidade de suas interfaces ambientais.

Na esteira do estabelecimento das competências, tratou em seu art. 5º da competência dos Estados e do Distrito Federal, enquanto no art. 6º[7], pela primeira vez uma norma jurídica explicitou a competência dos municípios para o licenciamento ambiental, associando-a aos impactos ambientais estritamente locais e àquelas atividades delegadas pelo estado por meio de instrumento legal ou convênio.

Estavam lançadas a partir daí as bases para a efetiva inserção dos municípios no processo de licenciamento ambiental, concretizando-se aquela premissa trazida ao ordenamento jurídico pela Lei da Política Nacional do Meio Ambiente, que conferiu igualmente aos municípios a responsabilidade pela proteção e preservação ambiental, concedendo-lhes os meios de fazê-lo também por intermédio da importante ferramenta de atuação preventiva.

Definiu, ainda, alguns procedimentos importantes para a implementação do licenciamento ambiental, como a sua divisão em etapas – Licença Prévia, de Instalação e de Operação -, bem como a possibilidade de apresentação de complementações de informações no curso dos processos, prazos predefinidos para análise pelo órgão ambiental competente, os prazos de validade das licenças ambientais, a necessidade de renovação das licenças ambientais de operação, dentre outros.

Importante observar que, quando analisamos a Resolução 237/1997 no contexto nacional, verificamos que para muitos estados do país foi uma ferramenta valiosa inclusive para discriminar quais as atividades que deveriam ser precedidas de licenças ambientais, tudo com base no seu Anexo I, que traz uma listagem de empreendimentos que segundo a Resolução deveriam ser submetidos a licenciamento ambiental prévio, tanto os industriais, como as obras civis e serviços de utilidade, as atividades agropecuárias, os parcelamentos do solo, assim como os usos dos recursos naturais, a exemplo da silvicultura, manejo de fauna e exploração de madeira.

3. ATUAÇÃO DO ESTADO DE SÃO PAULO NA BUSCA PELA MUNICIPALIZAÇÃO DO LICENCIAMENTO

O estado de São Paulo sempre ocupou posição de vanguarda no licenciamento ambiental. Isso porque, desde os idos de 1973, com a criação da então CETESB – Companhia Estadual de Tecnologia de Saneamento Básico e de Controle de Poluição das Águas[8] por intermédio da Lei estadual 118, de 29 de junho de 1973, assumiu para

---

7. Art. 6º Compete ao órgão ambiental municipal, ouvidos os órgãos competentes da União, dos Estados e do Distrito Federal, quando couber, o licenciamento ambiental de empreendimentos e atividades de impacto ambiental local e daquelas que lhe forem delegadas pelo Estado por instrumento legal ou convênio.
8. Atualmente denominada CETESB – Companhia Ambiental do Estado de São Paulo, cf. Lei 13.542, de 08 de maio de 2009, que alterou a Lei estadual 118, de 29 de junho de 1973.

si a responsabilidade de exercer o controle da poluição em todo o território paulista, tendo suas ferramentas sido instrumentalizadas a partir de 1976, com a edição da Lei 997, de 31 de maio de 1976[9], cujo regulamento foi aprovado pelo Decreto 8.468, de 08 de setembro de 1976.

A partir daí o estado de São Paulo passou a licenciar as atividades potencialmente poluidoras[10] e a fiscalizar o cumprimento da legislação estadual no que diz respeito ao controle da emissão de poluentes.

A esse tempo nem se cogitava a inserção de variáveis ambientais nas ferramentas disponíveis para os municípios, o que, como dissemos, só passou a ser pensado com a criação do SISNAMA – Sistema Nacional de Meio Ambiente com a Lei da Política Nacional do Meio Ambiente em 1981, tendo tal intento sido plenamente ratificado no ordenamento jurídico a partir da Constituição federal, em 1988, quando o artigo 23 da Constituição Federal explicitamente atribuiu aos municípios a obrigatoriedade de preservar fauna, flora e florestas, bem como conferiu ao município a competência para legislar sobre assuntos de interesse local (Art. 30, inciso I).

Em que pese a importância que mencionamos da Resolução CONAMA 237/97, a participação dos municípios continuou incipiente no cenário ambiental nacional e os órgãos técnicos municipais continuavam despreparados para fazer frente à grandiosidade da tarefa que lhes incumbiu.

No estado de São Paulo buscava-se, com alguns avanços e por vezes retrocessos, fazer com que os municípios incorporassem em suas ferramentas administrativas, inicialmente as urbanísticas, a variável ambiental.

Inicialmente buscou-se firmar convênios com os municípios para delegação de atribuições que eram do estado, mas a experiência com alguns municípios, ainda que significativa, não obteve aderência de um número relevante, que pudesse, ao menos, permitir a conclusão de ser possível fazer cumprir a determinação contida há muito na Lei da Política Nacional de Meio Ambiente.

Por outro lado, a atuação dos municípios neste mister causava certa desconfiança, sob o argumento de que as medidas de controle preventivo e corretivo poderiam ser permeadas de interesses políticos a inquinarem a impessoalidade e a supremacia dos interesses coletivos de que deveriam ser revestidas.

---

9. Dispõe sobre a prevenção e o controle da poluição do meio ambiente
10. Lei estadual 997/76, art. 2º Considera-se poluição do meio-ambiente a presença, o lançamento ou a liberação, nas águas, no ar ou no solo, de toda e qualquer forma de matéria ou energia, com intensidade, em quantidade, de concentração ou com características em desacordo com as que forem estabelecidas em decorrência desta Lei, ou que tornem ou possam tornar as águas, o ar ou solo:
    I – impróprios, nocivos ou ofensivos à saúde;
    II – inconvenientes ao bem estar público;
    III – danosos aos materiais, à fauna e à flora;
    IV – prejudiciais à segurança, ao uso e gozo da propriedade e às atividades normais da comunidade.

3.1 Edição da Lei Complementar 140/2011

Impendia, pois, que fosse editada a Lei Complementar a que fazia referência o art. 23 da Constituição Federal, de modo que não houvesse mais incerteza jurídica de que os municípios, de fato, devem realizar a sua tarefa de controle ambiental local.

A Lei Complementar 140 foi editada em 08 de dezembro de 2011, fixando as normas de competência de todos os entes, União, Estados, Distrito Federal e Municípios, para a prática das ações administrativas decorrentes do exercício da competência comum relativas à proteção do meio ambiente, ao combate à poluição em qualquer de suas formas e à preservação das florestas, da fauna e da flora.

O objetivo primordial da Lei foi o de fixar as normas de cooperação entre os entes federados para o cumprimento da determinação constitucional.

A exemplo do que ocorrera em normas anteriores, a base para fixação das competências fundamentou-se a partir da enumeração das competências da União, o que foi levado a efeito no art. 7° da Lei Complementar, partindo dos mesmos pressupostos que balizaram a Resolução CONAMA 237/97 e regulamentado, posteriormente, pelo Decreto federal 8.437, de 22 de abril de 2015, que enumerou as atividades a serem licenciadas pelo órgão federal, o IBAMA.

Para os municípios, a Lei Complementar foi expressa ao definir no art. 9°, inciso XIV, as atribuições de licenciar as atividades ou empreendimentos que (a) causem ou possam causar impactos ambientais de âmbito local, conforme tipologia definida pelos respectivos Conselhos Estaduais de Meio Ambiente, considerados os critérios de *porte, potencial poluidor e natureza da atividade*; ou, (b) os localizados em unidades de conservação instituídas pelo Município, exceto em Áreas de Proteção Ambiental (APAs).

Como se vê, a Lei Complementar estabeleceu que a competência dos municípios para o licenciamento ambiental estaria vinculada à tipologia criada pelos Conselhos Estaduais de Meio Ambiente, atribuindo, pois, aos órgãos e entidades representadas junto a estes Conselhos, a incumbência de definir quais atividades devem ser licenciadas pelos entes municipais, sem prejuízo de extensão dessas atividades por normas próprias, editadas pelo próprio município, desde que em consonância com as normas estaduais e federais.

Importante mencionar que ao estabelecer a competência da União e determinar que os Conselhos Estaduais definiriam a competência dos municípios, a Lei Complementar fez concluir que aos estados caberia a *competência residual* para o licenciamento ambiental.

O estado de São Paulo que, como dissemos já vinha tentando há anos que os municípios incorporassem a variável ambiental pelo menos nas ferramentas que lhe são próprias e de competência exclusiva, como por exemplo, nos alvarás municipais de funcionamento, nos códigos de obras municipais etc., demorou três anos para fazer editar a primeira norma jurídica definindo a competência dos municípios paulistas para o licenciamento.

3.2 Deliberação Consema discriminando as atividades e os critérios para o exercício da competência municipal para o licenciamento

A Deliberação CONSEMA Normativa 01, de 23 de abril de 2014, trouxe para o ordenamento jurídico paulista a primeira tentativa de consubstanciação dos ditames da Lei Complementar 140/11, buscando incorporar a participação dos municípios no cenário ambiental do estado de São Paulo, estabelecendo uma tipologia que considerava os exigíveis critérios de porte, potencial poluidor e natureza da atividade, exatamente como determinado pela alínea "a", do inciso XIV, do artigo 9º, da Lei Complementar 140/11.

Para que o município passasse a exercer sua competência para o licenciamento ambiental exigia-se tivesse ele órgão municipal capacitado a executar as ações administrativas que lhe seriam incumbidas, equipe multidisciplinar formada por profissionais qualificados e legalmente habilitados por seus respectivos órgãos de classe e especialização compatível, assim como Conselho Municipal de Meio Ambiente, de caráter deliberativo e com funcionamento regular, composto paritariamente por órgãos do setor público e entidades da sociedade civil.

Estabeleceu-se que os municípios aptos e com interesse em realizar o licenciamento ambiental de atividades de impacto local deveriam comunicar tal intenção ao CONSEMA. Essa comunicação teria por escopo deslocar a competência da CETESB – estadual - para o município para o exercício do licenciamento nas atividades listadas na Deliberação.

Ao contrário, e de acordo com o contido no artigo 5º, da mesma Deliberação, detendo o estado a competência residual, incumbiria à CETESB, que é a entidade licenciadora no estado de São Paulo, exercer a competência supletiva até que o município estivesse apto a atender aos requisitos estabelecidos e, finalmente, assumir para si a responsabilidade pelo licenciamento de atividades de impacto local.

Não obstante com a Deliberação 01/14 tivesse inaugurado oficialmente no estado de São Paulo a efetiva competência municipal para o licenciamento ambiental, e a Secretaria do Meio Ambiente Estadual, em conjunto com a CETESB, tivesse se disposto a treinar os municípios, capacitando-os para o exercício de poder de polícia administrativa preventiva e, consequentemente, a corretiva, a aderência dos municípios foi baixa, não chegando sequer a 8% dos 645 municípios existentes no estado de São Paulo.

Ademais, ao elaborar-se a listagem de atividades de impacto estritamente local, mediante critérios de porte, natureza e potencial poluidor, a Deliberação trouxe para o contexto do licenciamento algumas atividades que nas normas já fixadas no estado de São Paulo não eram licenciáveis em âmbito estadual.

A consequência disso foi que, tendo o estado a competência supletiva (residual), e não tendo os municípios se habilitado em número significativo para o licenciamento dessas atividades, o estado, por sua entidade licenciadora, a CETESB, precisou acrescer à listagem de atividades já conhecidas e consolidadas como licenciáveis, aquelas outras que estavam sendo incumbidas ao município pela Deliberação.

Dada a baixa aderência de que vimos comentar, a CETESB, que já encontrava dificuldades em cobrir todo o território do Estado com o licenciamento das atividades decorrentes das normas legais já sobejamente conhecidas, precisou ainda criar regras para o licenciamento dessas atividades que, em tese, seriam de incumbência exclusiva dos municípios, por se tratarem de atividades de impacto estritamente local e que, em princípio, nunca foram licenciadas, pois eram daquelas em que se esperava tivessem a variável ambiental incorporada no exercício cotidiano de emissão das ferramentas próprias municipais.

Exemplo dessa dificuldade se dava com os hotéis e motéis, até então licenciados pelo estado apenas quando queimavam combustíveis sólidos ou líquidos e que com o advento da Deliberação Normativa, estendeu-se a obrigatoriedade a todo e qualquer estabelecimento desse jaez.

O mesmo se deu com algumas atividades industriais, cujos impactos poderiam ser estritamente locais, mas, que dada a possibilidade de o município vir a licenciar, entendeu-se como salutar incorporá-las como atividades licenciáveis de acordo com a Deliberação. Foi o caso, por exemplo, das fábricas de artigos de vestuário, dos cemitérios, e alguns outros.

Em não estando aptos os municípios, o estado deveria atuar preventivamente, pois tais atividades estariam sujeitas ao licenciamento junto à CETESB, o que aumentou sobremaneira o trabalho já assoberbado, vez que essas atividades que antes não seriam licenciáveis, de acordo com o Regulamento da Lei estadual 997/76, aprovado pelo decreto 8.468/76, agora, em razão da instauração da competência supletiva, – residual – precisavam ser licenciadas junto ao órgão estadual, nos casos de se localizarem em municípios não aptos ou habilitados para o licenciamento.

3.3 A nova Deliberação Consema 01/18

Resultou daí, então, a necessidade de promoção de alterações na Deliberação Normativa CONSEMA 01/14, o que ocorreu por meio da Deliberação Normativa CONSEMA 01/2018, de 13 de novembro de 2018, que fixou novas regras para o licenciamento ambiental municipal.

Nesta nova Deliberação foram estabelecidas tipologias de atividades licenciáveis pelos municípios, baseadas nas mesmas premissas determinadas pela Lei Complementar 140/11, ou seja, adoção dos critérios de porte[11], potencial poluidor[12] e natureza das atividades[13] ou empreendimentos sujeitos ao licenciamento ambiental.

Tanto na Deliberação anterior, como nesta de 2018, o critério de potencial poluidor foi atrelado às atividades cujos impactos foram selecionados entre Alto, Médio e Baixo Impacto.

As estruturas exigidas dos municípios continuaram as mesmas já previstas na Deliberação anterior, contudo nesta mais nova existe a possibilidade de que um município que esteja apto e habilitado para exercer o licenciamento de atividades de menor impacto ambiental, possa também exercer essa atribuição em classe superior, desde que atenda a critérios de competência técnica, tais como:

– possuir corpo técnico com pelo menos 01 (um) profissional habilitado para análise de cada um dos meios (físico, biótico e socioeconômico);

– a equipe técnica multidisciplinar e o histórico de funcionamento do Conselho Municipal de Meio Ambiente deverão estar compatíveis com os requisitos exigidos para a classe superior desejada (conforme Anexo III, da Resolução); e,

– deverá haver vinculação do profissional ao órgão licenciador, sem prejuízo da possibilidade de apoio técnico vindo das demais áreas do ente licenciador.

Uma coisa ainda é fato: caso o município não disponha da estrutura necessária ou a que possuir não seja compatível com o exigido pela Deliberação CONSEMA, repita-se, quem deverá realizar o licenciamento deverá ser a CETESB, entidade estadual, supletivamente, enquanto perdurar o impedimento, o mesmo se dando na hipótese de ter o município se habilitado, mas ter perdido as condições estruturais necessárias, em razão do que se instaurará de imediato a competência do Estado, passando este ente a licenciar as atividades antes cominadas à competência municipal.

Da mesma forma, ocorrendo a ampliação de um empreendimento licenciado pelo município, com a qual este se desenquadre do critério de porte previsto para o município, imediatamente se acionará o estado, via CETESB, para que o licenciamento seja então realizado pela entidade estadual.

---

11. Art. 2º, inciso II – Porte: dimensão física do empreendimento mensurada pela área construída em metros quadrados (m²) ou pela capacidade de atendimento em número de usuários;
12. Art. 2º, inciso III – Potencial poluidor: possibilidade de um empreendimento ou de uma atividade causar poluição, assim considerada a degradação da qualidade ambiental resultante de atividade que direta ou indiretamente:
    a) prejudiquem a saúde, a segurança e o bem estar da população;
    b) criem condições adversas às atividades sociais e econômicas;
    c) afetem desfavoravelmente a biota;
    d) afetem as condições estéticas ou sanitárias do meio ambiente e
    e) lancem matérias ou energia em desacordo com os padrões ambientais estabelecidos.
13. Art. 2º, inciso IV – Natureza da atividade: enquadramento da atividade de acordo com sua origem industrial ou não industrial, utilizando-se, quando possível, a Classificação Nacional de Atividades Econômicas – CNAE, Subclasses 2.1, ou listagem eu vier a substitui-la;

Importante aspecto a mencionar é que a Lei Complementar 140/11 estabeleceu que a Autorização para supressão de vegetação fosse concedida pelo ente licenciador; contudo, no estado de São Paulo vige o entendimento de que as leis que tratam da supressão de vegetação detêm caráter especial, razão pela qual, a depender da classificação da vegetação ou do bioma em que esteja inserida, seguir-se-ão as regras próprias de competência conforme estabelecido na legislação específica, o que equivale dizer que o licenciamento poderá ser procedido por um ente, mas a Autorização poderá ser concedida por outro ente.

Vale, contudo, observar que os exemplares arbóreos nativos isolados, vivos ou mortos, localizados em lotes urbanos, fora de APP – Áreas de Preservação Permanente ou fora de APA – Área de Proteção Ambiental, poderão ser suprimidos por Autorização a ser emitida pelo órgão municipal, independentemente de estar ele habilitado ou não para o licenciamento.

Outro aspecto que merece nosso destaque é que ainda que o município se habilite junto ao Conselho Estadual do Meio Ambiente, as licenças que estiverem em curso perante o ente estadual competente serão finalizadas, devendo a sequência ser procedida pela municipalidade e vice e versa na hipótese de desenquadramento do município ou, como dissemos, ampliação da atividade que ultrapasse o critério de porte para o licenciamento municipal.

3.4 Habilitação do município para o licenciamento ambiental

Trata-se a habilitação de *ato meramente declaratório*, por meio do qual o município se dirige ao Conselho Estadual do Meio Ambiente informando que se encontra habilitado para o exercício de atividades de licenciamento, discriminando a estrutura de que dispõe e a tipologia para a qual se encontra apto.

Com isto instaura-se a competência municipal, não havendo de parte do Estado qualquer tipo de avaliação ou crivo, mesmo porque embora o Estado, por meio do Conselho Estadual, tenha a competência para definir as atribuições que incumbem ao município relativamente ao licenciamento, não adquire com isso a prerrogativa de fiscalizar o cumprimento, pela municipalidade, nem dos requisitos a permitir-lhe a habilitação, tampouco para fiscalizar o cumprimento das normas legais no exercício do poder de polícia administrativa preventivo, cuja principal ferramenta é o licenciamento ambiental.

Isto se dá, exatamente, porque ao assumir o licenciamento ambiental o município passa a exercer sua competência originária, oriunda dos ditames da Lei Complementar 140/11, não se justificando qualquer intromissão do Estado neste processo, que atualmente, em decorrência da forma como veio prevista em lei, ainda é uma escolha, uma prerrogativa do município.

Outro aspecto que merece nosso destaque é o de que, embora esteja plenamente consolidada a máxima de que "quem licencia deve fiscalizar", a *contrario sensu* a fiscalização das atividades potencialmente degradadoras poderá ser realizada por todos os entes, independentemente de quem tenha sido o licenciador.

Esta possibilidade como dissemos já era uma máxima pautada pelo direito administrativo, mas veio roborada pelo § 3°, do art. 17[14], da Lei Complementar 140/11, que impõe, contudo, que deva prevalecer o auto de infração ambiental lavrado pelo ente licenciador, caso este o tenha levado a efeito.

3.5 Anexos da Deliberação e o que estabelecem

A Deliberação CONSEMA 01/18 traz em seus Anexos o detalhamento que permite a compreensão de como atuará o município no licenciamento ambiental.

O *Anexo I* traz uma listagem das atividades consideradas como de impacto ambiental local, ou seja, aquele que não tem potencial de ultrapassar os limites territoriais municipais, portanto, passíveis de licenciamento pelo ente municipal. Estas atividades foram classificadas em *Industriais*, conforme código CNAE – Classificação Nacional de Atividades Econômicas e as *Não Industriais*, como as de prestação de serviços e obras.

O *Anexo II* traz a Classificação do Impacto Ambiental de Âmbito Local, separando as competências por Alto Impacto, Médio Impacto e Baixo Impacto, e descrevendo expressamente as situações em que o licenciamento de algumas atividades listadas deverá necessariamente ser deslocado para o Estado.

O *Anexo III* detalha os critérios de enquadramento dos municípios em Alto, Médio e Baixo Impacto, valendo então, a esta altura, descrevê-los brevemente;

1. Para o licenciamento de atividades de *Alto* Impacto Ambiental Local o município deverá ser enquadrado simultaneamente na categoria de Grande Porte, que são aqueles municípios que possuem população acima de 500.000 habitantes, segundo dados do IBGE.

Além disso, devem ter histórico de funcionamento do Conselho Municipal superior a 05 anos e possuir equipe técnica multidisciplinar formada por no mínimo 10 profissionais legalmente habilitados com formação específica relacionada ao licenciamento ambiental.

---

14. Art. 17 – Compete ao órgão responsável pelo licenciamento ou autorização, conforme o caso, de um empreendimento ou atividade, lavrar auto de infração ambiental e instaurar processo administrativo para a apuração de infrações à legislação ambiental cometidas pelo empreendimento ou atividade licenciada ou autorizada.
(...)
§ 3° O disposto no *caput* deste artigo não impede o exercício pelos entes federativos da atribuição comum de fiscalização da conformidade de empreendimentos e atividades efetiva ou potencialmente poluidores ou utilizadores de recursos naturais com a legislação ambiental em vigor, prevalecendo o auto de infração ambiental lavrado por órgão que detenha a atribuição de licenciamento ou autorização a que se refere o *caput*.

2. Para o licenciamento de atividades de *Médio* Impacto deverá atender aos seguintes requisitos: o município deverá ter população inferior a 500.000 habitantes e maior que 60.000, ter histórico de funcionamento do Conselho Municipal de Meio Ambiente de no mínimo 03 anos e possuir equipe técnica multidisciplinar própria formada por no mínimo 05 profissionais qualificados e legalmente habilitados.

3. Para realizar o licenciamento de Baixo Impacto Ambiental, o município deverá ter Conselho de Meio Ambiente em funcionamento e possuir equipe técnica multidisciplinar própria formada por no mínimo 03 profissionais qualificados e legalmente habilitados por seus respectivos conselhos de classe.

Vale aqui reiterar que os municípios poderão migrar de um nível a outro relativamente ao porte das atividades, podendo essa migração se dar tanto de nível mais Alto para mais Baixo, como de mais Baixo para mais Alto, tudo dependendo do atendimento aos requisitos estabelecidos especificamente para esta finalidade.

3.6   Impossibilidade de delegação por Convênio no estado de São Paulo

Feitas estas considerações acerca do licenciamento ambiental municipal cabe ainda esclarecer que há muitos estados que delegam aos municípios, além das atividades acerca das quais estes municípios detêm competência originária (aquela determinada pela Lei Complementar 140/11, conforme tipologia estabelecida pelo respectivo Conselho Estadual de Meio Ambiente), outras tantas por meio de Convênios ou Termos de Cooperação Técnica aos quais se reporta o artigo 5º, da Lei Complementar 140/11.

Contudo, este não é o caso do estado de São Paulo, onde os municípios recebem, pela habilitação, ou adesão aos termos da Deliberação CONSEMA 01/18, a competência originária para o exercício do licenciamento, não havendo se falar em Convênio de delegação, uma vez que a entidade que detém a competência exclusiva para o licenciamento no estado de São Paulo é a CETESB – Companhia Ambiental do Estado de São Paulo que exerce poder de polícia administrativa derivado.

Trata-se a CETESB de uma empresa pública, portanto, empresa dotada de natureza jurídica de direito privado. Foi criada por lei para exercer o poder de polícia administrativa, próprio da administração direta, recebendo-o, assim, já por delegação legal.

Contudo, a sua lei de criação não previu a possibilidade de delegação desse poder de polícia, e, já sendo ele derivado e sem previsão de redelegação, não há como o licenciamento ambiental de competência exclusiva da CETESB no estado de São Paulo, ser redelegado ao município por convênio, o que implica dizer que no estado de São Paulo os municípios só poderão exercer o poder de polícia preventivo, por meio de licenciamentos, das atividades estabelecidas na Deliberação CONSEMA 01/18, além daquelas que, por lei municipal, também foram consideradas licenciáveis, desde que já não sejam assim consideradas pela legislação estadual.

3.7 Desinteresse dos municípios pelo licenciamento ambiental

Embora já consolidados os meios de instrumentalização dos municípios para o exercício do poder de polícia administrativa preventiva por meio do licenciamento ambiental, o que se tem é que poucos municípios se interessam por assumir a responsabilidade de licenciar as atividades especificadas na Deliberação CONSEMA 01/18.

Não obstante a Deliberação CONSEMA tivesse sido reeditada para conformar alguns aspectos e inconsistências detectados na sua precedente Deliberação 01/14, o que se denota é que a adesão dos municípios ainda continua baixa, sendo que atualmente o que se tem é que dos 645 municípios existentes no Estado de São Paulo, apenas 72 haviam se habilitado até maio deste ano, o que mostra o total desinteresse dos municípios em licenciar atividades potencialmente degradadoras de impacto estritamente local.

Esta baixa adesão não se denota apenas no estado de São Paulo, se repetindo, com algumas nuances, em outros estados, não sendo raros os casos, nestes outros estados, de municípios que se habilitam e que acabam por ser desabilitados pelo próprio Conselho Estadual por não terem condições de continuar no intendo de licenciar.

Fato é que a tarefa de proceder o licenciamento ambiental e assumir todas as demais consequências desta advindas não é fácil; exige investimento na criação de estrutura técnica e administrativa, com treinamento e formação de quadros aptos ao exercício das funções, realização de concursos públicos para a contratação de pessoal, muitas vezes até mesmo a elaboração de leis e normas regulamentadoras próprias, de modo que a decisão de assumir tal responsabilidade deve ser mesmo bastante estudada pela administração municipal, de modo que uma vez assumida não se veja o administrado diante da contingência de ter de ora submeter seu licenciamento ao órgão municipal, ora ao estadual em razão de retomada da competência supletiva pelo Estado.

As idas e vindas geram insegurança jurídica indesejável para quem exerce atividades econômicas.

3.8 Consórcios municipais – Busca de solução

Uma das soluções que vêm sendo encetadas pelos municípios, já implementada em alguns estados, é a formação de consórcios para a realização dos licenciamentos ambientais, o que tem se mostrado uma medida bastante factível, tanto do ponto de vista jurídico, quanto do ponto de vista econômico.

No estado de São Paulo já existem algumas iniciativas neste sentido que, embora ainda não tenham se consolidado, caminham por serem implementadas em breve.

Além disso, existem propostas das entidades municipalistas para alteração da Deliberação CONSEMA 01/18, que ainda não foram submetidas ao CONSEMA, mas se encontram em discussão junto ao órgão.

4. CONCLUSÃO

Enfim, diante deste quadro brevemente esboçado neste artigo, o que parece é que a municipalização do licenciamento, embora ainda caminhe a passos lentos, é um movimento sem volta e deve de fato se consubstanciar e se consolidar nesta década, não só como uma medida de pleno exercício da competência que deve ser exercida por esses entes, como também pelo fato de que o licenciamento pelos municípios acabará por viabilizar uma melhor resposta não só do próprio município, mais próximo e melhor conhecedor das necessidades dos empreendimentos locais e seus respectivos impactos, como também do órgão estadual às demandas que, efetivamente, possam e devam ser por ele respondidas dadas as proporções dos impactos das atividades sujeitas ao seu licenciamento.

AVALIAÇÃO DE IMPACTO AMBIENTAL

Ana Cristina Pasini da Costa

1. INTRODUÇÃO

Avaliação de impacto ambiental é a mais importante ferramenta da Lei 6838/81 que institui a Política Nacional de Meio Ambiente (Art. 9º inciso III), e é definida como um dos instrumentos dessa política. Sendo fundamental para o almejado desenvolvimento sustentável.

Em seu Art. 10 a lei postula que: "A construção, instalação, ampliação e funcionamento de estabelecimentos e atividades utilizadores de recursos ambientais, efetiva ou potencialmente poluidores ou capazes, sob qualquer forma, de causar degradação ambiental dependerão de prévio licenciamento ambiental ("caput" do artigo com redação dada pela Lei Complementar 140, de 8/12/2011). Sendo o licenciamento ambiental o segundo instrumento da Política Nacional de Meio Ambiente.

A AIA é um instrumento da Política Nacional de Meio Ambiente, preventivo que subsidia o processo decisório sobre a viabilidade ambiental da implantação de um empreendimento submetido ao licenciamento ambiental.

Vai se tratar aqui de uma visão geral da AIA no Brasil, especialmente no Estado de São Paulo.

2. CONCEITOS DE AIA

Existem muitos conceitos de AIA, que são, na verdade muito semelhantes:

1. "O sistema de AIA é o mecanismo legal e institucional que torna operacional o processo de avaliação de impacto ambiental em uma determinada jurisdição (um país, um território, um estado, uma província, ou qualquer unidade territorial administrativa".[1]

2. É o processo de identificar as consequências futuras de uma ação presente proposta.[2]

3. "o termo avaliação de impactos descreve uma técnica e um processo pelo qual a informação sobre os efeitos ambientais de um projeto é obtida, tanto pelo empreendedor quanto por outras fontes, e consideradas pela autoridade de planejamento no processo decisório quanto à implantação ou não do projeto proposto".[3]

4. AIA é "uma avaliação dos impactos de uma atividade panejada sobre o meio ambiente.[4]

5. A AIA deve influenciar a decisão sobre a implantação de um empreendimento trazendo racionalidade ecológica ao processo.[5]

---

1. SANCHEZ, 2014.
2. International Association for Impact Assessment – IAIA, apud SÁNCHEZ, 2013.
3. GLASSON, J.; THERIVEL, R. and CHADWICK, A. 1999.
4. Comissão Econômica da União Europeia – apud GLASSON et all, 1999.
5. BARTLET, 1986, CALDWEL, 1989 apud PORTER, 1999.

6. A AIA é uma ferramenta de planejamento proativa para prevenir impactos ambientais negativos que possam ser causados pelo processo de desenvolvimento. A AIA deve estar relacionada à decisão sobre a implantação de um projeto.[6]

Em síntese, a AIA é uma importante ferramenta da Política Nacional de Meio ambiente e pode ser definida como o processo de identificar, com antecedência, potenciais impactos que poderão ocorrer no meio ambiente, como consequência da implantação e operação de um empreendimento. No Brasil a AIA está vinculada ao licenciamento ambiental.

3. OUTRAS FORMAS DE AIA

3.1 Avaliação Ambiental Estratégica – AAE

O desenvolvimento da AIA expandiu amplamente seu alcance muito além da comparação custo/benefício da implantação de um projeto. Técnicas como análise de riscos e análise tecnológica foram desenvolvidas para informar, mas não necessariamente para definir uma política.

Assim, a aplicação da AIA para o licenciamento ambiental de empreendimentos, desenvolveu-se para atender a necessidade de se avaliar a sustentabilidade de Políticas, Planos e Programas (PPP).

A Avaliação Ambiental Estratégica (AAE) é definida como um processo formal, sistemático e abrangente de avaliar os impactos ambientais de uma política, plano ou programa e de suas alternativas, incluindo a preparação de um relatório contendo as conclusões da avaliação, que serão utilizadas em um processo decisório publicamente responsável.[7]

AAE pode ser definida também como um processo sistemático para avaliar as consequências ambientais de uma política, plano ou programa propostos, de modo a assegurar que elas sejam plenamente incluídas e adequadamente equacionadas nos estágios iniciais mais apropriados do processo que envolve sua proposta e publicação, considerando sua influência sobre os aspectos do meio ambiente biofísico e social e econômico.[8]

Deve ser elaborada antes da proposição dos empreendimentos componentes das PPPs, de modo que os projetos decorrentes, contemplem as principais conclusões da AAE. No Brasil, provavelmente pela inexistência de exigência legal, a AAE tem sido realizada voluntariamente, mas os exemplos não são muito bons e nem sempre seus resultados são considerados no licenciamento dos projetos componentes das PPPs. Para o licenciamento Ambiental do Rodoanel, a ser licenciado por trechos, foi

---

6. USEPA, 2010.
7. THERIVEL et. al. 1992 apud SANCHEZ, L. E. 2012.
8. SADLER e VERHEEM, 1996, apud SANCHEZ, L. E. 2012.

exigida uma AAE pelo poder judiciário. Mas ela foi realizada quando o trecho Oeste já estava em licenciamento, e foi mais uma "conta de chegada" do que uma avaliação estratégica de fato, que deveria ter contemplado os efeitos das obras na Região Metropolitana de São Paulo.

No Brasil existem poucos e pífios exemplos desta prática, mas que deveria ser aplicada à formulação de Políticas públicas, Planos setoriais (energia, transporte, habitação, saneamento etc.), antecipando significativos impactos ambientais negativos e, portanto, prevenindo sua ocorrência em uma fase anterior à elaboração dos projetos componente das políticas, planos ou programas. Os empreendimentos e projetos seriam licenciados individualmente. A AAE não é submetida ao licenciamento ambiental e deve ser elaborada em uma etapa anterior ao licenciamento ambiental de projetos individuais.

A Lei 13.798/2009 que instituiu a Política Estadual de Mudanças Climáticas (PEMC), em seu Art. 8º incluiu que deverá ser elaborada AAE pelos setores de governo, proponentes de políticas, planos e programas (setor de energia, transporte, saneamento etc.). Entretanto, até hoje nada disso saiu do papel.

A exigência de AAE submetida à avaliação pública, compreensão e sugestões, oferece perspectivas para uma política sólida e ecologicamente sustentável. A AAE deve influenciar a política de planejamento e tomada de decisão e disseminar conhecimento.

Sem a AAE governos podem adotar políticas insustentáveis que se sobreponham aos efeitos de uma AIA em escala de projeto. A definição de uma política às vezes não se dá explicitamente ou de forma pública e transparente, dificultando qualquer tipo de avaliação.

Em 2001 quando ocorreu o licenciamento ambiental de várias termelétricas a gás natural, a maior discussão das Audiências Públicas era sobre qual era a política energética do governo, qual a matriz que estava sendo adotada. Não cabia ao empreendedor de uma termelétrica, entretanto, dar resposta a esta pergunta. E sim, ao governo. Cabe ao empreendedor adequar-se |à política setorial vigente. Na falta desta, todos os licenciamentos foram muito complicados, à época.

3.2   Avaliação de impactos cumulativos

A experiência no licenciamento ambiental mostrou ainda que, muitas vezes ocorriam vários empreendimentos similares ou muito impactantes, em uma mesma área ou região. Isso ocorreu com a mineração de areia no Vale do Paraíba. Ficou que claro que a avaliação dos impactos ambientais de cada extração não contemplava o impacto ambiental da implantação de todas, conjuntamente. Seria necessária uma avaliação de impactos cumulativa. Uma grande dificuldade surgiu quando a Secretaria de Meio Ambiente de São Paulo pensou em solicitar a avaliação aos interessados. Como se daria este estudo, quem pagaria e como. Além disso, não havia previsão legal para esta solicitação. Esse é o tipo de avaliação que caberia ao órgão ambiental estadual, se tivesse recursos humanos e materiais para tal.

Uma companhia de geração de energia pretendia implantar três barragens em um mesmo rio no qual não havia nenhuma barragem, em São Paulo. Existia, ainda um EIA em análise no órgão ambiental para a implantação e mais uma barragem. O órgão ambiental estadual considerando a implantação e todas as quatro barragens. Depois de muita controvérsia o estudo foi feito. Foi um estudo feito às pressas, para atender uma exigência do órgão ambiental e passou longe de atender às preocupações levantadas.

Essa questão contínua sem equacionamento nos dias atuais, pois não há exigência clara e legal sobre a necessidade de elaboração desse tipo de avaliação. Uma AAE ou mesmo uma avaliação de impactos cumulativos realizada previamente à implantação do polo industrial de Cubatão teria evitado os terríveis problemas que ainda enfrentamos.

3.3   Princípios do Equador, 2003

Os Princípios do Equador (PE) são um conjunto de critérios sócio ambientais a serem adotados voluntariamente por instituições financeiras (BID, WB, IFC), em nível mundial referenciadas pelos Padrões de Desempenho sobre Sustentabilidade Socioambiental do *Corporate Finance Institute* (IFC), e nas Diretrizes de Meio Ambiente do Grupo Banco Mundial. Esses princípios são aplicáveis na análise de produtos financeiros tais como financiamento de projetos, serviços de assessoria para financiamento, financiamentos corporativos. Os PE exigem avaliação ambiental que trate dos riscos e impactos ambientais pertinentes e deve se propor medidas para minimizar, mitigar ou compensar os impactos negativos de modo compatível com a natureza e escala do processo. A aplicação dos PE é exigência mínima das agências multilaterais de financiamento, sendo que essas agências também exigem o licenciamento dos projetos submetidos à solicitação de financiamento, com base na legislação local.

Essa exigência se transforme em padrão mínimo de AIA para países que não tenham esse procedimento estabelecido em lei.

3.4   Objetivos de Desenvolvimento Sustentável (ODS)

Dentre os 17 ODSs definidos pela ONU (2002), sete deles trazem a avaliação de impactos ambientais, em várias escalas:

6 – Água potável e saneamento

7 – Energia acessível e limpa

9 – indústria, inovação e infraestrutura

11 – Cidades e comunidades sustentáveis

13 – Ações contra a mudança global do clima

14 – Vida aquática

15 – Vida terrestre

17 – Parcerias e meios de implantação

Todas as ações componentes destes objetivos têm relação transversal com a AIA, pois, no Brasil, certamente deverão ser licenciadas e se mostrarem ambientalmente viáveis.

A avaliação de impactos ambientais é um instrumento essencial quando se trata de sustentabilidade e governança ambiental.

4. O PROCESSO DE AIA

A AIA cria o contexto ambiental mais amplo para a avaliação da viabilidade de implantação e operação de empreendimentos e projetos que devem ser objeto de licenciamento ambiental no país. O licenciamento ambiental cuida da abordagem local. A AIA contempla ainda a sinergia e eventuais conflitos entre o empreendimento proposto e políticas, planos e programas existentes ou propostos para a mesma região.

A realização de AIA pode resultar em: reprovação de projetos inviáveis, melhorias no projeto, legitimação de projetos viáveis, seleção de melhores alternativas de localização, reformulação de políticas, planos e programas, definição de objetivos e responsabilidades, e negociação social.[9]

A AIA é fundamental ao processo decisório sobre a implantação de um empreendimento proposto, e assim se dá no licenciamento ambiental, no Brasil. Ajuda, ainda, na reformulação de aspectos dos projetos pois, sendo obrigatoriamente realizada previamente, seus estudos podem identificar potenciais impactos ao meio ambiente que permite a reformulação ou adequação do projeto proposto de modo a prevenir ou minimizar a ocorrência desses impactos.

A adequada formulação da AIA permite a identificação e avaliação dos potenciais impactos ambientais associados ao empreendimento em suas diversas fases de desenvolvimento (planejamento, implantação e operação) bem como a definição das necessárias medidas preventivas, mitigadoras ou de controle que deverão ser adotadas pelo proponente. Permite, ainda, a adequada negociação social sendo instrumento fundamental para a gestão ambiental.

A AIA deve ser consolidada e apresentada para o licenciamento ambiental na forma de um estudo de impacto ambiental mais simples ou de um Estudo de Impacto Ambiental (EIA), a depender da complexidade, do porte e da localização do projeto proposto conforme definido na Resolução CONAMA 237/97.

---

9. SANCHES, 2014.

A AIA deve ser realizada considerando-se as diversas etapas de realização de um empreendimento: a fase de projeto conceitual, a fase de implantação e a fase de operação. O licenciamento, deste modo é realizado em três etapas, devendo obter: Licença Prévia (fase e viabilidade), Licença de Instalação (fase de projeto executivo) e Licença de Operação. A AIA deve ser realizada para a fase de Licença Prévia, onde é demonstrada a viabilidade ambiental do empreendimento proposto e é quando deve ser consolidada em um Estudo de Impacto Ambiental (EIA) a ser submetido à revisão pelo órgão responsável pelo licenciamento ambiental. Nesta etapa são avaliados os potenciais impactos ambientais que poderão ocorrer nas três fases do empreendimento e definidas as necessárias medidas mitigadoras para cada um deles. Essas medidas serão adotadas ao logo da implantação e operação do projeto, e monitoradas durante toda a sua operação.

AIA requer o uso compreensivo e integrado da melhor ciência disponível, ainda que a avaliação seja mais que uma conclusão científica, pois existem considerações éticas e estéticas além daquelas atingidas pela ciência.

5. ETAPAS DA AIA

5.1 Seleção de projetos

Parte importante da AIA, trata-se da definição de quais projetos devem ser submetidos ao processo. Com a promulgação da Lei 6839/81, foi definida a necessidade de licenciamento ambiental de empreendimentos potencialmente causadores de degradação ambiental. A Resolução CONAMA 01/86 traz uma lista exemplificativa de quais projetos deveriam ser submetidos ao licenciamento ambiental com base em AIA, e definiu que esta AIA deveria ser consolidada em um Estudo de Impacto Ambiental (EIA). Em São Paulo, a Companhia Ambiental (CETESB) já realizava, desde 1976, o licenciamento ambiental de atividades poluidoras do meio ambiente.

Cabe lembrar que a Constituição e 1988 em seu artigo 221 trata da necessidade de elaboração de estudos de impacto ambiental para o licenciamento de empreendimentos potencialmente causadores de significativo impacto ambiental, mas os estudos não estão definidos como EIA. Essa lacuna gerou muitos problemas pois há que e considerar que nem todo projeto necessita de um EIA completo para ser licenciado, como se mostrou na prática.

Após 8 anos de aplicação dessa legislação, ficou claro que não era razoável exigir-se um EIA para todos os projetos a serem submetidos ao licenciamento, os órgãos ambientais ficaram atolados em inúmeros processos e houve, como consequência, demora nas emissões das respectivas licenças. Assim compreendeu-se que projetos menos complexos e a depender de sua localização e porte, poderiam se submeter ao licenciamento ambiental com base em estudos mais simples, dando objetividade e celeridade ao processo de licenciamento ambiental.

Em São Paulo, a Secretaria de Meio Ambiente exarou a Resolução CONSEMA 42/94, possibilitando o processo de seleção de quais projetos deveriam ser submetidos ao licenciamento com AIA, e qual o documento mais adequado para tal. Instituiu o Relatório Ambiental Preliminar (RAP). Posteriormente, o CONAMA exarou a Resolução 237/97 que confirmou essa possibilidade, instituindo o Relatório Ambiental Simplificado (RAS). No início da aplicação da Resolução SMA 42/94, o processo envolvia a apresentação de um RAP, e com base nessa análise, o órgão ambiental solicitava ou não um EIA. Após um tempo de aplicação desse procedimento, decidiu-se eliminar essa apresentação prévia de RAP, pois a experiência tornava claro aqueles empreendimentos que poderiam causar impactos significativos ao meio ambiente, e para eles deveria ser apresentado um EIA completo, sem passar pela etapa de RAP. Esse procedimento deu agilidade ao processo, sem renunciar à AIA.

Até a promulgação da Lei Complementar 140/2011 não existia uma lista de quais empreendimentos deveriam der licenciados com base em AIA. Esta lista precisava considerar aspectos de tipologia, localização, porte e complexidade. A Lei traz uma lista que ainda não é definitiva, mas bastante abrangente. Os estados deveriam complementá-la. Ainda existe necessidade de alguma análise discriminatória, empreendimentos de pequeno porte podem ser bastante complexos e provocadores de relevantes impactos ao meio ambiente.

5.2 Definição do conteúdo da AIA

A definição do conteúdo da AIA e do EIA se dá pela apresentação, ao órgão licenciador, de um Plano de Trabalho (PT) com base no qual o órgão emite um Termo de Referência (TR) para a elaboração do Estudo. Este TR deve definir o escopo e abrangência do EIA a ser elaborado. Este foi um avanço importante no sentido de tentar garantir que os aspectos mais relevantes da AIA fossem e adequadamente tratados.

O conteúdo dos EIAs melhorou muito, desde 1986. Além disso, a evolução técnica e científica na definição de parâmetros numéricos para um grande número de impactos ambientais reduziu muito da discricionariedade inerente ao processo de elaboração e revisão dos estudos ambientais. Assim ocorreu com padrões de qualidade do ar, com a emissão de ruído de fontes fixas e móveis, qualidade das águas, fauna e flora ameaçados de extinção, regras para supressão de vegetação, e compensação pela supressão, entre outros.

5.3 Estudo de Alternativas tecnológicas e locacionais

A elaboração da AIA pressupõe a consideração de alternativas tecnológicas e locacionais, de forma a demonstrar que a alternativa escolhida é a melhor do ponto de vista ambiental.

É importante considerar que a exigência de apresentar alternativa locacional não se aplica exatamente a empreendedores privados. Se o interessado possui a área, é natural que queira implantar nela. Não há se pode exigir que ele considere outra área, que teria que ser adquirida. Se a área proposta, não for ambientalmente adequada, a AIA e o EIA serão reprovados e não vai haver licença.

Quanto a alternativa tecnológica, cabe explicitar que não cabe solicitar ao empreendedor do Metro que considere alternativas e transporte público. Até porque o Metro ganharia de todas. Mas quem define a política de transporte público é o governo. Se nesta política está incluído o Metro, o que importa é se o projeto é ambientalmente viável. A questão de alternativa tecnológica se aplica, por exemplo, para licenciamento de termelétricas: pode haver comparação entre ciclo simples ou combinado, tipo de turbina, tipo de combustível. Mas não se pode exigir que o empreendedor faça comparação com a geração de energia hidrelétrica, por exemplo. Isso quem define é a política de geração de energia do governo. A Matriz Energética almejada deve ser definida por uma política de governo e não pelo interessado que se propõe a implantar uma fonte de geração de energia.

5.4   Definição de áreas de influência

A AIA deve ser realizada considerando-se as áreas de influência do empreendimento, ou as áreas onde se farão sentir os potenciais impactos ao meio ambiente. Usualmente são adotadas três áreas: área diretamente afetada (ADA), área de influência direta (AID) e área de influência indireta (AII). A dimensões dessas áreas deve considerar os impactos de maior abrangência espacial, e podem ter diferentes limites a depender do meio afetado: físico, biótico ou socioeconômico.

1. ADA – é área que será efetivamente afetada pela implantação física das obras, incluindo não só a construção principal, mas as obras complementares: canteiros, alojamentos, instalações administrativas, áreas de empréstimo e de bota fora, armazenagem de insumos etc. Todas essas áreas sofrerão intervenção direta e sua caracterização deve permitir a identificação dos principais impactos associados: à supressão de vegetação, a alterações de uso do solo, relacionados a fenômenos geotécnicos, implantação de aterros, geração e disposição de resíduos sólidos, relocação de população ou desapropriação de terras, entre outros. A escala de trabalho deve permitir a adequada caracterização do ambiente afetado e sua apresentação deve permitir visualizar essa caracterização, incluindo mapas, plantas, pontos e localização de coleta de amostras, eventuais sondagens geológicas etc. No caso de São Paulo, o site da CETESB traz informações detalhadas sobre os dados cartográficos necessários ao licenciamento (www.cetesb.org.br).

2. AID – Esta área deve ser delimitada de acordo com os principais impactos ambientais diretos. Assim, para os impactos associados à qualidade do ar devem ser aplicados modelos matemáticos usuais para determinar potenciais alterações na qualidade do ar (devido a emissão de gases e material particulado). O alcance espacial desses impactos deve ser considerado como AID. Sendo esses os impactos que provavelmente atingem distâncias maiores, assim deve se proceder com o ruído e às construções vizinhas afetadas (escolas, residências, instituições de saúde, fauna etc.), são as chamadas ocupações sensíveis.

Devem ser observados impactos sobre a qualidade da água e sobre disponibilidade hídrica, que poderiam afetar eventuais usos e biota aquática a jusante. Também neste caso, uma simulação matemática permite antever o alcance dessas alterações. Estes limites devem conter a AID.

3. AII – Esta área, que deve abranger o alcance dos impactos indiretos, também pode ter seu desenho variável, de acordo com o meio considerado. Impactos indiretos podem ser extremamente relevantes como indução a ocupações clandestinas, impactos sobre a fauna devido a abertura de acessos próximos a áreas florestadas, indução a alterações de uso do solo em áreas não compatíveis, impactos sobre a infraestrutura do município afetado (saúde, educação, saneamento, moradia).

Pode ser adotada a bacia hidrográfica para os aspectos do meio físico e biótico, e os limites administrativos mais adequados quando se tratar do meio socioeconômico. Mas tudo depende da abrangência espacial desses impactos.

A base cartográfica onde serão lançadas as informações deve ser de alta qualidade, pois é imprescindível a adequada visualização das informações. As escalas devem ser selecionadas de modo a facilitar esta visualização. No estado de São Paulo pode-se encontrar no site da Companhia (CETESB) a orientação para a apresentação das imagens, plantas e mapas (www.cetesb.gov.br).

5.5   Diagnóstico ambiental

Deve ser realizado para as três áreas de influência, ADA, AID e AII e considerar os fatores ambientais que podem ser tratados separadamente para efeito dos trabalhos técnicos, mas a análise final deve ser integrada para possibilitar a compreensão dos estudos realizados e da qualidade ambiental das áreas estudadas.

O conteúdo de um EIA e, portanto, da AIA, foi originalmente definido pela Resolução CONAMA 01/86. Entretanto, ao longo do tempo houve desejada evolução no entendimento desse conteúdo, ou seja, não se espera em um EIA a apresentação de estudos extensivos sobre todo os assuntos. Os estudos de avaliação de impactos ambientais devem ser realizados em um nível de detalhe adequado à identificação de potenciais impactos ambientais associados ao empreendimento, mas o EIA deve priorizar a apresentação dos aspectos mais relevantes. A AIA deve ser um meio para alcançar um fim, uma extrema preocupação com métodos analíticos não pode ultrapassar o foco e objetivo da AIA.

Como exemplo, cabe citar um EIA apresentado para o licenciamento de um reservatório de água tratada que seria construído em um maciço rochoso. Ao abordar a geologia, o responsável, ao descrever a rocha componente do maciço, adotou a descrição constante de uma tese de mestrado. Assim, em algum ponto aparecia que a rocha trazia em sua composição Uranio, sem especificar se este encontra-se na forma de ser disponibilizado para o meio ambiente.

O órgão responsável pela revisão do EIA foi obrigado a pedir um esclarecimento sobre isso, ou seja, era preciso ficar claro que o urânio aparecia em uma quantidade ínfima, e não estaria disponível de modo a afetar a qualidade da água que seria armazenada no maciço. Isso causou um pequeno atraso na análise, que poderia ter sido facilmente evitado.

Devem ser estudados os aspectos físicos, bióticos e socioeconômicos da área em que vai se implantar o projeto, para que se identifique quais impactos poderão correr, em suas diversas fases de implantação.

A preocupação em apresentar todos os mínimos detalhes pode dificultar a visão integrada das diversas áreas de influência afetadas, bem como a compreensão dos aspectos mais relevantes que poderão ser afetados pela implantação e operação do empreendimento proposto. Os estudos devem ser detalhados o suficiente para permitir o entendimento dos fatores que poderão sofrer impactos ambientais associados à implantação e operação do empreendimento, mas a sua apresentação para o licenciamento deve se dar com base em uma análise que permita a compreensão daquilo que é mais relevante.

Essa análise integrada permitirá a compreensão da situação integrada, composta pelos diversos meios, que podem ser assim separados para efeito metodológico, mas para sua apresentação. Seria ideal que uma avaliação da situação ambiental da área fosse apresentada, ao final do capítulo diagnóstico, pois permitiria uma indispensável avaliação da relevância e abrangência dos potenciais impactos identificados.

O EIA deve trazer a consolidação dos estudos realizados que permita o entendimento das principais características locais e regionais, e dos aspectos que poderão ser afetados pela implementação e operação do projeto proposto.

Os levantamentos devem ser primários e detalhados para ADA e AID, mas podem ser secundários para a AII.

A Avaliação de Impacto Ambiental requer a compreensão do conceito ambiental, devendo existir uma relação dinâmica e que constitui o meio ambiente, e não somente um inventário de aspectos ambientais que possam ser impactados pela atividade humana.

5.5.1 Diagnóstico do meio físico

O meio físico envolve aspectos de geologia, geomorfologia, hidrografia, qualidade das águas, clima, características geotécnicas, do solo, que poderão permitir a identificação de potenciais impactos tais como: indução a processos de erosão e assoreamento de drenagens, indução a instabilidade de encostas e taludes, estabilidade de aterros e escavações associados às obras, bem como à exploração de áreas de empréstimo e deposição de bota-foras, impactos na qualidade das águas, impactos à disponibilidade hídrica, impacto associado à geração de resíduos sólidos, entre outros.

No estado de São Paulo exige-se para a ADA a caracterização de eventuais passivos ambientais, que deve ser realizada com base em um roteiro específico disponível no site da CETESB.

5.5.2 Diagnóstico do meio biótico

A vegetação e a fauna devem ser adequadamente caracterizadas, para permitir identificar e avaliar os impactos decorrentes de eventual supressão, ou efeito de borda. Existe um número grande de leis e portarias que regem a caracterização e possibilidade de supressão de vegetação, bem como da fauna silvestre a ela associada. O diagnóstico deve ter como arcabouço essas leis e normas que protegem as florestas e áreas florestadas.

Além do obrigatório atendimento à legislação, os estudos devem considerar o mínimo de coleta de espécimes vivos, fauna e flora endêmicos e em diversas fases de risco de extinção.

5.5.3 Diagnóstico do meio socioeconômico

Em geral, as questões socioeconômicas são as mais pobremente tratadas na maioria dos estudos de AIA. Em São Paulo, em geral, faz-se uso dos ótimos dados do Fundação Sistema Estadual de Análise de Dados (SEADE), mas sem uma análise crítica de seu significado para a qualidade socioambiental da área e região afetadas. São em geral apresentadas inúmeras tabelas e gráficos sem uma análise que permita a compreensão da situação existente. Assim, o material apresentado ao órgão ambiental não permite a adequada identificação e avaliação dos potenciais impactos que ocorrerão ali, decorrentes da implantação e operação do empreendimento.

Um importante aspecto a ser abordado refere-se à população que será diretamente afetada pelas obras, ou seja, que demandará a adoção de mecanismos de relocação ou indenização. A adequada caracterização desta população vai permitir a avaliação de como e quanto ela será afetada e possibilitar a adoção de medidas mitigadoras adequadas.

5.6 Identificação e avaliação dos potenciais impactos ambientais

É preciso reiterar que a AIA deve ser prévia à implantação e operação de qualquer empreendimento. E deve abordar prioritariamente os potenciais impactos mais relevantes ao meio ambiente. Em geral não é o que se constata na revisão de EIAs para os mais diversos tipos de empreendimentos. Em geral o diagnóstico detalhado ocupa vários volumes e a identificação e avaliação de impactos é muito mais enxuta, pouco abrangente ou dispersa numa miríade de impactos pouco significativos, que não devem ser desconsiderados, por óbvio, mas que devem ser tratados de forma adequada, não descuidando dos impactos mais relevantes e significativos.

Seria de todo ideal que os técnicos que elaboram o projeto de engenharia pudessem estar em contato com aqueles que realizam a AIA e o EIA. Essa aproximação melhoraria, em muito o trabalho a ser realizado pois muitos impactos potenciais podem ser mitigados com pequenos ajustes de projeto que seriam adotados, a tempo e de forma eficaz em uma fase em que ainda não se detalhou o projeto em sua forma final. Isso significaria uma economia de tempo e dinheiro que nem sempre é percebido pelo empreendedor. Mais fácil prever a localização de uma torre de uma Linha de Transmissão antes da conclusão do projeto do que ter que refazer o projeto por conta disso. Já houve um projeto de uma LT cujo traçado cortava, em determinado trecho, uma Unidade de Conservação de Proteção Integral. O projeto teve que ser alterado depois que o EIA já estava em análise pelo órgão ambiental. Isso sempre leva à atrasos no processo de licenciamento e aumenta custos para o interessado.

Um bom conhecimento, pelos técnicos que elaboram os projetos, das restrições ambientais e legais existentes na ADA e AID possibilitaria evitar muitos dos impactos que só serão identificados tardiamente. Em alguns estados, como no Estado de São Paulo, é possível verificar as restrições ambientais e legais existentes, devido à diversidade e quantidade de informações disponíveis, o que facilitaria muito a elaboração do projeto de engenharia. Cabe citar o projeto da pista de um aeroporto pequeno em uma determinada área que, só no momento da revisão do EIA, o empreendedor foi informado que a cabeceira da pista projetada iria exigir a supressão de uma mata de cerrado, o que não é legalmente possível.

Ele teve que reduzir a pista, pois a área afetada não era suficiente para alterar apenas a posição da pista no terreno. Se ele tivesse realizado um estudo de pré-viabilidade, plotando em um mapa as restrições legais e ambientais existentes na área, já teria constatado esse impedimento.

Ao planejar a elaboração da AIA, parte fundamental do processo refere-se ao conhecimento das características do projeto, e das ações envolvidas na sua implantação e operação, e as restrições legais que recaem sobre a área pretendida. É nesse planejamento que se apresentam os impactos mais relevantes que poderão ocorrer, num momento no qual é mais simples a realização de pequenas alterações no projeto que possam viabilizá-lo. Essas alterações poderão evitar: impactos sobre a vegetação, sérias alterações no uso do solo, interferência com Áreas de Preservação Permanente (APPs) e Unidades de Conservação (UC), interferências nas condições da vegetação, na qualidade do ar, no tráfego, na população do entorno, no uso do solo, nas atividades minerais em curso etc. A prévia visualização desses impactos pode levar, inclusive à necessidade de se realizar estudos mais aprofundados para complementar o diagnóstico realizado.

Esse cruzamento pode A identificação dos impactos ambientais resulta do cruzamento das atividades previstas para a implantação e operação do projeto com as características ambientais locais e regionais. Essa avaliação pode ser realizada pelo método *Ad hoc*, onde forma-se um painel de especialistas ou por meio de listagens de impactos, ou matrizes de interação nas quais se cruzam ações versus fatores ambientais, entre outras que constam de vasta literatura existente. O importante é que a análise permita não só identificar o impacto, mas caracterizá-lo em termos de sua relevância, magnitude, temporalidade, reversibilidade.

Esta análise vai subsidiar a proposição de medidas mitigadoras efetivas e eficazes, a serem implementadas nas fases em que poderão ocorrer os impactos identificados. Além disso, é preciso considerar em que fase esses impactos poderão ocorrer: fase de concepção do projeto, fase de implantação ou fase de operação.

5.6.1 Impactos na fase de planejamento

A fase de concepção do projeto é aquela para a qual se prepara o EIA a ser submetido ao processo de licenciamento ambiental. Ocorrem obrigatórias audiências públicas e a divulgação do empreendimento. É nesse momento que surgem inúmeras dúvidas por parte da população que poderá ser afetada e cabe ao interessado fornecer informações claras e objetivas para a população em geral.

Nessa fase, os principais impactos ocorrerão no meio socioeconômico: expectativas da população em relação ao projeto e sobre como suas vidas serão afetadas, ansiedade frente à provável geração de empregos, pode ocorrer especulação imobiliária ou desvalorização de terras, atividades comerciais podem se sentir amaçadas, como ocorre com as áreas no entorno de obras de estações do Metro.

5.6.2 Impactos na fase de implantação

Em geral, inúmeros impactos ambientais de média e grande relevância ocorrem durante a fase de construção: todos os incômodos à população do entorno, em áreas urbanas, as interrupções do trânsito de viaturas e pedestres, impedimento de vias trafegáveis, geração de ruído e poeira, o aumento de veículos levando e trazendo equipamentos e insumos para as obras e transportando resíduos sólidos para fora da área do empreendimento, aumento do risco de atropelamentos e acidentes de trânsito, necessidade de utilização de áreas de empréstimo e bota fora, impacto sobre atividades comerciais, entre outros. Em áreas rurais é importante atentar para impactos sobre a qualidade das águas, supressão de vegetação, impactos sobre a fauna, indução a ocupação do entorno, geração de poeira nas estradas de terra, aumento de tráfego em vias do entorno

5.6.3 Impactos sobre o meio socioeconômico

São impactos extremante relevantes, principalmente se for necessário relocar população. Antigamente, fazia-se um trabalho melhor nesse assunto, a população afetada era, às vezes, ouvida e havia a possibilidade de o governo proponente construir moradias para as famílias que seriam relocadas. Isso acontecia com a população afetada pelo lago das hidrelétricas, por exemplo. Algumas vezes, o empreendedor privado se propunha a indenizar essas pessoas, o que não era a melhor proposta. Essas pessoas receberiam algum dinheiro que não seria suficiente para comprar uma moradia e acabariam largadas a própria sorte, o que resultava no gasto do dinheiro fornecido e essas pessoas iriam se alojar, mal, em qualquer outro lugar.

Trata-se, em geral, de populações vulneráveis, que necessitam de orientação e acompanhamento para se mudar e encontrar moradias decentes. Sem contar outros impactos associados ao aumento da distância entre a moradia e o trabalho, o desfazimento de relações de vizinhança, entre outros aspectos relevantes à sua sobrevivência. Houve muitos casos, no passado, em que cidades inteiras eram alagadas e o proponente do projeto construía toda uma cidade para abrigar as pessoas. Nem sempre essa opção era a melhor. Tirar moradores ribeirinhos de suas moradias é bastante complicado, e realocá-los em uma cidade construída, cheia de vias asfaltadas, sem lugar para crias seus animais, já não funcionou. Na construção da barragem de Porto Primavera aconteceu que houve muita demora na construção, o que permitiu que os proprietários das casas construídas as vendessem, por meio de "contratos de gaveta" e voltassem a morar nas margens do rio. Esses moradores tiveram que ser alocados novamente com devidos custos adicionais desta operação.

Atualmente, nem sempre é o governo o empreendedor de obras públicas (estradas, hidrelétricas, obras de saneamento, aeroportos, Linhas de Transmissão, Aterros Sanitários etc.), mas sim concessionárias desses serviços. Nas mãos do privado esse impacto tende a ser minimizado, e a prática mostra que é difícil negociar alguma medida mitigadora eficaz para ele.

Quando o empreendimento é financiado por agências multilaterais, como o Banco Interamericano de Desenvolvimento (BID), Agência de Cooperação Internacional do Japão (JICA), Organização para a Cooperação e Desenvolvimento (OCDE), Banco Internacional para Reconstrução e Desenvolvimento (BIRD) etc., esse assunto é mais bem conduzido, por exigência destas agências.

Outro impacto ambiental positivo, muitas vezes superestimado, é a geração de empregos. É necessário ficar claro que o impacto ambiental é muito relevante na fase de implantação da obra. Quando a obra termina, o número de empregados reduz drasticamente, podendo gerar vários impactos negativos associados ao número de desempregados, em sua maioria homens, que podem ficar pelos municípios mais próximos sem opção de moradia ou emprego. Essa avaliação deve necessariamente constar da AIA e do EIA, bem como as medidas mitigadoras propostas.

O EIA de uma hidrelétrica previa a utilização de 1.500 empregados no topo da implantação. Para operar a hidrelétrica não seriam necessários mais que 50, incluindo pessoal de segurança e limpeza. Cada um dos dois municípios vizinhos às obras da futura barragem possuía, à época, este número de habitantes. Os trabalhadores viriam de longe e permaneceriam em alojamento dentro do canteiro das obras. Mas, e ao final da obra? O impacto desses homens, sem moradia ou perspectiva de emprego iria se abater de forma trágica sobre essas cidades que, além disso não possuíam estrutura para tal (moradias, hospitais, hotéis, saneamento etc.). Essa barragem, depois de anos teve seu EIA reprovado pelo IBAMA por outros aspectos, além destes.

5.6.4 Impactos na fase de operação

Os impactos nessa fase estão em geral associados à emissão de poluentes para a atmosfera, emissão de ruído, geração de efluentes e resíduos sólidos. Conforme já previsto nas fases anteriores do licenciamento, essas emissões devem atender padrões legais e, portanto, deverão ser monitoradas desde a fase de implantação e ao longo da operação do empreendimento, demonstrando o atendimento aos parâmetros legais definidos em regulamentação específica.

Em São Paulo existem, além do padrão de emissões estabelecidos em lei, o Decreto 59.113/2013, que define Regiões de Controle da Qualidade do Ar, ou Bacias Aéreas, com base nos dados de qualidade do Ar catados pela rede de monitoramento da CETESB. As bacias aéreas são uma excelente forma de abordar a questão da qualidade do ar, possibilitando a tão necessária análise dos impactos cumulativos, pois permitem a avaliação dos impactos cumulativos de várias emissões numa mesma área e sobre a qualidade do ar. Assim, qualquer atividade que pode emitir poluentes para a atmosfera tem que atender, não somente o padrão de emissão, mas respeitas a qualidade do ar da região em que deverá se inserir.

5.7 Medidas preventivas, mitigadoras e de controle

Muitos impactos ambientais de baixa ou média relevância podem ser evitados pela adoção de medidas simples e pouco custosas, principalmente se identificados na fase de elaboração do projeto. Bastaria incluir essas medidas no próprio projeto ou implantá-las *pari passo* à implantação das obras. Para os impactos ambientais significativos devem ser previstas medidas específicas e demostrada sua eficácia na mitigação do impacto.

Essas medidas devem ser qualificadas como preventivas, mitigadoras ou controladoras, de acordo com o impacto considerado.

5.7.1 Fase de planejamento ou de concepção do projeto

As expectativas da população se iniciam com o trabalho de campo dos técnicos responsáveis pelos estudos, é importante que seja previsto, para esta fase, um bom programa de comunicação social para esclarecer a adequadamente população afetada sobre suas dúvidas e ansiedades, informar sobre qualificação necessária para a mão de obra que será contratada, esclarecimentos sobre a eventual desapropriação de imóveis, entre outros.

Nesta fase são realizadas as audiências públicas, extremamente importantes para o processo de AIA. É o momento em que a comunidade se manifesta formalmente em relação a suas dúvidas e apreensões em reação ao projeto proposto e aos impactos associados. Ainda é uma fase em que não há detalhamento do projeto, mas as informações devem ser suficientes para responder às principais questões levantadas.

Seria interessante que o empreendedor providenciasse um adequado plano de comunicação social, considerando a população afetada, pois nem sempre nas audiências públicas rituais podem ser esclarecidas todas as dúvidas. Não é exigido pela legislação, mas esta experiência tem se mostrado importante para a população potencialmente afetada.

5.7.2   Fase de implantação das obras

Nesta fase podem ocorrer relevantes impactos ambientais negativos, como já visto. Para mitigar esses impactos existe uma série de medidas comuns a qualquer obra e algumas específicas, a depender das características do projeto.

A medidas mais comuns se referem a implantação de sistemas de tratamento de efluentes nos canteiros de obra e alojamentos, de coleta e transporte de resíduos, implantação de tapumes em áreas urbanas, regular horário de funcionamento das obras, implantar treinamento para mão de obra (motoristas, funcionários etc.), realizar a supressão vegetal de modo a limitá-la ao estritamente autorizado pelo órgão ambiental, iniciar a realização de medidas de recuperação de eventuais passivos ambientais, controle de estabilidade de encostas e taludes.

A utilização de áreas de empréstimo e bota fora devem ser extremamente cuidadosas, evitando-se deslizamento e assoreamento de rios e córregos. Existem muitas medidas preventivas e de controle que fazem parte da boa engenharia e elas não devem ser esquecidas.

Essas medidas podem estar contempladas em um Plano de Controle Ambiental das Obras detalhado para especificação de cada medida a ser adotada para cada impacto.

Outros impactos potenciais podem ocorrer sobre a vegetação e fauna associada. A supressão de vegetação deve se restringir àquela que foi devidamente autorizada pelo órgão ambiental. Existem muitas medidas que podem ser adotadas, tais como afugentamento controlado da fauna, durante o desmatamento. Nesta fase pode ocorrer impacto sobre a fauna do entorno e os trabalhadores devem ser treinados para lidar com isso. Deve ser proibida a caça e a pesca.

A depender da localização da obra, conforme proximidade de áreas densamente florestados, o interessado deve manter um centro de acolhimento e tratamento da fauna acidentalmente ferida durante a construção.

5.7.3   Fase de operação

Na fase de operação ocorrem os impactos associados às emissões atmosféricas, emissão de ruídos, na qualidade das águas, no consumo de água, à geração e destino de efluentes e resíduos sólidos, entre outros. São impactos bastante relevantes e significativos e devem se adequadamente identificados e avaliados.

Essas emissões devem ser monitoradas constantemente, conforme exigido no licenciamento ambiental, e estes resultados entregues ao órgão ambiental. A qualidade do ar, da água entre outros aspectos devem ser monitorados também, conforme condicionantes da licença ambiental obtida, demonstrando a conformidade ambiental da operação. Não conformidades podem ser objeto de penalidade e, no limite, de suspensão da licença.

5.7.4   Planos de controle ambiental

Alguns impactos podem ser muito relevantes e de mitigação não tão simples, ou barata, como quando há escolas, instituições de saúde pública, entre outros receptores sensíveis ao ruído e a geração de poeira, nas proximidades das obras. Para as obras do Rodoanel trecho Oeste foi necessária a construção de uma nova unidade para idosos pois esta ficaria muito próxima à via e seria afetada pelo ruído previsto para a via. Nestes casos, a medida mitigadora deve ser tratada isoladamente e com o necessário rigor. Outra mitigação possível é a instalação de proteção para ruído em janelas, como no caso de aeroportos.

Essas medidas ficam mais bem acomodadas em Planos de Controle Ambiental. Para esses planos devem ser previstos: ações componentes, responsável pela implantação destas ações, cronograma, arcabouço legal e institucional, custos envolvidos.

5.7.5   Plano de Recomposição de áreas degradadas

Qualquer supressão de vegetação só é autorizada se realizada a necessária compensação, exigida em lei. O empreendedor deve submeter ao órgão ambiental um plano que contemple a revegetação ou enriquecimento de área vegetadas, e só após sua aprovação, pelo órgão ambiental, é que será emitida a autorização para a supressão.

5.7.6   Plano de Supressão de Vegetação

O conjunto de ações propostas para mitigar e compensar impactos associados à supressão de vegetação deve compor um plano que inclui não só a reposição da vegetação a ser suprimida desde que autorizada com base na legislação vigente, como a compensação com a proteção de uma área florestada existente ou o plantio em áreas sem vegetação ou com necessidade de serem recuperadas. O órgão ambiental responsável pelo licenciamento definirá essa atividade com base na legislação existente.

5.7.7   Plano de Manejo da fauna

Este plano deve trazer as medidas para minimizar ou mitigar impactos sobre a fauna do entorno: afugentamento, construção de passagens de fauna em rodovias, encaminhamento da fauna eventualmente afetada para locais específicos para seu tratamento e reintrodução.

5.7.8   Plano de Controle Ambiental das obras

O plano deve conter as ações propostas para prevenir, minimizar ou mitigar os impactos ambientais identificados e avaliados nas fases de diagnóstico e identificação de impactos ambientais para a etapa de implantação das obras. Nesta fase podem ocorrer inúmeros impactos ao meio ambiente decorrentes da intervenção direta no terreno, tais como: indução a processos erosivos e de assoreamento de drenagens, instabilização de taludes e encostas, impactos à população do entorno das obras (poeira, ruídos, tráfego de máquinas e veículos pesados, aumento do risco de acidentes), contaminação de solo e água por efluentes e despejos do canteiro de obras, impactos associados ao armazenamento inadequado de insumos e à inadequada disposição de resíduos sólidos. A maioria destes impactos demandam, em geral, medidas de fácil implantação e controle. Mesmo sendo fáceis, devem ser previstas e implantadas prévia e adequadamente, pois os impactos associados, principalmente à comunidade, são bastante relevantes.

A melhor iniciativa nesses casos seria que o próprio órgão ambiental responsável pelo licenciamento disponibilizasse um roteiro básico para a elaboração desse PCAO, que serviria de base para todos os interessados, que assim o utilizariam e realizando as devidas especificações para cada tipo de empreendimento.

Evidente que esse plano deve ser compatível com o local de implantação: áreas urbanas ou rurais, isto porque os impactos são específicos. Pode-se citar como exemplo a questão relacionada aos incômodos causados nas áreas circundantes das obras. Em áreas urbanas tanto os potenciais impactos ambientais como a sua mitigação são específicos à ocupação urbana. Para ruído, por exemplo existem parâmetros específicos para áreas urbanas e rurais. Assim como existem parâmetros de emissão de ruídos para fontes móveis para serem avaliados e áreas próximas a estradas por exemplo. Este plano deve conter as medidas previstas para a mitigação desses impactos, que vão de regulamentação do horário das obras a implantação de proteção de janelas ou mesmo a construção de outra estrutura em outro local.

Para emissão de poeira existe a ação simples de umidificar o solo com frequência. Deve ser elaborado um plano de tráfego que contemple o tráfego de veículos pesados nas vias do entorno, a ser submetido ao órgão responsável pelo tráfego, nos municípios afetados e pelos responsáveis por rodovias, se for o caso. Pode haver necessidade de reforço de obras em rodovias a serem utilizadas, devido ao intenso tráfego de veículos pesados, podendo impactar pontes e viadutos e mesmo o piso dessas vias.

5.7.9   Plano de Recuperação Ambiental das Obras

Este plano deve contemplar toda e qualquer recuperação das áreas diretamente afetadas pelas obras: Canteiros, alojamentos, áreas de empréstimo, áreas de boa fora, vias de acesso etc.

5.7.10 Planos de monitoramento ambiental

Estes planos devem ser previstos e iniciados na fase de planejamento para que se caracterizem as condições do ambiente antes do início das obras. Faz-se necessária a implementação de planos de monitoramento da qualidade das águas, de emissões para a atmosfera, da fauna e da recuperação da vegetação plantada, da emissão de ruídos para que se garanta a efetividade das medidas propostas.

Implantação e todas as medidas mitigadoras será acompanhada pelo órgão ambiental durante toda a operação do empreendimento. Assim se dará com o Plano de Revegetação, O Plano de Recuperação Ambiental das Obras, e assim por diante.

5.8 Plano de compensação ambiental

A ideia de compensação pela supressão de vegetação teve início com a Resolução CONAMA 2/96 que foi exarada com base nos impactos associados à formação de reservatórios de hidrelétricas que demandavam a retirada de extensas áreas florestadas. A proposta previa a instituição de uma Unidade de Conservação da categoria de proteção integral utilizando um recurso calculado em, no mínimo, 0,5% do custo do empreendimento. Para as obras da primeira pista da rodovia dos Imigrantes em São Paulo, no Parque Estadual da Serra do Mar, foram exigidos 4% do custo do empreendimento da obra com a supressão da vegetação necessária. Cabe considerar que essa supressão se deu na área do Parque Estadual da Serra do Mar.

O art. 36 da Lei 9.985, de 18 de julho de 2000 que institui o Sistema Nacional de Unidades de Conservação da Natureza – SNUC, determina que nos casos de licenciamento ambiental de empreendimentos de significativo impacto ambiental, assim considerado pelo órgão ambiental competente, com fundamento em estudo de impacto ambiental e respectivo relatório – EIA/RIMA, o empreendedor é obrigado a apoiar a implantação e manutenção de unidade de conservação do Grupo de Proteção Integral, de acordo

Em seu Art. 31-A, o Decreto 6.848/2009 que regulamente a Lei 9.985/2000, define como deve ser calculada esta compensação:

$$CA = VR \times GI$$

Sendo, conforme disposto no Decreto 6.848/2009:

CA – compensação ambiental

VR – somatório dos investimentos necessários para implantação do (alterado pelo Decreto 6.8468/2009); e

GI – Grau de Impacto nos ecossistemas podendo atingir valores de 0 a 0,5%.

5.9 Consolidação da AIA

Este é o capítulo da AIA que traz as principais conclusões sobre a viabilidade ambiental do empreendimento. Com base na revisão dos estudos apresentados, o órgão ambiental responsável deve elaborar um parecer técnico conclusivo.

Em São Paulo, o Parecer Técnico conclusivo, elaborado pela equipe de revisão de estudos ambientais da CETESB, se o EIA for aprovado, é encaminhado ao Conselho Estadual de Meio ambiente (CONSEMA) que pode ou não avocar sua análise pelo colegiado.

No caso de EIAs não aprovados, o Parecer Técnico conclusivo do órgão ambiental é encaminhado diretamente ao interessado.

6. CONSIDERAÇÕES FINAIS

Um completo benefício da AIA depende da internalização de suas conclusões pela estrutura das agências reguladoras. A menos que exista vontade política para que se alcancem os objetivos de proteção e melhoria ambientais, a AIA pode ser um exercício inócuo de pouca ou nenhuma aplicação.

Este texto está sendo escrito quando se encontra no Senado, para discussão o PL 3729/04 que trata de novas regras para o licenciamento ambiental. Esse PL já foi aprovado na Câmara dos Deputados. Cabe observar que esta proposta, se aprovada, vai limitar muito o licenciamento ambiental de empreendimentos, e consequentemente, irá reduzir a aplicação da avaliação de impactos ambientais associada.

7. REFERÊNCIAS

CONSEMA – Conselho Estadual de Meio Ambiente (1993): Dez Anos de Atividades. São Paulo: Secretaria Estadual De Meio Ambiente.

IAIA – International Association for Impact Assessment Principles of Environmental Impact Assessment. 1998 http://www.iaia.org/uploads/pdf/principlesEA_1.pdf.

IPEA – Instituto de Pesquisa Econômica Aplicada: Licenciamento Ambiental e Governança Territorial. Registros e Contribuições do Seminário Internacional. In: COTA, M. A., KLUG, L. B. e PAULSEN, S. S. (Org.). Rio de Janeiro: 2017.

PORTER, A. L. and FITTIPALID, J. J. Editors. Environmental Methods Review: Retooling Impact Assessment for the New Century. Fargo, North Dakota, USA: The Press Club, March 1998.

SÁNCHEZ, L. E. *Avaliação de Impacto Ambiental* – conceitos e métodos. 2. ed. São Paulo: Oficina de Textos, 2013.

SÁNCHEZ, L.E. *Development of Environmental Impact Assessment in Brazil*. UVP – Report 27 (4+5): 193 – 200, 20013.

USEPA – United States Environmental Protection Agency. Basic Principles of the Environmental Impact Assessment Process Ordinance (This guidance note supersedes EIAO Guidance Note No. 1/2002 with immediate effect.

WOOD, C. *Environmental Impact Assessment*. A comparative review. 2. ed. Harlow: Longman, 2003.

LICENCIAMENTO AMBIENTAL DAS ATIVIDADES AGROSSILVIPASTORIS NO ESTADO DE SÃO PAULO

Rafael Antonietti Matthes

1. INTRODUÇÃO

Conforme dados publicados pelo Ministério da Agricultura, Pecuária e Abastecimento, o agronegócio brasileiro foi responsável, na Safra 2020/21, pela exploração de 68,8 milhões de hectares de área plantada[1]. Trata-se de atividade que se relaciona diretamente com os recursos naturais, devendo ser, por esta razão, explorada em consonância aos critérios regulatórios previstos no ordenamento jurídico brasileiro. Dentre estes, a presente pesquisa analisará o licenciamento ambiental: um instrumento técnico da Política Nacional de Meio Ambiente, que visa ao equilíbrio almejado entre o desenvolvimento econômico e a proteção ambiental. Com o objetivo prático, a presente pesquisa responderá indagações relacionadas à regulação das atividades agrossilvipastoris. Partindo-se de referencial teórico exposto no primeiro item, os seguintes demonstrarão quais são as etapas para adequação das atividades e quais são os riscos.

2. O QUE É LICENCIAMENTO AMBIENTAL?

Instrumento da Política Nacional de Meio Ambiente, conforme previsão contida no artigo 9º, IV da Lei 6.938/81, o licenciamento ambiental é procedimento administrativo, por meio do qual a autoridade federal, estadual ou municipal competente, fiscaliza e licencia todas as etapas de implantação de empreendimentos e atividades utilizadoras de recursos ambientais, consideradas efetiva ou potencialmente poluidoras.

Trata-se de procedimento, pois não se esgota em uma única etapa. Tudo começa com a definição, pelo órgão ambiental competente, dos documentos, projetos e estudos ambientais necessários ao início do processo de licenciamento correspondente à licença a ser requerida (check-list).

De acordo com o artigo 23, VI da Constituição Federal, tanto a União, por meio do IBAMA, quanto os Estados, o Distrito Federal e os Municípios, têm competência para licenciar atividades, em matéria ambiental. Coube a Lei Complementar 140/11

---

1. BRASIL. Ministério da Agricultura, Pecuária e Abastecimento. Agropecuária brasileira em números. Publicado em 13 de julho de 2021. Disponível em: https://www.gov.br/agricultura/pt-br/assuntos/politica-agricola/todas-publicacoes-de-politica-agricola/agropecuaria-brasileira-em-numeros/abn-07-2021.pdf/view. Acesso em: 15 jul. 2021.

disciplinar regras de cooperação, para definição da competência específica de cada um dos entes federativos[2].

Em porte dos documentos e estudos necessários, o empreendedor preenche o requerimento e o protocola, nos portais eletrônicos.

Recebido, o órgão ambiental, então, analisa, o que lhe foi apresentado e, havendo necessidade de esclarecimentos ou complementações, notifica o empreendedor para que, em uma única oportunidade, cumpra o quanto solicitado.

Recebidos os esclarecimentos, o órgão, então, emite parecer técnico conclusivo e, quando couber, parecer jurídico. Sendo favorável ao empreendimento ou atividade, expede-se as licenças ambientais. Caso contrário, indefere-se o requerimento formulado, fundamentalmente.

O quadro a seguir sintetiza as etapas do licenciamento ambiental constantes da Resolução CONAMA 237/97:

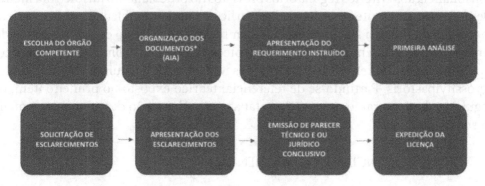

---

2. De acordo com o artigo 7º, XIV da LC 140/11, é competência da União licenciar empreendimentos e atividades: a) localizados ou desenvolvidos conjuntamente no Brasil e em país limítrofe; b) localizados ou desenvolvidos no mar territorial, na plataforma continental ou na zona econômica exclusiva; c) localizados ou desenvolvidos em terras indígenas; d) localizados ou desenvolvidos em unidades de conservação instituídas pela União, exceto em Áreas de Proteção Ambiental (APAs); e) localizados ou desenvolvidos em 2 (dois) ou mais Estados; f) de caráter militar, excetuando-se do licenciamento ambiental, nos termos de ato do Poder Executivo, aqueles previstos no preparo e emprego das Forças Armadas, conforme disposto na Lei Complementar no 97, de 9 de junho de 1999; g) destinados a pesquisar, lavrar, produzir, beneficiar, transportar, armazenar e dispor material radioativo, em qualquer estágio, ou que utilizem energia nuclear em qualquer de suas formas e aplicações, mediante parecer da Comissão Nacional de Energia Nuclear (Cnen); ou h) que atendam tipologia estabelecida por ato do Poder Executivo, a partir de proposição da Comissão Tripartite Nacional, assegurada a participação de um membro do Conselho Nacional do Meio Ambiente (Conama), e considerados os critérios de porte, potencial poluidor e natureza da atividade ou empreendimento. Já para o artigo 8º, XIV, compete aos Estados promover o licenciamento ambiental de atividades ou empreendimentos utilizadores de recursos ambientais, efetiva ou potencialmente poluidores ou capazes, sob qualquer forma, de causar degradação ambiental, ressalvada a competência federal e municipal. Por fim, de acordo com o artigo 9º, XIV, compete aos Municípios observadas as atribuições dos demais entes federativos previstas na Lei Complementar 140/11, promover o licenciamento ambiental das atividades ou empreendimentos: que causem ou possam causar impacto ambiental de âmbito local, conforme tipologia definida pelos respectivos Conselhos Estaduais de Meio Ambiente, considerados os critérios de porte, potencial poluidor e natureza da atividade ou localizados em unidades de conservação instituídas pelo Município, exceto em Áreas de Proteção Ambiental (APAs).

Pode ser que, em alguns casos, antes da emissão dos pareceres, haja necessidade de realização de uma audiência pública. Nos termos da Resolução CONAMA 09/87, ela será obrigatória, apenas e tão somente, quando solicitada pelo órgão ambiental licenciador, por entidade civil, pelo Ministério Público ou por 50 ou mais cidadãos. Nestes casos, a licença ambiental só terá validade se a audiência efetivamente ocorrer durante o procedimento administrativo.

Da data do protocolo até a expedição da licença, o órgão tem prazo de 6 meses para conclusão, ou de 12 meses, quando se tratar de atividade de significativo impacto ambiental. Isso não quer dizer, contudo, que o transcurso do lapso temporal, sem a expedição do ato administrativo almejado, permitirá o empreendedor implementar a revelia do órgão (licença ambiental tácita).

De acordo com o artigo 16 da Resolução CONAMA 237/97, nesses casos, o empreendedor poderá licenciar sua atividade ou empreendimento diante do órgão que detenha competência supletiva[3].

Um cuidado importante que o empreendedor deve tomar é quanto à necessidade de publicação, em diário oficial e em jornal regional ou local de grande circulação, do pedido de licenciamento, sua renovação e a respectiva concessão, nos termos do artigo 10, §1º da Lei 6.938/81.

De acordo com o artigo 1º, II da Resolução CONAMA 237/97, a licença ambiental[4] é:

> Ato administrativo pelo qual o órgão ambiental competente, estabelece as condições, restrições e medidas de controle ambiental que deverão ser obedecidas pelo empreendedor, pessoa física ou jurídica, para localizar, instalar, ampliar e operar empreendimentos ou atividades utilizadoras dos recursos ambientais consideradas efetiva ou potencialmente poluidoras ou aquelas que, sob qualquer forma, possam causar degradação ambiental.

Na sistemática atual, três são as licenças necessárias para implantação de empreendimentos e atividades utilizadoras de recursos ambientais (licenciamento trifásico): a licença prévia (LP), a licença de instalação (LI) e a licença de operação (LO).

A primeira será concedida na fase preliminar do planejamento do empreendimento ou atividade. Aprova sua localização e concepção, atestando a viabilidade ambiental e estabelecendo os requisitos básicos e condicionantes a serem atendidos nas próximas fases de sua implementação. A segunda autoriza a instalação do em-

---

3. Para melhor compressão sobre os órgãos que podem substituir os demais, diante da inércia do originalmente competente, recomenda-se a leitura do artigo 15 da LC 140/11.

4. Há interessante discussão doutrinária a respeito da natureza jurídica da licença ambiental: se autorização ou licença administrativa. A nosso ver, não se faz possível enquadrá-la entre os atos enumerados no Direito Administrativo, diante de suas particularidades. Maria Luiza Granziera, sintetiza o debate: "Dessa forma a licença é ato administrativo de natureza muito mais próxima da autorização que da licença. Pelas próprias características do direito ambiental, essa figura não se enquadra perfeitamente nos institutos tradicionais do Direito Administrativo, muito anteriores à existência do Direito Ambiental" (GRANZIERA, Maria Luiza. *Direito Ambiental*. 5ª. Ed. Indaiatuba, Foco, 2019, p. 375.)

preendimento ou atividade, incluindo as medidas de controle ambiental e demais condicionantes. Por fim, a terceira autoriza a operação da atividade ou do empreendimento, após a verificação do efetivo cumprimento do que consta das licenças anteriores, com as medidas de controle ambiental e condicionantes determinados para a operação[5].

Pela análise de seu conceito, percebe-se que o licenciamento ambiental não é obrigatório para toda e qualquer atividade. A licença ambiental será indispensável aos empreendimentos e atividades utilizadoras de recursos ambientais, consideradas efetiva ou potencialmente poluidoras, em respeito, respectivamente, aos princípios da prevenção[6] e precaução[7].

Por fim, vale ressaltar que o licenciamento ambiental não se confunde com o licenciamento urbanístico municipal[8] (certidão de uso e ocupação do solo, alvará e habite-se), nem com a autorização para supressão de vegetação ou com a outorga de uso dos recursos hídricos. Porém, tais atos administrativos constituem documentos obrigatórios na instrução dos requerimentos para obtenção das licenças ambientais (artigo 10, §1º da Resolução CONAMA 237/97[9]).

No Estado de São Paulo, a Lei 997/76, que dispõe sobre o controle da poluição do meio ambiente, prevê, em seu artigo 5º, que a instalação, a construção ou a ampliação, bem como a operação ou o funcionamento das fontes de poluição ficam sujeitos à prévia autorização do órgão estadual, ou seja, da Companhia Ambiental do Estado de São Paulo (CETESB). O licenciamento trifásico é também observado, mediante a

---

5. Édis Milaré destaca que "a licença ambiental, validamente outorgada, assegura ao seu titular uma estabilidade meramente temporal, não um direito adquirido de operar ad aeternum. Na verdade, o licenciamento ambiental foi concebido e deve ser entendido como se fosse um compromisso estabelecido entre o empreendedor e o Poder Público. De um lado, o empresário se compromete a implantar e operar atividade segundo as condicionantes constantes dos alvarás de licenças recebidos e, de outro lado, o Poder Público lhe garante que durante o prazo de vigência da licença, estabelecidas suas condicionantes, em circunstâncias normais, nada mais lhe será exigido a título de proteção ambiental" (MILARÉ, Édis. Direito do Ambiente. 11. ed. São Paulo: Ed. RT, 2018, p. 1107).

6. Em direito ambiental, prevenção e precaução não são sinônimos. Nas palavras de Norma Sueli Padilha, "prevenção é antecipar-se, chegar antes, é antecipação do tempo com intuito conhecido. Por sua vez, precaução significa precaver-se, tomar cuidados antecipados com o desconhecido, agir com cautela evitando efeitos indesejáveis". (PADILHA, Norma Sueli. Fundamentos Constitucionais do Direito Ambiental Brasileiro. Rio de Janeiro, Elsevier, 2010, p. 253).

7. Neste contexto econômico, para Paulo de Bessa Antunes, "é preciso que se defina o que se pretende prevenir e qual o risco a ser evitado. Isso, contudo, só pode ser feito diante da análise das diferentes alternativas que se apresentavam para a implementação ou não de determinado empreendimento ou atividade. A precaução, inclusive, deve levar em conta os riscos da não implantação do projeto proposto" (ANTUNES, Paulo de Bessa. Direito Ambiental. 19. ed. São Paulo: Atlas, 2017, p. 24).

8. Para aprofundar os estudos sobre a diferença entre as duas espécies de licenciamento, recomenda-se a leitura do artigo "A necessidade de compatibilização das licenças ambienta e urbanística no processo de municipalização do licenciamento ambiental", da Revista de Direito Ambiental n. 34, ano 09, São Paulo: Ed. RT, abr.-jun. 2004.

9. Art. 10 (...) § 1º No procedimento de licenciamento ambiental deverá constar, obrigatoriamente, a certidão da Prefeitura Municipal, declarando que o local e o tipo de empreendimento ou atividade estão em conformidade com a legislação aplicável ao uso e ocupação do solo e, quando for o caso, a autorização para supressão de vegetação e a outorga para o uso da água, emitidas pelos órgãos competentes.

expedição das denominadas Licença Ambiental Prévia (LAP), de Licença Ambiental de Instalação (LAI) e/ou de Licença Ambiental de Operação (LAO).

3. QUAIS AS LICENÇAS E ESTUDOS AMBIENTAIS SERÃO NECESSÁRIOS PARA O EXERCÍCIO DE ATIVIDADES AGROPECUÁRIAS?

Tratando-se, especificamente, das atividades agrossilvipastoris paulistas, de acordo com o artigo 57 do Decreto Estadual 8.468/76, são consideradas fontes de poluição e, consequentemente, obrigados à obtenção de licenças ambientais, as seguintes atividades: "bovinocultura em confinamento, avicultura e suinocultura". Todas as demais atividades relacionadas à agricultura são licenciadas conforme Resolução Conjunta SMA/SAA/SJDC 01/2011.

Com relação às referidas atividades licenciáveis, o Decreto Estadual prevê procedimento diferenciado àquelas consideradas de pequeno porte, de médio porte e de grande porte.

São consideradas de pequeno porte as atividades de bovinocultura em confinamento com capacidade de criação menor ou igual a 500 indivíduos; as atividades de avicultura com capacidade de criação menor ou igual a 200.000 indivíduos e as atividades de suinocultura com capacidade de criação menor ou igual a 500 indivíduos. Estas dependerão, unicamente, da obtenção de Declaração de Conformidade da Atividade Agropecuária a ser obtida junto à Secretaria de Agricultura e Abastecimento.

De médio porte, as atividades de bovinocultura em confinamento com capacidade de criação maior que 500 e menor ou igual a 5.000 indivíduos; as atividades de avicultura com capacidade de criação maior que 200.000 indivíduos e menor ou igual a 500.000 indivíduos; e as atividades de suinocultura com capacidade de criação maior que 500 e menor ou igual a 1.500 indivíduos. Estas dependerão de licença ambiental única, concedida em processo de licenciamento ambiental simplificado.

Por fim, serão consideradas de maior porte, as atividades que não se enquadrem como de pequeno ou de médio porte. Aquelas dependerão de prévio licenciamento ambiental trifásico.

O procedimento simplificado da licença ambiental única é realizado, no Estado de São Paulo, pelo "Sistema Via Rápida Ambiental", no qual o empreendedor pode obter sua Licença ou Autorização de forma automática, auto declaratória e sem custos, conforme Deliberação Normativa CONSEMA 01, de 30/04/2019.

Por fim, serão consideradas de maior porte as atividades que não se enquadrem como de pequeno ou de médio porte. Aquelas dependerão de prévio licenciamento ambiental trifásico.

Os empreendimentos de maior porte existentes até a data de 21/03/2018, nos termos do Decreto Estadual 63.296/18, deverão solicitar a Licença de Operação. Já os empreendimentos de maior porte existentes a partir de 21/03/2018, deverão solicitar as Licenças Prévia, de Instalação e de Operação, diretamente pelo portal do licenciamento (https://portalambiental.cetesb.sp.gov.br).

Para as atividades que dependem de mera Declaração de Conformidade da Atividade Agropecuária, caberá ao empreendedor fazer a declaração diretamente na Casa da Agricultura mais próxima, em posse dos documentos a seguir: (i) CPF do declarante; (ii) CPF do proprietário do imóvel – se este não for o declarante (cópia simples); (iii) Inscrição do Produtor no CNPJ Rural; (iv) Contrato de arrendamento, comodato ou equivalente, se o declarante não for o proprietário do imóvel (original ou cópia autenticada); e (v) Número do Cadastro Ambiental Rural – CAR da propriedade.

De acordo com a Resolução Conjunta SMA/SAA/SJDC 01/2011, dependerão, também, de mera Declaração de Conformidade da Atividade Agropecuária, as seguintes atividades: (i) cultivo de espécies de interesse agrícola temporárias, semiperenes e perenes; (II) criação de animais domésticos de interesse econômico, exceto as atividades de avicultura, suinocultura e aquicultura, desde que estas não sejam de subsistência; (iii) apicultura em geral e ranicultura; (iv) reforma e limpeza de pastagens quando a vegetação a ser removida seja constituída apenas por estágio pioneiro de regeneração de acordo com a legislação vigente; e (v) projetos de irrigação.

Para os empreendimentos de médio porte, competirá ao empreendedor apresentar junto ao "Sistema Via Rápida Ambiental", os seguintes documentos: (i) Carta de encaminhamento (fornecida pelo programa); (ii) Certidão de Uso e Ocupação do Solo, emitida pela Prefeitura do Município, com prazo de validade; (iii) Manifestação do órgão ambiental municipal; (iv) Publicações no Diário Oficial do Estado e em um jornal periódico de circulação local, após a homologação da solicitação o sistema fornecerá o modelo destas publicações; (v) Conta de água ou certidão emitida pelo órgão responsável pelos serviços de saneamento do Município, informando se o local onde o empreendimento pretende se instalar é atendido pelas redes de distribuição de água e coleta de esgoto; (vi) Outorga de Implantação de Empreendimento, emitida pelo DAEE, conforme Portaria DAEE 717/96; e (vii) Declaração de que o empreendimento se enquadra como ME ou EPP, se for o caso (fornecida pelo programa).

Para os empreendimentos de maior porte existentes a partir de 21/03/2018, a CETESB determina a apresentação da seguinte documentação, para obtenção da licença prévia: (a) documentação básica: (i) Impresso denominado "Solicitação de" – devidamente preenchido e assinado; (ii) Comprovante de Pagamento do Preço de Análise, devidamente recolhido, ou, se isento, comprovação da condição de isenção de acordo com a legislação vigente; (iii) Procuração: quando for o caso de terceiros representando a empresa, apresentar o documento assinado pelo responsável da empresa; (iv) Cópia do Contrato Social ou Estatuto Social, registrado na Junta Comercial do Estado – JUCESP ou nos Cartórios de Registro de Pessoas Jurídicas, conforme a natureza jurídica da sociedade; (v) Matrícula(s) do imóvel ocupado pelo empreendimento; (vi) Certidão de uso e ocupação do solo emitida pela Prefeitura Municipal, com prazo de validade; (vii) Manifestação do órgão ambiental municipal;

(viii) Comprovante de Fornecimento de água e coleta de esgotos; (ix) Memorial de Caracterização do Empreendimento – MCE; (x) Plantas conforme modelo; (xi) Croqui de Localização; (xii) Disposição física dos equipamentos (lay-out); que pode ser demonstrada em croqui ou em planta baixa da construção; (xiii) Fluxograma do processo produtivo; (xix) Roteiro de acesso até o local a ser licenciado para permitir a inspeção no local; (xx) Outorga de implantação do empreendimento emitida pelo DAEE, se houver captação de águas subterrâneas ou superficiais ou lançamento de efluentes líquidos em corpo d´água; (xxi) Anuência da empresa concessionária/permissionária, se o empreendimento pretenda se instalar próximo a rodovias e lançar suas águas pluviais na faixa de domínio dessas rodovias; (xxii) Ficha de Caracterização da Atividade – FCA, devidamente preenchida, na qual constem o número de protocolo e o número da FCA informados pelo IPHAN; (xxiii) Se o imóvel estiver localizado em área rural, apresentar resumo do registro no SICAR/SP, com a indicação das áreas cobertas por vegetação nativa; e (xxiv) Para atividades constantes da Tabela A (atividades com potencial atrativo de fauna) da Portaria 741/GC3, de 23/05/2018 referente ao Plano Básico de Gerenciamento de Risco de Fauna nos Aeródromos Brasileiros, apresentar os documentos aqui definidos.

Há, ainda, documentação complementar em casos de Microempresa (ME), Empresa de Pequeno Porte (EPP) ou Microempreendedor Individual (MEI); se houver supressão de vegetação ou intervenção em área de preservação permanente; ou para empreendimento localizado em Área de Proteção de Mananciais.

Para os empreendimentos de maior porte existentes a partir de 21/03/2018, a CETESB determina a apresentação da seguinte documentação, para obtenção da licença de instalação: (i) Impresso denominado "Solicitação de" – devidamente preenchido e assinado; (ii) Comprovante de Pagamento do Preço de Análise, devidamente recolhido, ou, se isento, comprovação da condição de isenção de acordo com a legislação vigente; (iii) Procuração; (iv) Cópia do Contrato Social ou Estatuto Social, registrado na Junta Comercial do Estado – JUCESP ou nos Cartórios de Registro de Pessoas Jurídicas, conforme a natureza jurídica da sociedade; (v) Matrícula(s) do imóvel ocupado pelo empreendimento; (vi) Certidão de uso e ocupação do solo emitida pela Prefeitura Municipal, com prazo de validade; (vi) Manifestação do órgão ambiental municipal; (vii) Comprovante de Fornecimento de água e coleta de esgotos; (viii) Memorial de Caracterização do Empreendimento – MCE; (ix) Plantas conforme modelo; (xii) Disposição física dos equipamentos (lay-out); que pode ser demonstrada em croqui ou em planta baixa da construção; (xiii) Fluxograma do processo produtivo; (xix) Outorga de implantação do empreendimento emitida pelo DAEE, se houver captação de águas subterrâneas ou superficiais ou lançamento de efluentes líquidos em corpo d´água; (xx) Anuência da empresa concessionária/permissionária, se o empreendimento pretenda se instalar próximo a rodovias e lançar suas águas pluviais na faixa de domínio dessas rodovias; (xxi) Se o imóvel estiver localizado em área rural, apresentar resumo do registro no SICAR/SP, com a indicação das áreas cobertas por vegetação nativa; e (xxii) Para atividades constantes da Tabela

A (atividades com potencial atrativo de fauna) da Portaria 741/GC3, de 23/05/2018 referente ao Plano Básico de Gerenciamento de Risco de Fauna nos Aeródromos Brasileiros, apresentar os documentos aqui definidos.

Há, ainda, documentação complementar em casos de Microempresa (ME), Empresa de Pequeno Porte (EPP) ou Microempreendedor Individual (MEI); se houver supressão de vegetação ou intervenção em área de preservação permanente; ou para empreendimento localizado em Área de Proteção de Mananciais.

Para os empreendimentos de maior porte existentes antes e depois de 21/03/2018, a CETESB determina a apresentação da seguinte documentação, para obtenção da licença de operação: (i) Impresso denominado "Solicitação de" – devidamente preenchido e assinado; (ii) Comprovante de Pagamento do Preço de Análise, devidamente recolhido, ou, se isento, comprovação da condição de isenção de acordo com a legislação vigente; (iii) Procuração; (iv) Cópia do Contrato Social ou Estatuto Social, registrado na Junta Comercial do Estado – JUCESP ou nos Cartórios de Registro de Pessoas Jurídicas, conforme a natureza jurídica da sociedade; (v) Matrícula(s) do imóvel ocupado pelo empreendimento; (vi) Certidão de uso e ocupação do solo emitida pela Prefeitura Municipal, com prazo de validade; (vii) Manifestação do órgão ambiental municipal; (viii) Comprovante de Fornecimento de água e coleta de esgotos; (ix) Memorial de Caracterização do Empreendimento – MCE; (x) Plantas conforme modelo; (xi) Croqui de Localização; (xii) Disposição física dos equipamentos (lay-out); que pode ser demonstrada em croqui ou em planta baixa da construção; (xiii) Fluxograma do processo produtivo; (xix) Roteiro de acesso até o local a ser licenciado para permitir a inspeção no local; (xx) Outorga de implantação do empreendimento emitida pelo DAEE, se houver captação de águas subterrâneas ou superficiais ou lançamento de efluentes líquidos em corpo d´água; (xxi) Anuência da empresa concessionária/permissionária, se o empreendimento pretenda se instalar próximo a rodovias e lançar suas águas pluviais na faixa de domínio dessas rodovias; (xxii) Manifestação conclusiva do IPHAN acerca da emissão da Licença de Operação; (xxiii) Comprovante de Inscrição do Cadastro Técnico Federal de Atividades Potencialmente Poluidoras e Utilizadoras de Recursos Ambientais – CTF/APP; (xxiv) Apresentar os documentos solicitados nas exigências técnicas contidas na licença anterior (estudos, relatórios, manifestações de outros órgãos etc.); e (xxv) Para atividades constantes da Tabela A (atividades com potencial atrativo de fauna) da Portaria 741/GC3, de 23/05/2018 referente ao Plano Básico de Gerenciamento de Risco de Fauna nos Aeródromos Brasileiros, apresentar os documentos aqui definidos.

Em que pese não se tratar de uma licença ambiental, o Cadastro Ambiental Rural das propriedades, com visto acima, tem sido documento indispensável para a regularização de empreendimentos rurais. Criado em 25 de maio de 2012, a partir do Novo Código Florestal (Lei 12.651/12), o CAR é registro público eletrônico de âmbito nacional, obrigatório para todos os imóveis rurais, com a finalidade de integrar as informações ambientais das propriedades e posses rurais.

4. QUAIS OS CADASTROS NECESSÁRIOS JUNTO AO IBAMA?

Para além do licenciamento ambiental e da inscrição junto ao Cadastro Ambiental Rural, os empreendedores devem, antes de iniciar suas atividades agrossilvipastoris, cumprir, perante o Instituto Brasileiro do Meio Ambiente e dos Recursos Naturais (IBAMA), outras obrigações acessórias, são elas: inscrição no Cadastro Técnico Federal de Atividades Potencialmente Poluidoras e/ou Utilizadoras de Recursos Ambientais (CTF/APP), declaração do Ato Declaratório Ambiental (ADA), além de declarar o Relatório de Atividades Potencialmente Poluidoras e Utilizadoras de Recursos Ambientais (RAPP).

O Cadastro Técnico Federal de Atividades Potencialmente Poluidoras e/ou Utilizadoras de Recursos Ambientais (CTF/APP)[10], assim como o licenciamento ambiental, é instrumento técnico previsto no artigo 9°, XII da Lei 6.938/81. Trata-se de um registro obrigatório de pessoas físicas e jurídicas, que realizam atividades passíveis de controle ambiental. O referido cadastro é feito de forma digital, diretamente pelo Portal Eletrônico do IBAMA.

O Ato Declaratório Ambiental (ADA)[11], instituído pela Lei 6.938/1981, é um instrumento legal que possibilita ao proprietário rural reduzir seu Imposto Territorial Rural (ITR) em até 100%. Para tanto, no prazo de 1° de janeiro a 30 de setembro, o proprietário rural poderá declarar suas Áreas de Preservação Permanente (APP), Reserva Legal (ARL), Reserva Particular do Patrimônio Natural (RPPN), Interesse Ecológico (AIE), Servidão Ambiental (ASA), Áreas cobertas por Floresta Nativa (AFN) e Áreas Alagadas para Usinas Hidrelétricas (AUH). O ADA deve ser declarado, anualmente, e o número de seu recibo deve ser indicado no Documento de Informação e Apuração da declaração anual do Imposto Territorial Rural (ITR).

O RAPP[12] é uma obrigação acessória à cobrança da Taxa de Controle e Fiscalização Ambiental (Lei 6.938/81, art. 17-C, § 1°). Tem como função a obtenção de dados e informações para colaborar com procedimentos de fiscalização e controle ambiental. O modelo do relatório é definido pelo Ibama, que atualmente é regulamentado pela Instrução Normativa do Ibama 6/2014 (e alterações).

O relatório deve ser entregue, anualmente, por toda pessoa que exerça as atividades que constam no Anexo VIII da Lei 6.938/81. Com relação às agrossilvipastoris, são elas: silvicultura; exploração econômica da madeira ou lenha e subprodutos florestais; importação ou exportação da fauna e flora nativas brasileiras; atividade de

---

10. Para maiores informações, recomenda-se a leitura da Instrução Normativa IBAMA n. 6, de 15 de março de 2013 e alterações. Disponível em: https://www.gov.br/ibama/pt-br/centrais-de-conteudo/ibama-in--6-2013-compilada-in-11-2018-pdf. Acesso em: 15 jul. 2021.

11. Para maiores informações, recomenda-se a leitura da Instrução Normativa IBAMA n. 6, de 25 de março de 2009. Disponível em: http://www.ibama.gov.br/phocadownload/ada/in-ibama-n5-de-25-03-2009-ada-revoga-in-76-de-31-10-2005.pdf. Acesso em: 15 jul. 2021.

12. Para maiores informações, recomenda-se a leitura da Instrução Normativa IBAMA n. 6, de 24 de março de 2014. Disponível em: http://www.ibama.gov.br/phocadownload/relatorios/atividades_poluidoras/IN_06_2014_compilada_2019.pdf. Acesso em: 1. jul. 2021.

criação e exploração econômica de fauna exótica e de fauna silvestre; utilização do patrimônio genético natural; exploração de recursos aquáticos vivos; introdução de espécies exóticas, exceto para melhoramento genético vegetal e uso na agricultura; introdução de espécies geneticamente modificadas previamente identificadas pela CTNBio como potencialmente causadoras de significativa degradação do meio ambiente; uso da diversidade biológica pela biotecnologia em atividades previamente identificadas pela CTNBio como potencialmente causadoras de significativa degradação do meio ambiente.

O período regular para preenchimento e entrega do RAPP é de 1º de fevereiro a 31 de março de cada ano. Os dados a serem preenchidos devem ser referentes ao exercício da atividade no período de 1º de janeiro a 31 de dezembro do ano anterior.

As atividades agrossilvipastoris podem demandar, ainda, a obtenção de licença para porte e uso de motosserra (LPU) e de licença para transporte e armazenamento de produtos florestais (DOF).

A LPU[13] é obrigatória para os estabelecimentos comerciais responsáveis pela comercialização de motosserra, bem como, para aqueles que, sob qualquer forma, adquirirem este equipamento.

Vale lembrar que, de acordo com o artigo 51 da Lei de Crimes Ambientais (Lei 9.605/98) e com o artigo 57 do Decreto Federal 6.514/2008, é crime ambiental quem comercializar motosserra ou utiliza em florestas e nas demais formas de vegetação, sem licença ou registro da autoridade competente, punível com penas de detenção, de três meses a um ano, e multa no valor de R$ 1.000,00 (mil reais) por unidade.

O Documento de Origem Florestal (DOF)[14] é uma licença obrigatória para o transporte e armazenamento de produtos florestais de origem nativa, inclusive o carvão vegetal nativo, contendo as informações sobre a procedência desses produtos, nos termos do artigo 36 da Lei 12.651/12.

A emissão do documento de transporte e demais operações são realizadas eletronicamente por meio do sistema DOF, disponibilizado no Portal Eletrônico do Ibama, sem ônus financeiro aos setores produtor e empresarial de base florestal.

5. EM QUAL ÓRGÃO O INTERESSADO DEVE PROTOCOLAR SEU REQUERIMENTO DA LICENÇA AMBIENTAL?

A definição do órgão ambiental competente para licenciar as atividades não é matéria das mais fáceis. Isso porque, conforme previsão contida no artigo 23, VI da Constituição

---

13. Para maiores informações, recomenda-se a leitura da Portaria Ibama 149 de 30 de dezembro de 1992. Disponível em: http://www.ibama.gov.br/sophia/cnia/legislacao/IBAMA/PT0149-301292.PDF. Acesso em: 15 jul. 2021.

14. Para maiores informações, recomenda-se a leitura da Portaria Ibama 253 de 18 de agosto de 2006. Disponível em: https://pesquisa.in.gov.br/imprensa/jsp/visualiza/index.jsp?jornal=1&pagina=92&data=21/08/2006. Acesso em: 15 jul. 2021.

Federal, tanto a União, quanto os Estados, o Distrito Federal e os Municípios têm competência para licenciar atividades. Coube, então, à Lei Complementar 140/11, especificar as atividades e empreendimentos licenciáveis por parte de cada um dos entes políticos.

Nos termos do artigo 7º, XIV, compete à União promover o licenciamento ambiental de empreendimentos e atividades: a) localizados ou desenvolvidos conjuntamente no Brasil e em país limítrofe; b) localizados ou desenvolvidos no mar territorial, na plataforma continental ou na zona econômica exclusiva; c) localizados ou desenvolvidos em terras indígenas; d) localizados ou desenvolvidos em unidades de conservação instituídas pela União, exceto em Áreas de Proteção Ambiental (APAs); e) localizados ou desenvolvidos em 2 (dois) ou mais Estados; f) de caráter militar, excetuando-se do licenciamento ambiental, nos termos de ato do Poder Executivo, aqueles previstos no preparo e emprego das Forças Armadas, conforme disposto na Lei Complementar no 97, de 9 de junho de 1999; g) destinados a pesquisar, lavrar, produzir, beneficiar, transportar, armazenar e dispor material radioativo, em qualquer estágio, ou que utilizem energia nuclear em qualquer de suas formas e aplicações, mediante parecer da Comissão Nacional de Energia Nuclear (Cnen); ou h) que atendam tipologia estabelecida por ato do Poder Executivo, a partir de proposição da Comissão Tripartite Nacional, assegurada a participação de um membro do Conselho Nacional do Meio Ambiente (Conama), e considerados os critérios de porte, potencial poluidor e natureza da atividade ou empreendimento.

Nos termos do artigo 8º, XIV, compete aos Estados promover o licenciamento ambiental de empreendimentos e atividades, que não se enquadrem na competência federal ou municipal, ou ainda, promover o licenciamento ambiental de atividades ou empreendimentos localizados ou desenvolvidos em unidades de conservação instituídas pelo Estado, exceto em Áreas de Proteção Ambiental (APAs).

Nos termos do artigo 7º, XIV, compete aos Municípios promover o licenciamento ambiental de empreendimentos e atividades, que causem ou possam causar impacto ambiental de âmbito local, conforme tipologia definida pelos respectivos Conselhos Estaduais de Meio Ambiente, considerados os critérios de porte, potencial poluidor e natureza da atividade; ou b) localizados em unidades de conservação instituídas pelo Município, exceto em Áreas de Proteção Ambiental (APAs).

Diante da competência residual conferida aos Estados e constatando-se que as atividades agrossilvipastoris não se enquadram em nenhuma das hipóteses listadas nos artigos 7º, XIV e 9º, XIV, da Lei Complementar 140/11, possível afirmar, portanto, que caberá aos órgãos estaduais do Sistema Nacional de Meio Ambiente (SISNAMA) licenciá-las e fiscalizá-las.

6. QUANDO O INTERESSADO DEVE APRESENTAR UMA AVALIAÇÃO DE IMPACTO AMBIENTAL?

De acordo com o artigo 225, § 1º, IV da Constituição Federal, as atividades consideradas de significativo impacto ambiental dependerão de prévia elaboração de Estudo de Impacto Ambiental e de Relatório de Impacto ao Meio Ambiente (EIA/RIMA).

Esta modalidade de avaliação de impacto ambiental foi disciplinada, em âmbito nacional, pela Resolução CONAMA 01/86, por meio da qual entende-se por atividade de significativo impacto, aquelas que se assemelham as listadas a seguir: I – Estradas de rodagem com duas ou mais faixas de rolamento; II – Ferrovias; III – Portos e terminais de minério, petróleo e produtos químicos; IV – Aeroportos; V – Oleodutos, gasodutos, minerodutos, troncos coletores e emissários de esgotos sanitários; VI – Linhas de transmissão de energia elétrica, acima de 230KV; VII – Obras hidráulicas para exploração de recursos hídricos, tais como: barragem para fins hidrelétricos, acima de 10MW, de saneamento ou de irrigação, abertura de canais para navegação, drenagem e irrigação, retificação de cursos d'água, abertura de barras e embocaduras, transposição de bacias, diques; VIII – Extração de combustível fóssil (petróleo, xisto, carvão); IX – Extração de minério, inclusive os da classe II, definidas no Código de Mineração; X – Aterros sanitários, processamento e destino final de resíduos tóxicos ou perigosos; Xl – Usinas de geração de eletricidade, qualquer que seja a fonte de energia primária, acima de 10MW; XII – Complexo e unidades industriais e agroindustriais (petroquímicos, siderúrgicos, cloro químicos, destilarias de álcool, hulha, extração e cultivo de recursos hídricos); XIII – Distritos industriais e zonas estritamente industriais – ZEI; XIV – Exploração econômica de madeira ou de lenha, em áreas acima de 100 hectares ou menores, quando atingir áreas significativas em termos percentuais ou de importância do ponto de vista ambiental; XV – Projetos urbanísticos, acima de 100ha. ou em áreas consideradas de relevante interesse ambiental a critério da SEMA e dos órgãos municipais e estaduais competentes; XVI – Qualquer atividade que utilize carvão vegetal, em quantidade superior a dez toneladas por dia.

Além do EIA/RIMA, há, no estado de São Paulo, duas outras espécies de avaliação de impactos ambientais, são elas: (a) o Estado Ambiental Simplificado (EAS), para empreendimentos, obras e atividades considerados de baixo potencial de degradação ambiental e (b) o Relatório Ambiental Preliminar (RAP), para empreendimentos, obras e atividades considerados potencialmente causadores de degradação do meio ambiente.

Conforme demonstrado no item 03 deste capítulo, o licenciamento ambiental das atividades agrossilvipastoris independem da apresentação de qualquer um dos estudos listados acima, salvo decisão administrativa fundamentada em contrário.

7. QUAL O PRAZO PARA A EMISSÃO DE UMA LICENÇA AMBIENTAL?

Em âmbito nacional, de acordo com o artigo 14 da Resolução CONAMA 237/97, o prazo para que o órgão ambiental conclua a análise dos pedidos de licença ambiental são de no máximo 6 (seis) meses, a contar do ato de protocolar o requerimento até seu deferimento ou indeferimento, ressalvados os casos em que houver EIA/RIMA e/ou audiência pública, quando o prazo máximo será de até 12 (doze) meses. Vale lembrar que a contagem do prazo será suspensa durante a elaboração dos estudos ambientais complementares ou preparação de esclarecimentos pelo empreendedor.

No Estado de São Paulo, o artigo 26 da Lei Estadual 9.509/97 prevê que os órgãos integrantes do Sistema Estadual de Administração da Qualidade Ambiental (SEAQUA), devem avaliar os pedidos de licença ambiental no prazo de 60 (sessenta) dias, contados da data em que estiver em posse de toda a documentação necessária, sob pena de responsabilidade funcional grave de seus titulares.

Vale ressaltar que o descumprimento do prazo, por parte dos órgãos ambientais, não gera a licença tácita, ou seja, não permite que o empreendedor inicie a implantação de sua atividade ou empreendimento sem a prévia licença. O descumprimento sujeitará, apenas e tão somente, o licenciamento à ação do órgão que detenha competência para atuar supletivamente, nos termos do artigo 16 da Resolução CONAMA 237/97.

8. HÁ DIFERENÇA NO PROCEDIMENTO DE ESTADO PARA ESTADO?

Para fins comparativos, analisaremos, neste tópico, o licenciamento ambiental dos dois outros Estados mais produtivos do país, em termos de atividades agrossilvipastoris. De acordo com os dados obtidos junto ao MAPA, o Estado de Mato Grosso lidera o ranking em valores brutos da produção[15].

O licenciamento ambiental foi regulamentado por meio da Lei Complementar do Estado de Mato Grosso 592/17, por meio da qual a inscrição do imóvel rural no Cadastro Ambiental Rural é pré-requisito para a requisição de licença ambiental de empreendimentos ou atividades potencialmente poluidoras ou utilizadoras de recursos naturais, localizados no interior da propriedade ou posse rural.

De acordo com os Anexos do Decreto Estadual 695/2020, que, entre outras matérias, define os empreendimentos e atividades passíveis de licenciamento ambiental, as atividades de "agricultura, pecuária, produção florestal, pesca e aquicultura" poderão ser licenciadas por meio de Licença por Adesão e Compromisso – LAC (atividades de reduzido impacto), por meio de Licença Ambiental Simplificada – LAS (atividades de baixo e médio potencial poluidor) ou por meio de Licenciamento Trifásico[16].

Vale lembrar que, nos termos do Decreto Estadual 262/2019, há, ainda, no Estado de Mato Grosso, a chamada "Autorização Provisória de Funcionamento de Atividade Rural – APF", que é ato administrativo declaratório, discricionário e precário para o exercício provisório das atividades de agricultura e pecuária extensiva e semiextensiva em áreas consolidadas até 22 de julho de 2008, desmatadas com

---

15. BRASIL. Ministério da Agricultura, Pecuária e Abastecimento. Agropecuária brasileira em números. Publicado em 13 de julho de 2021. Disponível em: https://www.gov.br/agricultura/pt-br/assuntos/politica-agricola/todas-publicacoes-de-politica-agricola/agropecuaria-brasileira-em-numeros/abn-07-2021.pdf/view. Acesso em: 20 jul. 2021.

16. Para saber em qual dos grupos a atividade se enquadra, recomenda-se acessar o seguinte link: http://www.aprosoja.com.br/storage/comunicacao/blog/paginas/files/DECRETO_N___695__DE_29_DE_OUTUBRO_DE_2020.pdf. Acesso em: 20 jul. 2021.

autorização após 22 de julho de 2008 ou validadas no Cadastro Ambiental Rural como de uso alternativo do solo.

No Estado do Paraná, segundo no ranking do MAPA, quanto ao valor bruto de produção, o estabelecimento de conceitos, requisitos, critérios, diretrizes e procedimentos administrativos referentes ao licenciamento ambiental, ficou a cargo da Resolução CEMA 107/2020.

As atividades agrossilvipastoris que dependem de licenciamento, naquele Estado, são: (a) avicultura, (b) bovinocultura, (c) suinocultura e (d) aquicultura e maricultura. Em qualquer um dos casos, o empreendedor deverá constatar seu enquadramento quanto ao porte da atividade, podendo haver a necessidade de obtenção de Autorização Ambiental (AA)[17], Licença Ambiental Simplificada (LAS)[18] ou Licenciamento Trifásico (LP-LI-LO).

9. QUAL O PROCEDIMENTO PARA SOLICITAR SUPRESSÃO DE VEGETAÇÃO NATIVA?

O licenciamento ambiental de atividades não se confunde com o procedimento administrativo para obtenção de autorização de supressão de vegetação nativa para o desenvolvimento de atividades agrossilvipastoris. Vale lembrar, como apontado acima, que esta autorização é documento que deve ser apresentado junto ao requerimento para obtenção da licença ambiental. Trata-se, portanto, de um procedimento prévio.

De acordo com a legislação federal, compete aos órgãos federais aprovar o manejo e a supressão de vegetação, de florestas e formações sucessoras em: a) florestas públicas federais, terras devolutas federais ou unidades de conservação instituídas pela União, exceto em APAs; e b) atividades ou empreendimentos licenciados ou autorizados, ambientalmente, pela União, nos termos do artigo 7°, XV da LC 140/11.

Aos órgãos estaduais compete a aprovação e o manejo e a supressão de vegetação, de florestas e formações sucessoras em: a) florestas públicas estaduais ou unidades de conservação do Estado, exceto em Áreas de Proteção Ambiental (APAs); b) imóveis rurais, que não se enquadrem na competência federal; e c) atividades ou empreendimentos licenciados ou autorizados, ambientalmente, pelo Estado, nos termos do artigo 8°, XVI da LC 140/11.

---

17. "Artigo 3° (...) IX – Autoriza a execução de obras, atividades, pesquisas e serviços de caráter temporário ou obras emergenciais, de acordo com as especificações constantes dos requerimentos, cadastros, planos, programas e/ou projetos aprovados, incluindo as medidas de controle ambiental e demais condicionantes determinadas pelo órgão ambiental competente" (PARANÁ, Resolução 107 de 17 de setembro de 2020. CEMA, 2020).

18. "Artigo 3° (...) IV – aprova a localização e a concepção do empreendimento, atividade ou obra de pequeno porte e/ou que possua baixo potencial poluidor/degradador, atestando a viabilidade ambiental e estabelecendo os requisitos básicos e condicionantes a serem atendidos, bem como autoriza sua instalação e operação de acordo com as especificações constantes dos requerimentos, planos, programas e/ou projetos aprovados, incluindo as medidas de controle ambiental e demais condicionantes determinadas pelo órgão ambiental competente" (PARANÁ, Resolução 107 de 17 de setembro de 2020. CEMA, 2020).

Por fim, compete aos Municípios, respeitadas as atribuições dos demais entes federativos, aprovar: a) a supressão e o manejo de vegetação, de florestas e formações sucessoras em florestas públicas municipais e unidades de conservação instituídas pelo Município, exceto em Áreas de Proteção Ambiental (APAs); e b) a supressão e o manejo de vegetação, de florestas e formações sucessoras em empreendimentos licenciados ou autorizados, ambientalmente, pelo Município, nos termos do artigo 9º, XV da LC 140/11.

Perante a CETESB, é possível obter autorização para supressão de vegetação nativa, para intervenção em áreas de preservação permanente e para retirada de árvores nativas isoladas. Para todos os casos, aplica-se o artigo 26 da Lei Federal 12.651/12, por meio do qual, "a supressão de vegetação nativa para uso alternativo do solo, tanto de domínio público como de domínio privado, dependerá do cadastramento do imóvel no CAR (...) e de prévia autorização do órgão estadual competente do Sisnama",

Dependendo da autorização que se pleiteia (supressão, intervenção ou retirada), há regras próprias a serem cumpridas pelo empreendedor: (a) supressão - Resolução SMA 80/2020; (b) intervenção: Resolução SMA 82/2017; (c) retirada: Decisão de Diretoria 067/2021/P e Resolução SMA 07/2017 e alterações. As condicionantes poderão ser complementadas, ainda, com base nas diretrizes traçadas pela Lei Estadual 13.550/2009 (em se tratando do bioma Cerrado) e pela Lei Federal 11.428/2006 (em se tratando do bioma Mata Atlântica).

10. QUAIS SÃO OS RISCOS DE EXERCER ATIVIDADE SEM LICENÇA AMBIENTAL?

Caso o empreendedor inicie a implantação da sua atividade ou empreendimento, sem a prévia concessão da licença ambiental, ele ficará sujeito à responsabilidade tríplice, conforme determina o artigo 225, § 3º da Constituição Federal: "As condutas e atividades consideradas lesivas ao meio ambiente sujeitarão os infratores, pessoas físicas ou jurídicas, a sanções penais e administrativas, independentemente da obrigação de reparar os danos causados".

Nos termos do artigo 48 da Lei de Crimes Ambientais, "Impedir ou dificultar a regeneração natural de florestas e demais formas de vegetação" é crime punível com pena de detenção, de seis meses a um ano, e multa. Além disso, poderá ser responder pelo tipo penal descrito no artigo 54[19] da mesma lei: "Causar poluição de qualquer natureza em níveis tais que resultem ou possam resultar em danos à saúde humana, ou que provoquem a mortandade de animais ou a destruição significativa da flora", neste caso, a pena será de reclusão, de um a quatro anos, e multa.

---

19. De acordo com o Superior Tribunal de Justiça, o crime de poluição tem natureza formal, ou seja, "nos casos em que forem reconhecidas a autoria e a materialidade da conduta descrita no art. 54, § 2º, V, da Lei n. 9.605/1998, a potencialidade de dano à saúde humana é suficiente para configuração da conduta delitiva, haja vista a natureza formal do crime, não se exigindo, portanto, a realização de perícia" (STJ, EREsp 1.417.279-SC, Rel. Min. Joel Ilan Paciornik, julgado em 11.04.2018, DJe 20.04.2018).

A conduta de impedir ou dificultar a regeneração natural de florestas ou demais formas de vegetação nativa em áreas especialmente protegidas é considerada infração administrativa, nos termos do artigo 48 do Decreto 6.514/08, punível com multa de R$ 5.000,00 (cinco mil reais), por hectare ou fração.

Nos termos do artigo 61 do mesmo decreto, "Causar poluição de qualquer natureza em níveis tais que resultem ou possam resultar em danos à saúde humana, ou que provoquem a mortandade de animais ou a destruição significativa da biodiversidade" é infração administrativa punível com multa de R$ 5.000,00 (cinco mil reais) a R$ 50.000.000,00 (cinquenta milhões de reais).

Por fim, nos termos do artigo 66 do Decreto, "Construir, reformar, ampliar, instalar ou fazer funcionar estabelecimentos, atividades, obras ou serviços[20]", sem prévia licença dos órgãos ambientais competentes ou, ainda, em desacordo com a licença obtida, é infração administrativa punível com multa de R$ 500,00 (quinhentos reais) a R$ 10.000.000,00 (dez milhões de reais).

Além das multas, as autoridades administrativas, em qualquer uma das situações listadas acima, poderá aplicar outras sanções como advertências e multas diárias, ou, ainda, as denominadas medidas acautelatórias[21], como a apreensão dos animais, produtos e subprodutos da fauna e flora e demais produtos e subprodutos objeto da infração, instrumentos, petrechos, equipamentos ou veículos de qualquer natureza utilizados na infração; a destruição ou inutilização do produto; a suspensão de venda e fabricação do produto; o embargo de obra ou atividade e suas respectivas áreas; a demolição de obra; e a suspensão parcial ou total das atividades; além das penas restritivas de direitos.

Na eventualidade de se configurar a ocorrência de um dano ao meio ambiente, o empreendedor poderá ainda ser condenado a repará-lo, mediante obrigações de fazer, não fazer ou de indenizar. Essa obrigação independe da demonstração de culpa do agente, dado que a responsabilidade reparatória, em matéria ambiental, é objetiva, nos termos do artigo 14, §1º da Lei 6.938/81 (Política Nacional de Meio Ambiente).

11. CONCLUSÃO

Diante do cenário jurídico atual, o desenvolvimento do agronegócio brasileiro pressupõe o cumprimento de obrigações ambientais, dentre elas, o prévio licenciamento ambiental, o Cadastro Ambiental Rural e as obrigações acessórias junto ao

---

20. "A norma pune a mera desobediência às obrigações de licenciar ou buscar autorização do órgão ambiental competente. Isto implica que o tipo não poderá ser aplicado, por exemplo, no caso da falta de licença para construir ou de Alvará do Corpo de Bombeiros, por exemplo. Tutela-se, portanto, o poder de polícia dos órgãos ambientais" (ANTUNES, Paulo de Barros. *Comentários ao Decreto 6.514/2008*. Rio de Janeiro: Lumen Juris, 2010, p. 159).

21. As medidas acautelatórias não se confundem com as sanções. Aquelas "só devem ser aplicadas em caráter excepcional, nos casos em que sua procrastinação importar em iminente risco de eclosão ou de agravamento do dano ambiental, ou de graves riscos à saúde" (MILÁRE, Édis. *Direito do Ambiente*. 11. ed. São Paulo: Ed. RT, 2018, p. 377).

IBAMA. Não se concebe, nesse sentido, à guisa da relevância econômica, explorar recursos naturais sem que antes tenham sido tomadas as medidas de prevenção ou precaução aos danos ambientais.

No Estado de São Paulo, apesar de algumas atividades prescindirem de licença ambiental, o exercício das atividades agrossilvipastoris demandará o respeito às normas vigentes, sob pena da responsabilização pelas lesões causadas ao meio ambiente, nas esferas penal, administrativa e reparatória. Quanto às atividades de bovinocultura em confinamento, avicultura e suinocultura, dependendo do porte, demandará licenciamento auto declaratório, simplificado ou trifásico (LP-LI-LO).

Por meio do presente trabalho, foi possível observar que os critérios e definições de fontes poluidoras, para fins de licenciamento ambiental, varia de Estado para Estado, sendo pertinente, portanto, que o leitor, diante das regras gerais traçadas neste capítulo, verifique se há critérios normativos diferenciados no local onde a sua unidade produtiva será instalada.

12. REFERÊNCIAS

ANTUNES, Paulo de Bessa. *Direito Ambiental*. 19ª ed. São Paulo: Atlas, 2017.

ANTUNES, Paulo de Bessa. *Comentários ao Decreto 6.514/2008*. Rio de Janeiro: Lumen Juris, 2010.

BRASIL. Ministério da Agricultura, Pecuária e Abastecimento. Agropecuária brasileira em números. Publicado em 13 de julho de 2021. Disponível em: https://www.gov.br/agricultura/pt-br/assuntos/politica-agricola/todas-publicacoes-de-politica-agricola/agropecuaria-brasileira-em-numeros/abn-07-2021.pdf/view.

GRANZIERA, Maria Luiza. *Direito Ambiental*. 5ª. Ed. indaiatuba: Foco, 2019.

MILÁRE, Édis. *Direito do Ambiente*. 11. ed. São Paulo: Ed. RT, 2018.

PADILHA, Norma Sueli. *Fundamentos Constitucionais do Direito Ambiental Brasileiro*. Rio de Janeiro, Elsevier, 2010.

PRESTES, Vanêsca Buzelato. A necessidade de compatibilização das licenças ambienta e urbanística no processo de municipalização do licenciamento ambiental. *Revista de Direito Ambiental*. n. 34, ano 09, São Paulo: Ed. RT, abr.-jun. 2004.

STJ, EREsp 1.417.279-SC, Rel. Min. Joel Ilan Paciornik, julgado em 11.04.2018, DJe 20.04.2018.

LICENCIAMENTO AMBIENTAL E A DINÂMICA DA LICENÇA RENOVÁVEL NO ESTADO DE SÃO PAULO

Flávio de Miranda Ribeiro

Fernando Rei

1. INTRODUÇÃO

Tendo em conta os atuais desafios de nossa sociedade frente aos problemas ambientais, fica patente a premência de avançar-se na melhoria de desempenho ambiental das atividades humanas. Especificamente em relação aos processos industriais, em paralelo à própria evolução das obrigatoriedades legais advindas, por exemplo, das normas de licenciamento ambiental, têm-se a busca do desenvolvimento de ações e sistemas empresariais voltados à redução de seus efeitos negativos sobre a qualidade ambiental, os chamados "sistemas de gestão ambiental".[1]

Porém, a evolução paralela dos modelos de gestão ambiental e das normativas relativas ao licenciamento, ao longo das últimas décadas, não foi suficiente para afastar o conflito artificial instalado entre proteção do meio ambiente e desenvolvimento econômico pois, apesar da existência de meios técnicos, científicos e financeiros, com a potencialidade de resolver diversos dos problemas ambientais gerados, ainda há dificuldade de setores da sociedade, nomeadamente do setor produtivo, em se apropriar e tornar operativas essas inovações.

Esse falso conflito é motivado em parte pelo entendimento de alguns representantes, políticos e empresariais, de que o processo de licenciamento seria lento e conteria requisitos que resultam em entraves para o desenvolvimento econômico. Por outro lado, para as organizações da sociedade civil e acadêmicos, o licenciamento é imprescindível como resguardo da qualidade ambiental, porém seria excessivamente permissivo, favorecendo a aprovação de projetos de significativo impacto ambiental e social.[2]

Neste sentido, há décadas que diversos autores[3] defendem que é fundamental à sociedade desenvolver instrumentos e modelos econômicos formuladores de alternativas de desenvolvimento, para que haja uma reorientação das políticas públicas ambientais que considere a tensão existente entre os atores sociais na competição

---

1. REI, RIBEIRO, 2009.
2. ISA, 2015.
3. GUATTARI, 2000; PADULA, SILVA, 2005; REI, RIBEIRO, 2009; VILELA, DEMAJOROVIC, 2010; RIBEIRO, KRUGLIANSKAS, 2013.

pelos bens e serviços ambientais cada vez mais escassos, tanto em quantidade como em qualidade.

Cabe ainda citar, conforme lembrado por Ussier et al.,[4] que de modo geral, em todo o Brasil, a legislação ambiental, embora extensa, ainda possui seu foco na abordagem corretiva, que induz à visão retrógrada do empresariado segundo a qual a adequação legal das questões ambientais seria apenas um custo adicional às suas atividades.

Em obra mais recente Hafner[5] observa que apesar de não serem poucos os recursos envolvidos no processo inicial de um licenciamento ambiental no Brasil, eles não parecem ser capazes de mitigar todos impactos, até porque nem sempre há o monitoramento pós-implantação da atividade ou empreendimento, "e a retroalimentação para a melhoria do processo não tem acontecido da forma como deveria" (p. 4).

A questão central se apoia no incremento das "complexidades" advindas da evolução dos modelos de gestão ambiental empresarial e na crítica à burocracia marcante dos processos de licenciamento ambiental. Deste modo, reclama-se que o licenciamento ambiental e sua renovação absorvam uma abordagem integrada, que reorganize a informação e os dados em novas modalidades de conhecimento para solução dos eventuais conflitos, por meio de soluções menos coercitivas e mais "contratuais e negociadas entre pessoas que eventualmente não compartilham os mesmos valores".[6]

O objetivo geral deste capítulo é evidenciar a necessidade da evolução de uma das principais ferramentas da Política Nacional de Meio Ambiente, o licenciamento ambiental, de modo a tornar este instrumento um indutor de práticas mais apropriadas de gestão empresarial do meio ambiente, mormente com as revisões e atualizações necessárias, próprias da dinâmica da renovação da licença de operação.

Mais especificamente, pretende-se apresentar alguns desafios da administração pública no atual modelo conhecido como "Comando e Controle", e discutir o potencial do licenciamento na indução de práticas ambientalmente mais adequadas, incorporando a ideia de "melhoria de desempenho ambiental".

Dado o presente contexto, em 2002 a regulamentação da renovação da licença ambiental no estado de São Paulo buscou aprimorar instrumentos existentes de política pública ambiental, sob pena de que muitos perdessem sua efetividade no médio prazo, em virtude da então desnecessidade de melhoria dos processos produtivos e de sua performance ambiental. Porém, para que vingasse tal pretensão, necessário seria que o órgão licenciador estimulasse as empresas a colaborarem na busca de soluções negociadas aos novos desafios ambientais, próprios do século XXI. Assim, evidentemente, o processo de licenciamento continua a merecer atenção especial,

---

4. USSIER et al., 2005.
5. HAFNER, 2017.
6. VIEIRA, 2001, p. 10-11.

não apenas por sua ampla difusão e aplicação, mas também por ter este permanecido durante décadas aquém das discussões sobre as ferramentas mais modernas de gestão empresarial, sendo relegado à condição de "conformidade legal".

De modo a conduzir a questão, apresenta-se neste capítulo o encaminhamento que tem sido dado no estado de São Paulo, avaliando a dinâmica da operacionalização de renovação das licenças ambientais como possibilidade de induzir ações de melhoria de desempenho das atividades licenciadas para "além da conformidade".

2. O INSTRUMENTO DO LICENCIAMENTO AMBIENTAL

2.1 Definição e conceito

No Direito Ambiental brasileiro, o licenciamento ambiental encontra-se mencionado como instrumento na Política Nacional de Meio Ambiente (PNMA), de 1981, porém é no art. 1º, inc. I, da Resolução CONAMA 237/1997 (MMA, 1997) que este é definido claramente, como o:

> "procedimento administrativo pelo qual o órgão ambiental competente licencia a localização, instalação, ampliação e a operação de empreendimentos e atividades utilizadoras de recursos ambientais consideradas efetiva ou potencialmente poluidoras ou daquelas que, sob qualquer forma, possam causar degradação ambiental, considerando as disposições legais e regulamentares e as normas técnicas aplicáveis ao caso".

De acordo com Van Acker,[7] em relação ao seu potencial como instrumento regulatório, o licenciamento ambiental é:

> "o instrumento da Política Nacional do Meio Ambiente que permite a ação preventiva do Poder Público no que tange a empreendimentos potencialmente poluidores ou degradadores, implementando assim o princípio da prevenção dos danos ambientais, preconizado pela Conferência de Estocolmo de 1972".

Já segundo Ussier et al.,[8] o licenciamento é ainda o procedimento administrativo pelo qual o órgão ambiental analisa a viabilidade ambiental da instalação, ampliação e operação dos empreendimentos potencialmente poluidores, e estabelece condições para tanto, sendo assim um dos, senão o mais, importante instrumento das políticas públicas ambientais.

Mas, como destacam Ribeiro e Kruglianskas,[9] o licenciamento ambiental não é meramente um instrumento de regulação ambiental, como são os padrões de emissão ou a cobrança pelo uso da água, e sim se constitui em um "metainstrumento", capaz de aplicar e exigir a adoção de diversos instrumentos específicos por meio da definição de exigências e condicionantes.

---

7. VAN ACKER, 2008.
8. USSIER et al., 2005.
9. RIBEIRO e KRUGLIANSKAS, 2013.

2.2 Evolução da normatização do licenciamento ambiental no Brasil

Embora o surgimento deste instrumento tenha se dado na legislação de alguns estados brasileiros ainda na década de 1970, como no estado de São Paulo em 1976, o licenciamento ambiental só foi disciplinado em âmbito federal quando do estabelecimento da PNMA, com a promulgação da Lei 6.938, de 31 de agosto de 1981. Nesta, estabelece-se a necessidade de licenciamento para uma série de atividades e procura-se integrar as ações governamentais dentro de uma abordagem sistêmica, com objetivo de preservar, melhorar e recuperar a qualidade ambiental.[10]

Muitos dos aspectos referentes à PNMA só foram regulamentados posteriormente nas Resoluções do Conselho Nacional de Meio Ambiente (CONAMA), dentre as quais para esta discussão merece destaque a já citada Resolução CONAMA 237, de 19 de dezembro de 1997. Esta resolução trouxe as definições do que passou a ser considerado o processo de licenciamento ambiental no país, com a consideração da localização como objeto da licença, além de relacionar, em seu anexo, atividades sujeitas a licenciamento ambiental, em complementação ao que já existia na Resolução CONAMA 1, de 23 de janeiro de 1988, cuja relaciona atividades sujeitas a licenciamento por meio de Estudo e Relatório de Impacto Ambiental (EIA-RIMA). Foi, entretanto, com a edição da Lei Complementar 140, de 8 de dezembro de 2011, que fixou normas, nos termos dos incisos III, VI e VII do caput e do parágrafo único do art. 23 da Constituição Federal, para a cooperação entre a União, os Estados, o Distrito Federal e os Municípios, que se pode finalmente avançar na caracterização das atribuições de licenciamento ambiental por cada ente federativo, de forma a definir os tipos de empreendimentos e atividades por estes licenciados.

2.3 Da escola do "comando e controle" ao "desempenho ambiental"

De acordo com Ribeiro,[11] assim como na grande parte dos países, a legislação ambiental no Brasil tem sua ênfase no modelo conhecido como "Comando e Controle". Esta forma de atuar se caracteriza fundamentalmente pela busca da conformidade legal, utilizando-se majoritariamente de estratégias corretivas à poluição e da atuação coercitiva por parte do Poder Público.

Da parte das empresas, a resposta neste caso fundamenta-se em adequar aos padrões legais os impactos potenciais de suas atividades, promovendo soluções tecnológicas que permitam o devido tratamento das emissões, efluentes e rejeitos gerados e a disposição final adequada dos resíduos destas operações. Por sua vez, cabe aos órgãos ambientais neste modelo exercer a fiscalização com uso do "poder de polícia", valendo-se da ação coercitiva junto aos empreendimentos licenciados para fazer cumprir a lei.[12]

---

10. USSIER et al., 2005.
11. RIBEIRO, 2007.
12. REI, RIBEIRO, 2009.

Neste modelo de "Comando e Controle" o licenciamento assume o papel de instrumento para aplicação da lei, autorizando a instalação, ampliação ou operação de um empreendimento mediante exigências e condicionantes que serão posteriormente objeto da fiscalização. Mostra-se assim como um "instrumento prévio de controle ambiental para o exercício legal de atividades modificadoras do meio ambiente".[13]

Observando este modelo, percebe-se que, não obstante enormes ganhos tenham sido obtidos com sua aplicação sistemática, estes não se mostram mais suficientes para assegurar a melhoria da qualidade ambiental frente às complexidades próprias da atualidade, principalmente pelos seguintes fatores:[14]

a) os equipamentos de controle corretivo não eliminam os poluentes, apenas os transferem de um meio para outro, onde sua gestão seja facilitada. É o caso, por exemplo, de uma estação de tratamento de esgotos que remove a carga poluidora do efluente líquido para o lodo, um resíduo sólido que ainda necessita de correta destinação;

b) as ações de controle corretivo representam custos, em geral elevados, tanto para aquisição e instalação dos equipamentos como para sua operação e gerenciamento dos resíduos de sua operação;

c) há um significativo número de problemas ambientais que não são cobertos pela legislação, seja por algum hiato de tempo entre a percepção do problema e sua devida positivação nos marcos legais, seja pelos instrumentos não serem suficientes. É o exemplo dos gases de efeito estufa, da escassez de recursos minerais, entre outros; e

d) em muitos casos o mero atendimento aos padrões legais não basta para garantir a qualidade ambiental, sendo preciso ir além. Exemplo desta situação é o adensamento de fontes poluidoras ao longo de um rio, no qual mesmo com todas as fontes poluidoras atendendo aos padrões de emissão da lei, pode-se não atender aos padrões de qualidade da mesma normativa.

A parte estas constatações, cabe ainda destacar que em muitos casos se verifica certo grau de acomodamento, seja por parte das empresas, seja por parte do órgão fiscalizador, em um determinado patamar de desempenho que satisfaça a mera adequação legal. Nestes casos, uma vez que tendo atingido este nível os objetivos do modelo se dão por satisfeitos, obtendo-se a pretendida "conformidade legal", inibindo assim as oportunidades de desenvolvimento tecnológico na busca de uma maior eficiência no uso dos recursos naturais.

Logo, não obstante a importância da abordagem corretiva no histórico dos órgãos ambientais, a premência da inserção de ferramentas adicionais, baseadas em mecanismos de mercado, mais ágeis e dinâmicos, que complementem a ação do "Comando e Controle", foi percebida e, ao longo da primeira década do novo milênio, norma-

---

13. TORRES, 2004, p. 43.
14. RIBEIRO, 2007.

tivas mais modernas foram editadas. Nessa linha, a evolução da gestão ambiental nas empresas, os avanços tecnológicos nos processos e produtos, e a necessidade de gerenciar democraticamente as diversas demandas sociais por recursos cada vez mais escassos reclamaram a importância de as políticas públicas não apenas garantirem a aplicação dos estáticos padrões estabelecidos em lei, mas também de fomentarem e induzirem melhorias contínuas no desempenho ambiental das indústrias.

Assim, alguns governos adotaram como parte de suas estratégias regulatórias ferramentas como as auditorias ambientais, o automonitoramento e a aceitação de certificados de Sistemas de Gestão Ambiental implementados como parte de seus procedimentos de licenciamento, porém "nenhum deles aproveitou a oportunidade de incorporar a melhoria contínua no processo de renovação das licenças e autorizações ambientais".[15]

Diferentemente, neste sentido, em São Paulo o Decreto Estadual n. 47.400, de 4 de dezembro de 2002, prevê a incorporação da avaliação do desempenho ambiental do empreendimento, em particular quando da renovação da licença de operação (art. 2º, § 4º), como veremos mais adiante.

Embora existam diversas definições de "desempenho ambiental", para os fins deste trabalho será adotada a visão das normas de gestão ambiental da *International Organization for Standardization* (ISO), segundo sua versão da Associação Brasileira de Normas Técnicas (ABNT), como "o resultado da gestão de uma organização sobre seus aspectos ambientais".[16] Do mesmo modo, será considerada a "avaliação de desempenho ambiental" como o:

> "processo para facilitar as decisões gerenciais com relação ao desempenho ambiental de uma organização e que compreende a seleção de indicadores, a coleta e análise dos dados, a avaliação da informação em comparação com critérios de desempenho ambiental, os relatórios e informes, as análises críticas periódicas e as melhorias deste processo".[17]

Registre-se que, na prática, medir e avaliar o desempenho ambiental de organizações não é tarefa fácil, e neste campo sobram controvérsias. Para que uma métrica de desempenho seja eficaz, inicialmente há que se considerar "o que" se pretende medir e esta primeira definição depende principalmente da motivação, ou do "por que medir".

Em uma breve referência, mais especificamente sobre como a indústria vem medindo e usando estas medições de desempenho ambiental de suas operações, tem-se como referência um projeto conduzido pelo Comitê de Métrica de Desempenho Ambiental Industrial, criado na *National Academy of Engineering*, vinculada à *National Academy of Science* dos Estados Unidos.[18] Neste extenso trabalho os autores,

---

15. USSIER et al., 2005, p. 116.
16. ABNT, 2004, p. 2.
17. ABNT, 2004, p. 2.
18. FROSCH, 1999.

provenientes de diversos segmentos produtivos e da academia, delineiam não apenas a motivação da métrica de desempenho ambiental nas indústrias, mas apresentam uma interessante revisão de métodos e estratégias, usando quatro segmentos econômicos como "estudo de caso": indústria automotiva, indústria química, indústria de eletroeletrônicos e indústria de papel e celulose, cada qual abrangendo diferentes etapas do ciclo de vida de seus produtos e utilizando para tanto diferentes modelos de medição e agregação dos resultados. Demonstram assim, entre diversos outros aspectos, a necessidade de se terem regras particulares que resguardem as particularidades das diversas tipologias industriais.

Em outras palavras, como bem apresentado por Frosch,[19] cada setor da indústria possui suas particularidades e os aspectos ambientais mais significativos variam de tal forma que deve haver uma flexibilidade de critérios que permita o estabelecimento de indicadores específicos para cada caso. Assim, embora as políticas públicas possam determinar de forma geral que o desempenho ambiental das organizações será considerado nos instrumentos de gestão pública do meio ambiente, entre estes o licenciamento, a escolha de como medir e avaliar este desempenho deve ser realizada de modo distinto para as diferentes tipologias industriais – momento no qual a negociação já citada adquire grande importância.

3. A LONGA TRAJETÓRIA DO LICENCIAMENTO NO ESTADO DE SÃO PAULO

Como já asseverado, o surgimento dos órgãos estaduais de meio ambiente no Brasil, bem como de sua respectiva legislação pertinente, datam do final da década de 1960. Neste período destaca-se a percepção pela população dos efeitos deletérios da poluição ambiental, principalmente em relação à qualidade do ar, que passou a impor ao Estado a necessidade de regular a atividade produtiva, prioritariamente a de natureza industrial. Surgem à época a então Companhia de Tecnologia de Saneamento Ambiental (CETESB), no Estado de São Paulo, e a então Fundação Estadual de Engenharia do Meio Ambiente (FEEMA), no Rio de Janeiro.[20]

3.1 Surgimento da Cetesb e do licenciamento em São Paulo

No Estado de São Paulo a criação da CETESB data de 1968 quando, por meio da Lei Estadual 10.107, de 24 de julho de 1968, que criou o Fundo Estadual de Saneamento Básico – FESB, em seu artigo 18, o Poder Executivo autoriza a unificação dos laboratórios da Secretaria dos Serviços e Obras Públicas, que viriam a constituir o Centro Tecnológico de Saneamento Básico – CETESB. Desde então, a instituição tem passado por diversas denominações e configurações, mas sem perder a ênfase no saneamento e no comando e controle contidos já em sua gênese.

---

19. FROSCH, 1999.
20. REI, 2006.

Em 7 de agosto de 2009, entrou em vigor a Lei Estadual 13.542, de 8 de maio de 2009, que criou a "Nova CETESB", com uma nova denominação e novas atribuições, principalmente no processo de licenciamento ambiental no Estado. A sigla CETESB permaneceu e a empresa passou a denominar-se oficialmente Companhia Ambiental do Estado de São Paulo.

O licenciamento ambiental no Estado de São Paulo, por sua vez, foi estabelecido por meio da Lei Estadual 997, de 31 de maio de 1976, regulamentada pelo Decreto Estadual 8.468, de 08 de setembro de 1976. Dentro desta perspectiva, assim como nos países mais industrializados, historicamente a CETESB adotou o modelo de "Comando e Controle" como orientador de suas ações institucionais. Neste ínterim, conforme já apresentado, o licenciamento foi incorporado como ferramenta preventiva, tendo assumido no decorrer das últimas décadas um importante papel na política ambiental do estado de São Paulo.[21]

A aplicação sistemática da ferramenta do licenciamento ambiental pela CETESB no estado de São Paulo trouxe inquestionáveis melhorias de qualidade ambiental ao longo destes anos, ainda que quase que exclusivamente com a abordagem de "Comando e Controle", e mais de 200.000 empreendimentos industriais distribuídos pelo Estado foram adequados à lei e obtiveram suas licenças ambientais. Há, no entanto, que se reconhecer as limitações deste modelo, que carecia de mecanismos para acompanhar tanto a evolução da atividade industrial e seu potencial de inovação tecnológica, como as constantes mudanças nas necessidades de proteção da qualidade ambiental.[22]

Com a mudança de 2009, pretendeu-se dar à CETESB um fôlego institucional de Agência Ambiental, revendo o antigo modelo de comando e controle e adotando a agenda da gestão ambiental dentro da ótica da sustentabilidade.

Para enfrentar tal desafio é preciso reconhecer que, de acordo com Rei (2007), desde a década de 1990 a CETESB tem buscado a promoção de ações preventivas voluntárias, como as iniciativas dentro do conceito de Produção mais Limpa (P+L). Dentre estas ações, podem-se destacar: a realização de Projetos Piloto em setores industriais e a publicação de Indicadores de Desempenho Ambiental por setor industrial; a avaliação técnica de pedidos de financiamento ao PROCOP – Programa de Controle da Poluição; o desenvolvimento de projetos específicos de pesquisa afins; a oferta de cursos e treinamento; entre outras ações.[23]

Estas iniciativas conduzidas pela CETESB, embora de grande mérito, foram incorporadas à rotina dos agentes de licenciamento e fiscalização apenas pontualmente.[24] Não obstante alguns notáveis resultados, para que os efeitos desta estratégia fossem de fato significativos seria imprescindível acionar estas iniciativas na dinâmica

---

21. REI, 2006.
22. REI, RIBEIRO, 2009.
23. CETESB, 2008.
24. REI, 2006.

do licenciamento, o que segundo o autor não ocorria, entre outros motivos, pela ausência de mecanismos legais de incentivo à sua inserção sistemática no licenciamento.

Sucede que o processo de licenciamento, conforme estabelecido no estado de São Paulo desde a década de 1970, não previa prazo de validade à então Licença de Funcionamento (LF), ao contrário do praticado em outros estados e em países mais experimentados nas questões ambientais.[25] Desta forma, conforme defende o autor, desobrigava-se o empreendedor à atualização constante das informações acerca dos processos industriais desenvolvidos e da comprovação ao atendimento das eventuais condicionantes ambientais exigidos pela CETESB. Adicionalmente, a falta de acompanhamento constante de muitos empreendimentos dificultava sobremaneira a promoção da melhoria contínua do desempenho ambiental das atividades licenciadas e, em muitos casos, o órgão apenas era chamado a atuar quando "*a desconformidade ambiental já era fato consumado e produzia efeitos nocivos à população e ao meio ambiente*".[26]

Percebia-se assim a necessidade de inovações nas políticas públicas ambientais, conforme já ressaltava o estudo das Nações Unidas para a América Latina, desenvolvido e apresentado por Grütter.[27] Neste, após um levantamento da situação das políticas ambientais no continente, se propõe o desenvolvimento de políticas públicas que influenciem a adoção de melhores práticas. Sugestões são dadas no sentido de desenvolver e aplicar instrumentos de mercado na política ambiental, levando à substituição de tecnologias obsoletas, além de adaptar as regulações de "Comando e Controle" para uma política de prevenção e de melhores práticas, em vez de fomentar soluções "fim-de-tubo".[28]

Desta forma, para que se possa evoluir o instrumento do licenciamento ambiental, entende-se que é imprescindível reconhecer que a melhoria de desempenho operacional é o primeiro passo para, de modo eficaz, garantir o custo benefício positivo, a preservação e melhoria da qualidade ambiental. Neste ínterim, assumem especial importância as estratégias preventivas, pelo seu potencial de buscar eficiência junto à adequação ambiental, congregando benefícios ambientais e econômicos.

3.2 O novo caminho: os decretos estaduais de renovação de licenças

Está claro que o instrumento do licenciamento ambiental tem como principal papel o estabelecimento de condicionantes ao exercício das atividades econômicas potencialmente deletérias à qualidade ambiental.[29] A definição destas condicionantes, porém, deve ser feita em cada situação particular, sendo dinâmica e variando

---

25. REI, 2006.
26. REI, 2006, p. 31.
27. GRÜTTER, 1999.
28. REI, RIBEIRO, 2009.
29. THOMAZI et al., 2001.

conforme as condições ambientais, presença e concentração das fontes de poluição, os avanços na ciência e tecnologia, entre outros fatores[30].

Ainda, conforme Granziera,[31] o licenciamento ambiental não se destina a inviabilizar a implantação de um empreendimento. A sua função precípua é a de buscar todos os meios possíveis para essa implantação, a menos que os riscos de dano evidenciem falta de segurança quanto aos efeitos desse empreendimento no futuro. (p. 368).

Assim, a renovação periódica das licenças traz vantagens tanto para o poder público, que pode ajustar as condicionantes conforme as necessidades dinâmicas e complexas, como para as empresas, que podem programar modificações e investimentos para atendimento destas.[32] Adicionalmente, traz a oportunidade de regularmente estabelecer o diálogo entre empresas e poder público, avançando nas ações de gestão, negociando metas e planos de melhoria contínua de desempenho,[33] o que é em realidade um desafio a ser vencido.

A percepção deste desafio já se configurava há algum tempo, quando um importante avanço foi dado em São Paulo com a promulgação do Decreto Estadual 47.397 e do Decreto Estadual 47.400, ambos de 04 de dezembro de 2002, que estabelecem modificações na legislação e na sistemática do procedimento do licenciamento ambiental no estado.

Os dois Decretos propostos pelo então Secretário de Meio Ambiente (São Paulo, 2002 a, b), trouxeram uma série de modificações no licenciamento, como por exemplo: redefinição das atividades consideradas como fontes de poluição; previsão do licenciamento municipal para atividades de impacto apenas local; revisão das modalidades de licença prévia e de instalação; criação da licença de operação, renovável, em lugar da licença de funcionamento; estabelecimento de prazos de validade para as licenças, proporcionais à complexidade do empreendimento e revisão dos preços das licenças. Além disso, foi criado um dispositivo para estímulo à melhoria contínua de desempenho ambiental, segundo o qual o órgão ambiental poderia rever o prazo de validade da licença em função da avaliação de desempenho ambiental do empreendimento, foco deste capítulo.

Dentre estes dois diplomas legais, adquire especial relevância para a presente discussão o Decreto Estadual 47.400/02, que regulamenta a Lei Estadual 9.509, de 20 de março de 1997, que estabelece a Política Estadual de Meio Ambiente, inclusive quanto aos tipos de licença emitidos e suas características.

A partir de 2002, com a promulgação dos dois Decretos citados, a sistemática de licenciamento ambiental no Estado de São Paulo foi substancialmente modifi-

---

30. GRANZIERA, 2009.
31. GRANZIERA, 2015.
32. MACHADO, 2009.
33. REI, 2006.

cada. Assim, de acordo com o Decreto 47.397/2002, o licenciamento de atividades industriais passa a ser estruturado em três fases:

1. Licença Prévia (LP): corresponde ao planejamento preliminar do empreendimento, onde se analisa a viabilidade de implantação. Contém requisitos básicos a serem atendidos nas fases de localização, instalação e operação;

2. Licença de Instalação (LI): na qual serão analisadas as especificidades do empreendimento e estabelecidas exigências técnicas a serem cumpridas na fase da Licença de Operação. As exigências técnicas considerarão as informações a respeito da qualidade do meio e das fontes de poluição; e

3. Licença de Operação (LO): quando será verificado o cumprimento das exigências técnicas constantes da LI, incluindo, quando couber, o funcionamento dos equipamentos de controle ambiental exigidos.

De acordo com o Decreto Estadual 47.397/02, a LO deve ser emitida com prazos de validade, que estão condicionados à complexidade do empreendimento. A cada tipologia industrial é conferido um fator de complexidade (W), que no presente varia de 1 a 5. Empreendimentos mais complexos têm fatores de complexidade mais altos e prazos de validade de LO mais curtos.[34] De acordo com o autor, esta determinação de prazo em si já consiste em grande avanço, por auferir ganhos significativos à gestão pública do meio ambiente.

Estes ganhos oferecem ao Poder Público a oportunidade tanto para a atualização periódica das informações a respeito dos empreendimentos, facilitando a operacionalização de um inventário de fontes de poluição, como permitem a implementação de ações, por parte da CETESB, para estimular as empresas a rever procedimentos com vistas a melhorar seu desempenho ambiental, a partir do conceito de melhoria contínua, em consonância com os padrões de qualidade ambiental estabelecidos em dispositivos legais estaduais e federais.[35]

Registre-se que a renovação da LO de uma atividade ou empreendimento deverá ser requerida com antecedência mínima de 120 (cento e vinte) dias da expiração de seu prazo de validade, fixado na respectiva licença, ficando este automaticamente prorrogado até a manifestação definitiva do órgão ambiental, nos termos da Lei Complementar 140/11, artigo 14, § 4º.

Por sua vez, o Decreto Estadual 47.400/02 trouxe uma particularidade de especial interesse, quando afirma em seu Art. 2º, inc. III, § 4º, que:

"Na renovação da licença de operação, o órgão competente do SEAQUA poderá, mediante decisão motivada, manter, ampliar ou diminuir o prazo de validade, mediante avaliação do desempenho ambiental do empreendimento ou atividade no período de vigência anterior".

Esta possibilidade de, mediante decisão motivada do órgão responsável, conceder um benefício aos empreendimentos licenciados tem o potencial de induzir a

---

34. REI, 2006.
35. REI, RIBEIRO, 2009.

comportamentos mais sustentáveis na indústria, como a adoção de medidas de P+L colaborando à redução da intensidade dos aspectos ambientais e, consequentemente, na escala regional, levar à melhoria da qualidade ambiental.

É exatamente neste aspecto que se encontrava e se encontra o desafio deste processo: utilizar a oportunidade que se apresenta, de continuamente rever as condicionantes da licença podendo oferecer o benefício da extensão de prazo, para induzir a melhoria contínua do desempenho ambiental das atividades industriais.

3.3 A OPERACIONALIZAÇÃO DOS DECRETOS DE RENOVAÇÃO DAS LICENÇAS

O desafio que se apresenta continua a ser, portanto, operacionalizar estas inovações advindas dos novos Decretos, uma vez que estas exigem:

"a aplicação de procedimentos fortemente vinculados à qualidade do meio, bem como o estabelecimento de metas ambientais e a adoção de ferramentas de acompanhamento, como os planos de gestão ambiental, que incorporem a participação do empreendedor".[36]

Esta diferenciação significa uma grande inovação no modo de conduzir o processo de licenciamento, sobretudo por tratar-se de não criar uma "regra única", mas sim um mecanismo que permita a particularização de uma "regra geral", e que incorpore, caso a caso ao longo do tempo, variáveis dependentes de tipologia industrial e características geográficas locais.

Esta abordagem deve reconhecer que os casos particulares constituem a regra, e não sua exceção, havendo a necessidade de considerar a pluralidade de valores e critérios, buscando não sua homogeneização, mas sim a integração destes num processo de "heterogênese", segundo o conceito de Guattari.[37] Ou seja, significa criar um instrumento capaz de apreender e reconhecer as diferenças existentes, e assim respeitar o contexto onde se devem outorgar as licenças ambientais.

Desta forma, o critério a ser desenvolvido deve levar em conta os seguintes aspectos:

- particularidades inerentes às diversas tipologias industriais, em relação a seu segmento ou porte;
- localização do empreendimento e a qualidade ambiental no entorno; e
- grau de evolução já atingida no desempenho ambiental das organizações.

Adicionalmente, conforme afirmam Rei e Ribeiro[38] acredita-se que um fator imprescindível ao sucesso desta empreitada seja a adoção de mecanismos de governança que assegurem uma participação ampliada de representantes de outros grupos

---

36. REI, 2006, p. 33.
37. GUATTARI, 2000.
38. REI e RIBEIRO, 2009.

de interesse (*stakeholders*, no termo em inglês usualmente adotado pela literatura), principalmente do próprio setor produtivo e da academia, na construção dos critérios necessários, principalmente pelos seguintes fatores:

- o reconhecimento de que o conhecimento acerca dos processos produtivos que cada segmento utiliza esteja muito mais nas empresas do que no órgão público. Esta colocação é tão mais importante quanto mais se pretender avançar rumo às inovações tecnológicas, para o que é necessária constante atualização, e que em muitos casos se obtém apenas na experiência cotidiana das empresas;

- a falta de estrutura e recursos humanos no órgão ambiental para, em um prazo razoável, gerar critérios e particularizações para um número suficiente de segmentos produtivos sem a intensa colaboração de atores externos;

- a implementação dos critérios depende majoritariamente da capacidade operacional por parte das empresas, e da viabilidade técnico-econômica das alternativas. Gerar critérios exclusivamente no seio do órgão público, sem a participação dos demais envolvidos, compromete a qualidade deste critério quanto às reais possibilidades de aplicação; e

- a aceitação de novas regras em um caso como este depende muito do como ele é apresentado às empresas. Trazer uma regra "pronta" pode criar uma resistência inicial, independente da qualidade do critério, que dificulte posteriormente a apropriação de seus valores e objetivos pelas empresas.

Estas colocações trouxeram a necessidade de se estabelecer um fórum adequado para a negociação destes critérios. Neste sentido, foram estabelecidas as Câmaras Ambientais da CETESB, órgãos colegiados de caráter consultivo à Secretaria de Estado do Meio Ambiente (SMA), constituídos mediante a necessidade para cada setor produtivo, e que "têm como meta promover a melhoria da qualidade ambiental por meio da interação permanente entre o poder público e os setores produtivos e de infraestrutura do Estado de São Paulo".[39]

A composição destas Câmaras inclui representantes do Sistema Estadual de Meio Ambiente (SEAQUA), assim como representantes das entidades vinculadas ao setor produtivo em questão, havendo a possibilidade de inserir a participação de outras entidades, tais como outros órgãos de governo, entidades de ensino e pesquisa, iniciativas da sociedade civil organizada, entre outros. Dentre as atribuições destas Câmaras, cabe destacar a proposição de inovações e aperfeiçoamento dos marcos legais, podendo inclusive constituir Grupos de Trabalho específicos para assuntos de interesse do setor.[40]

Neste contexto, e com essa organização institucional, esperava-se que o processo de renovação das licenças das empresas prioritárias fosse conduzido de modo a gra-

---

39. CETESB, 2007, p. 02.
40. CETESB, 2007.

dualmente sistematizar o conhecimento acerca tanto das características das próprias fontes, quanto de sua importância nas alterações da qualidade do meio, o que acabou por ainda não acontecer – ao menos de forma ampla e sistemática.

Como bem observam Ribeiro e Kungliauskas[41] em trabalho realizado com agentes do órgão ambiental, embora reconheçam a existência de entusiastas da LOR no órgão, a inclusão de instrumentos mais modernos de gestão ambiental no licenciamento só avançou em algumas agências pontualmente, não alterando a lógica do licenciamento como um todo, até mesmo porque a troca de administração da CETESB, em 2011, teria provocado a descontinuidade no processo, dificultando o avanço da nova sistemática.

De fato, a inclusão de instrumentos mais modernos de gestão ambiental no licenciamento permitiria que a CETESB passasse a adotar como rotina boas práticas até então próprias de programas específicos. Por outro lado, também induziria as empresas a reverem seus procedimentos e avaliarem seus impactos com vistas a alcançarem uma maior eficiência ambiental. Porém, com exceções setoriais, a renovação da licença de operação até o momento não parece ter trazido o dinamismo que se esperava no aperfeiçoamento do instrumento, e acabou por seguir a lógica burocrática normativa do licenciamento ambiental restrito à conformidade legal, sem fomentar avanços significativos no desempenho ambiental das empresas. Todavia, a renovação do licenciamento acabou por representar sim um incremento importante na arrecadação do estado.

Como bem observa Morgan et al,[42] na discussão sobre os principais problemas da prática atual da renovação de licenças ambientais em outros países e os possíveis caminhos para melhorá-la, é comum a existência de divergências nas expectativas dos atores sobre qual deve ser o futuro do licenciamento ambiental. Na raiz dessas diferentes interpretações dos principais problemas e respectivas soluções, observam-se não apenas diferentes interesses e crenças, mas também a requalificação profissional.

Não obstante, alguns avanços podem ser percebidos. Assim, cabe finalmente apresentar como, no contexto do licenciamento renovável, foram estabelecidos procedimentos que permitiram a particularização das regras para alguns setores produtivos ou atividade econômica licenciável, como no caso do setor sucroalcooleiro relatado a seguir.

4. A RENOVAÇÃO DAS LICENÇAS AMBIENTAIS NO SETOR SUCROALCOOLEIRO

Em dezembro de 2008, o Secretário de Estado do Meio Ambiente, considerando a necessidade do estabelecimento de normas e critérios para a modernização do licenciamento ambiental; de modo a garantir que estes sejam executados de forma

---

41. KUNGLIAUSKAS, 2013.
42. MORGAN et al, 2012.

a resguardar o meio ambiente ecologicamente equilibrado, nos termos do disposto no artigo 192 da Constituição do estado de São Paulo; e tendo em vista a crescente expansão da atividade canavieira e sua importância na economia paulista, finalmente incorpora os novos instrumentos de regulação para o setor. Esta iniciativa respondeu à necessidade de uma mais adequada avaliação dos impactos ambientais associados produzidos pelo setor, inclusive os cumulativos, bem como a consequente definição de medidas efetivas para sua mitigação (SMA, 2008).

Desta forma, por meio da Resolução SMA 88/2008 (SMA, 2008), foram aprimorados os procedimentos de licenciamento ambiental dos empreendimentos sucroalcooleiros, diferenciando-os em função das características próprias do território onde estejam instalados, e regulamentando devidamente os critérios técnicos para a fixação de novas condicionantes e exigências em processos de licenciamento ambiental, inclusive quando de sua renovação.

Na realidade esse dispositivo vem na sequência de uma série de acordos voluntários, denominados "Protocolos Agroambientais", firmados entre a Secretaria de Estado da Agricultura e Abastecimento e a então Secretaria do Meio Ambiente, com diversos setores da agroindústria canavieira, para a adoção de ações destinadas a consolidar o desenvolvimento sustentável do setor sucroenergético no estado. Assim, a nova regulamentação define critérios para renovação das licenças, inclusive aproveitando a possibilidade de concessão do benefício da extensão do prazo de validade da LO, com base no atendimento a critérios específicos, dentre os quais o cumprimento dos mencionados Protocolos Agroambientais.

Neste ínterim, destacam-se os termos do artigo 8º da Resolução SMA 88, segundo qual, para a renovação de Licença de Operação dos empreendimentos já licenciados, o empreendedor passará a apresentar um Plano de Adequação às condicionantes estabelecidas na citada Resolução, para a área correspondente, sendo que: i) para as usinas que estejam em conformidade com o Protocolo Agroambiental, o prazo para implementação do Plano de Adequação poderá ser de até 15 (quinze) anos; e ii) para as demais usinas, os prazos de implementação do Plano de Adequação deverão ser implementado de acordo com as regras de renovação vigentes.

Adicionalmente, conforme o artigo 9º, as usinas que tenham cumprido integralmente as condicionantes e as recomendações da Licença de Operação e das renovações, poderão ter o prazo de renovação ampliado em 1/3 (um terço) em relação ao prazo máximo estabelecido no Decreto Estadual 8.468/1976 e suas alterações. Com esta determinação finalmente regulamenta-se a renovação do licenciamento ambiental com foco na melhoria contínua e na performance ambiental negociada do empreendimento.

Em continuidade às ações desenvolvidas em Protocolos Agroambientais firmados, em junho de 2017 foi estabelecido o Protocolo Etanol Mais Verde, evolução do anterior Protocolo Etanol Verde, de 2007. Nesta nova versão são reconhecidos os avanços obtidos na versão anterior, se consolidam as boas práticas de sustentabilidade na cadeia de produção sucroenergética paulista, e são definidas 10 novas Diretivas Técnicas, a serem desenvolvidas pelas usinas e fornecedores de cana signatários do Protocolo, referentes a:[43]

a. Eliminação da Queima;

b. Adequação à Lei Federal 12.651/2012;

c. Proteção e Restauração das Áreas Ciliares;

d. Conservação do Solo;

e. Conservação e Reuso da Água;

f. Aproveitamento dos Subprodutos da Cana-de-Açúcar;

g. Responsabilidade Socioambiental e Certificações;

h. Boas Práticas no Uso de Agrotóxicos;

i. Medidas de Proteção à Fauna;

j. Prevenção e Combate aos Incêndios Florestais.

Cada uma destas Diretivas é detalhadamente descrita e tem suas condições de atendimento e metas especificadas na Resolução Conjunta SMA/SAA 3, de 6 de abril de 2018, que aprova o regulamento das Diretivas Técnicas do Protocolo Agroambiental "Etanol Mais Verde", conforme elaborado pelo Grupo Executivo constituído pela Resolução Conjunta SMA/SAA 4, de 8 de novembro de 2017, celebrada entre a então Secretaria de Estado do Meio Ambiente e a Secretaria de Agricultura e Abastecimento.

Cabe ressaltar que o Protocolo Agroambiental do Setor Sucroenergético tem recebido significativa adesão por parte das empresas, tanto aquelas produtoras de açúcar e álcool[44] como dos próprios produtores de cana-de-açúcar.[45]

Para o ciclo 2020 (safra 2020/2021), os dados da SIMA[46] indicam 130 empresas signatárias, correspondendo a 84% das usinas e 50% dos fornecedores de cana do estado. Em relação aos resultados obtidos, destaca-se que desde o início do Protocolo já foi evitada a emissão de 11,8 milhões de t CO2eq., além de 71 milhões de toneladas de poluentes atmosféricos primários (monóxido de carbono, material particulado e hidrocarbonetos). Em comparação com a safra de 2010/ 2011, em 2020 se verificou também uma redução de 46% no consumo de água nas empresas signatárias, além de diversos outros benefícios ambientais relacionados à proteção de nascentes e matas ciliares, ações socioambientais, dentre outras medidas. Destaca-se ainda que esta foi uma iniciativa pioneira no Brasil, e que sua área de abrangência se restringe ao estado de São Paulo.

---

43. SIMA, 2021a.
44. A relação das usinas aderentes encontra-se disponível em: https://smastr16.blob.core.windows.net/etanol-verde/sites/28/2021/06/usinas-cfa_maio_31_2021.pdf.
45. A lista atualizada de fornecedores de cana signatários encontra-se disponível em: https://smastr16.blob.core.windows.net/etanolverde/sites/28/2021/07/associacao-cfa-julho-2021.pdf.
46. SIMA, 2021b.

5. CONCLUSÃO

Conforme apresentado ao longo deste capítulo, é possível perceber a importância de se avançar na chamada "administração científica do meio", ou seja, na aplicação dos conhecimentos técnico-científicos à solução dos problemas ambientais. Não basta apenas aplicar os padrões de emissão estabelecidos em lei, é preciso ir além, e este avanço só acontecerá com ações conjuntas entre o Poder Público e a iniciativa privada, com apoio de universidades e instituições de pesquisa aptas a enfrentar este desafio.

Dentre estas oportunidades que se apresentam, dá-se destaque à modernização do processo de licenciamento ambiental. Mais que um procedimento cartorial, este deve ser uma ferramenta dinâmica tanto de autorização da instalação como da operação de empreendimentos, acoplada a mecanismos capazes de realizar o acompanhamento do cumprimento das exigências realizadas, de modo a assegurar que estas conduzam à salvaguarda da qualidade ambiental.

Neste contexto, espera-se que o processo de licenciamento possa acompanhar o rumo da própria gestão ambiental empresarial em alguns setores, evoluindo para a tomada de decisões motivadas por resultados da medição e avaliação de desempenho. Entretanto, não é bem esse o cenário que se vislumbra, nas incessantes iniciativas do Legislativo Federal em alterar a legislação sobre o licenciamento ambiental, descuidando das conquistas alcançadas e ignorando as perspectivas de evolução aqui sugeridas.

O advento da renovação do licenciamento no estado de São Paulo trouxe, por sua vez, a possibilidade de alteração das condições de operação exigidas pelo poder público entre sucessivos licenciamentos de um mesmo empreendimento, com evidentes benefícios não apenas ao empreendedor, mas também à qualidade da prestação do serviço público. No caso, o marco legal necessário já está estabelecido há quase vinte anos, e já há precedentes na criação de regras para sua operacionalização.

Este aperfeiçoamento, mais do que um mero avanço administrativo, representa uma verdadeira mudança de paradigmas, pois permite vincular o processo de licenciamento ao impacto no meio ambiente, além de estimular, por mecanismos de mercado, as empresas a melhorar seu desempenho ambiental de modo contínuo. Além disso, mais do que estabelecer regras a serem cumpridas pelo empreendedor, inaugurou também a possibilidade, por parte do Poder Público, de discutir junto aos representantes do empresariado as condições de métrica e aplicação desta ferramenta, como nos acordos negociados setorialmente, como no caso do Protocolo Agroambiental Etanol mais Verde aqui mencionado.

Enfim, são outros critérios, novos procedimentos, mas fala-se na essência de novas potencialidades do licenciamento ambiental, instrumento preventivo e central em uma política pública de meio ambiente, atualmente em risco de sofrer retrocessos. Muito há que defender e se fazer, e como se pode perceber no exemplo do estado de São Paulo, um primeiro passo já foi dado.

O sucesso, no entanto, dependerá agora da capacidade de instituições, tanto públicas como privadas, em desempenharem seu papel e do apoio que a sociedade civil der aos caminhos de uma sociedade mais sustentável.

6. REFERÊNCIAS

ABNT – ASSOCIAÇÃO BRASILEIRA DE NORMAS TÉCNICAS. ABNT NBR ISO 14.031 – Gestão ambiental – avaliação do desempenho ambiental – diretrizes. Rio de Janeiro: ABNT, 2004.

BRASIL. Lei Federal 6.938, de 31 de agosto de 1981. Diário Oficial [da] República Federativa do Brasil, Poder Executivo, Brasília, DF, 2 set. 1981. Seção I, v. 119, fasc. 167, p. 16509.

CETESB – COMPANHIA AMBIENTAL DO ESTADO DE SÃO PAULO. Renovação das Licenças de Operação dos Empreendimentos Prioritários – Termo de Referência para a padronização das Condicionantes de Operação. São Paulo: CETESB, 2005.

CETESB – COMPANHIA AMBIENTAL DO ESTADO DE SÃO PAULO. Decisão de Diretoria 236/2007/P, de 28 de dezembro de 2007. São Paulo: CETESB, 2007.

FROSCH, Robert A. (Coord.). *Industrial environmental performance metrics* – challenges and opportunities. Washington: National Academy of Science, 1999.

GRANZIERA, Maria Luiza Machado. *Direito Ambiental*. 5. ed. Indaiatuba: Foco, 2019.

GRÜTTER, Jürg M. *Potenciales de producción limpia em américa latina* – metodología y primeros resultados en base de un quick assessment. Heldswill: UNDSD, 1999.

GUATARI, Félix. *As três ecologias*. São Paulo: Papirus, 2000.

GUIMARÃES, Paulo C. V.; MACDOWELL, Silvia F.; DEMAJOROVIC, Jacques. Fiscalização em meio ambiente no Estado de São Paulo. Política Ambiental e Gestão Pública dos Recursos Naturais – *Cadernos FUNDAP*. São Paulo: FUNDAP, n. 20, p. 35-45, 1996.

HAFNER, Andrea M. *O licenciamento ambiental no Brasil na prática*. Curitiba: Appris, 2017.

ISA – Instituto Socioambiental. Seminário discute polêmica do licenciamento ambiental. Disponível em: https://www.socioambiental.org/pt-br/noticias-socioambientais/seminario-discute-polemica-do-licenciamento-ambiental. Acesso em: 20 jul. 2021.

MACHADO, Paulo Afonso Leme. *Direito Ambiental Brasileiro*. São Paulo: Malheiros, 2009.

MMA – Ministério do Meio Ambiente. Resolução CONAMA 237, de 19 de dezembro de 1997. 1997. Disponível em: http://www2.mma.gov.br/port/conama/res/res97/res23797.html. Acesso em: 02 ago. 2021.

MORGAN, R. K.; HART, A.; FREEMAN, C.; COUTTS, B.; COLWILL, D.; HUGHES, A. Practitioners, professional cultures, and perceptions of impact assessment. *Environmental Impact Assessment Review*, v. 32, n. 1, p. 11-24, 2012.

PADULA, R. C.; SILVA, L. P. Gestão e licenciamento ambiental no Brasil: modelo de gestão focado na qualidade do meio ambiente. *Cadernos EBAPE.BR*, v. 3, n. 3, p. 01-15, 2005.

REI, Fernando Cardozo Fernandes. A possibilidade de avaliação ambiental complementar na renovação do licenciamento no Estado de São Paulo. *Revista de direitos difusos*, 35. p. 29-35, São Paulo, 2006.

REI, Fernando Cardozo Fernandes. São Paulo State's Initiatives Towards Achieving Sustainable Growth Through Cleaner Production. *First International Workshop Advances in Cleaner Production*, 2007, São Paulo. Proceedings... São Paulo: Cadernos de Estudos e Pesquisas UNIP, 2007.

RIBEIRO, Flávio de Miranda. Evolução das estratégias de gestão ambiental: incorporação da cidadania na produção e consumo sustentáveis. In: MARTINS, Rosana; PEDROSO, Maria Goretti; PINTO, Tabajara Novazzi (Org.). *Direitos Humanos, Segurança Pública & Comunicação*. São Paulo: ACADEPOL, 2007.

RIBEIRO, Flávio de Miranda; KRUGLIANSKAS, Isak. Reforma da regulação ambiental: Estudo de caso da licença de operação renovável em São Paulo. *4th International Workshop Advances in Cleaner Production*, 2013, São Paulo. 4th International Workshop: Advances in Cleaner production, 2013.

SÃO PAULO (Estado). Decreto 47.397, de 4 de dezembro de 2002. Diário Oficial [do] Estado de São Paulo, Poder Executivo, São Paulo, 5 Dez. 2002a. Seção I, p. 3.

SÃO PAULO (Estado). Decreto 47.400, de 4 de dezembro de 2002. Diário Oficial [do] Estado de São Paulo, Poder Executivo, São Paulo, 5 Dez. 2002b. Seção I, p. 3.

SMA – SECRETARIA DE MEIO AMBIENTE DO ESTADO DE SÃO PAULO. Resolução SMA 88, de 19 de dezembro 2008. Disponível em: https://www.cetesb.sp.gov.br/licenciamento/documentos/2008_Res_SMA_88.pdf. Acesso em: 15 jul. 2021.

SMA – SECRETARIA DE MEIO AMBIENTE DO ESTADO DE SÃO PAULO. Resolução Conjunta SMA/SAA 3, de 6 de abril de 2018. Disponível em https://www.infraestruturameioambiente.sp.gov.br/legislacao/2018/04/resolucao-conjunta-sma-saa-03-2018/. Acesso em: 16 jul. 2021.

SIMA – SECRETARIA DE INFRAESTRUTURA E MEIO AMBIENTE DO ESTADO DE SÃO PAULO. Etanol Verde. Página Internet institucional. Disponível em: https://www.infraestruturameioambiente.sp.gov.br/etanolverde/. Acesso em: 03 ago. 2021. 2021a.

SMA – SECRETARIA DE MEIO AMBIENTE DO ESTADO DE SÃO PAULO. Protocolo Agroambiental Etanol mais Verde – Resultados do ciclo 2020. Disponível em: https://smastr16.blob.core.windows.net/etanolverde/sites/28/2021/04/2021_saa-comunicacao_protocolo-agroambiental-etanol-mais--verde.pdf . Acesso em: 03 ago. 2021. 2021b.

THOMAZI, A. et al. *Licenciamento Ambiental no Brasil: uma amostra para reflexão. Monografia de Especialização em Gestão Ambiental*. UNICAMP, Campinas. 2001.

TORRES, Eduardo Mc Mannis. *Fundamentos legais e econômicos aplicados aos processos de gestão ambiental nas indústrias*. Brasília: SENAI, 2004.

USSIER, L. F.; ARAUJO, M. R. R.; GONÇALVES, R. F.P.; CAMPANATTI, V. *Gestão do meio ambiente: longo caminho até a incorporação dos princípios de melhoria contínua de desempenho ambiental no processo de licenciamento*. Monografia apresentada à Faculdade de Engenharia Mecânica da UNICAMP para obtenção do título de Especialista em Gestão Ambiental. Campinas: UNICAMP, 2005.

VAN ACKER, Francisco Thomas. *Licenciamento Ambiental*. São Paulo: [s.n.], [2008].

VIEIRA, Paulo Freire. Apresentação. Apud LEFF, Enrique. *Epistemologia ambiental*. São Paulo: Cortez, 2001.

VILELA, A., DEMAJAROVIC, J. *Modelos e Ferramentas de Gestão Ambiental*. São Paulo: Senac, 2010.

RISCOS DE LITIGÂNCIA CLIMÁTICA NO LICENCIAMENTO AMBIENTAL

Fernando Rei

Kamyla Cunha

1. INTRODUÇÃO

Em pleno século XXI, o mundo se vê diante de um dos mais graves e complexos desafios à sociedade humana – a emergência climática. Esse alerta tem sido reforçado não apenas pelas reiteradas pesquisas e comprovações científicas sobre o aquecimento global, assim como a ocorrência, cada vez mais comum, de eventos climáticos extremos, tais como períodos de seca agudos e prolongados, verões intensos em regiões temperadas, ondas de calor etc.

Com efeito, Artaxo e Rodrigues[1] alertam que nunca se mostrou tão urgente a ação concertada entre governos, empresas e a sociedade em geral no enfrentamento das mudanças climáticas globais, seja para frear o aumento médio das temperaturas da superfície terrestre, seja para criar as condições de resiliência às alterações climáticas já sentidas e as por vir.

Contudo, a urgência da resposta às mudanças climáticas globais não tem encontrado uma rápida resposta por parte dos governos e dos principais emissores. Diante da lenta resposta política, regulatória e econômica vista em muitos países, ganha força e relevância a litigância climática.

Como ensinam Setzer, Cunha & Botter Fabri,[2] a litigância climática relaciona-se às ações judiciais e administrativas que envolvem, direta ou indiretamente, questões relacionadas às mudanças climáticas. Tais ações contemplam uma variedade de casos, dentre os quais, a exigência de inserção da mudança do clima como variável a ser considerada nos processos de licenciamento ambiental.

Dada a relevância do tema, este capítulo tem como objetivo abordar a relevância dos casos de litigância climática envolvendo o licenciamento ambiental para o combate às mudanças climáticas globais. Para tanto, primeiramente, buscou-se apresentar como o licenciamento tem sido abordado nos casos de litigância climática de forma geral. Procurou-se também detalhar alguns casos mais emblemáticos, de modo a exemplificar os argumentos adotados. A partir desse panorama, buscou-se avaliar o potencial de litigância climática relacionada ao licenciamento ambiental no Brasil. Ao final, algumas considerações foram tecidas.

---

1. ARTAXO e RODRIGUES, 2019.
2. SETZER, CUNHA & BOTTER FABRI, 2019.

2. LITIGÂNCIA CLIMÁTICA E LICENCIAMENTO AMBIENTAL

A litigância climática tem ganhado força no mundo e, mais recentemente, no Brasil, como uma estratégia que visa ao combate às mudanças climáticas em vários níveis – forçar, no caso concreto, ações específicas de mitigação e/ou adaptação às mudanças climáticas e, ao fazê-lo, pressionar por mudanças regulatórias e políticas nos governos e empresas.[3]

Como pontua Preston,[4] a litigância climática, quando vista a partir de uma abordagem estratégica, permite que indivíduos e instituições busquem atendimento a direitos específicos desrespeitados; pressiona os governos para avançar nas medidas de governança climática; provoca o Poder Judiciário a enfrentar discussões sobre os múltiplos níveis de políticas públicas em que se dá à governança, buscando clarificar em que medida é possível potencializar as esferas de cooperação e onde é preciso evitar sobreposições desnecessárias; força as empresas para a mudança de comportamento em relação às suas responsabilidades e emissões; e, por fim, amplia o engajamento da opinião pública sobre o assunto.

A litigância climática estratégica tem assumido uma diversidade de caminhos, conforme crescem os casos ao redor do mundo. Dentre esses, os mais comuns são o que Osofsky & Peel[5] denominam como *"procedural statutory interpretation"*, isto é, casos que focam nos procedimentos e normas nacionais ou subnacionais já existentes e, a partir deles, buscam não só forçar implementação de medidas de mitigação e/ou adaptação, como, principalmente, garantir que os impactos das emissões de gases de efeito estufa (GEE) sejam rotineiramente internalizados nos processos de avaliação de impacto ambiental e/ou de planejamento.

Trata-se de uma estratégia *bottom-up*, cuja lógica baseia-se num número significativo de casos, ainda que de magnitude pequena, a exigirem a consideração da mudança do clima em procedimentos comuns, forçando, com isso, o aprimoramento da governança climática de uma forma mais estrutural. Um dos exemplos mais comuns desse tipo de estratégia é o questionamento de processos de licenciamento ambiental que não consideraram a mudança do clima.[6]

Em geral, as ações judiciais baseadas no licenciamento ambiental fundamentam-se na exigência de inserção da variável climática nas avaliações e estudos de impacto ambiental (EIA). A exigência de incorporar a mudança do clima nos EIAs, inclusive, está na origem da própria litigância climática. Como informam Banda & Fulton,[7] os primeiros casos tanto nos EUA quanto na Austrália, referiam-se a ações judiciais que questionavam os licenciamentos de projetos de mineração de carvão e/ou de usinas termoelétricas baseadas neste combustível, tomando como argumento a ausência

---

3. PEEL & OSOFSKY, 2015.
4. PRESTON, 2016.
5. OSOFSKY & PEEL, 2015.
6. OSOFSKY & PEEL, 2015.
7. BANDA & FULTON, 2017.

de avaliação da contribuição desses empreendimentos para as emissões globais de GEE. Os mesmos autores também mencionam a emergência de casos de litigância que tomam como ponto de partida o questionamento das licenças (ambientais/urbanas) de empreendimentos imobiliários emitidas sem considerar os riscos climáticos e a vulnerabilidade desses projetos aos impactos estimados.

Setzer & Byrnes[8] destacam que o questionamento judicial do licenciamento ambiental em ações de litigância climática, independentemente de seu desfecho, tem muita relevância como estratégia de fortalecimento da governança climática. Em primeiro lugar, em muitos casos, leva a efetiva mitigação das emissões de GEE, pela determinação, pelo Poder Judiciário, da proibição de implantação do projeto ou da exigência de adaptações no mesmo. Em segundo lugar, os casos ajudam a criar narrativas, ocupando os espaços públicos de formação de opinião.

Osofsky & Peel[9] reforçam que, como estes casos tomam a legislação em vigor como base e forçam a sua intepretação em favor da inclusão da mudança do clima, acabam por forçar uma reconfiguração (*reshape*) da governança climática.

Setzer & Byrnes[10] também apontam que esse tipo de estratégia de litigância climática também tem provocado mudança nas práticas das empresas, em especial, as grandes emissoras. Essas ações impactam de diferentes formas - pelos riscos de imagem que causam, pelos efeitos na avaliação de risco do investimento feita pelos financiadores e pelo mercado financeiro, pelos desdobramentos nos *ratings* de avaliação de performance das empresas etc. Osofsky & Peel[11] reforçam este ponto ao afirmarem que:

> "(...) este litígio se tornou cada vez mais comum ao longo do tempo, resultando não apenas em decisões judiciais para que as emissões de gases de efeito estufa fossem incluídas na revisão ambiental, mas também em mudanças na cultura corporativa em torno do desenvolvimento de projetos" (tradução livre)[12]

3. CASOS DE LITIGÂNCIA CLIMÁTICA E O LICENCIAMENTO AMBIENTAL

Segundo a base de dados do *Grantham Research Institute on Climate Change and Environment*, da *London School of Economics*,[13] havia, até o início de julho de 2021, mais de 1850 casos de litigância em tramitação no mundo como um todo, condensando uma diversidade de abordagens e estratégias. Desse total, buscou-se destacar alguns que colocam o licenciamento como base argumentativa, conforme detalha a Tabela 1.

---

8. SETZER & BYRNES, 2020.
9. OSOFSKY & PEEL, 2015.
10. SETZER & BYRNES, 2020.
11. OSOFSKY & PEEL, 2015.
12. OSOFSKY & PEEL, 2015, p. 74.
13. GRICCE, 2021a.

Tabela 1 – Casos de litigância relacionados aos processos de licenciamento ambiental

PAÍS	POLO ATIVO	POLO PASSIVO	PEDIDO	ARGUMENTO	STATUS
GUIANA	Quadad de Freitas e Troy Thomas – indivíduos	Governo da Guiana	Proibição de licenças de exploração de petróleo que irão exacerbar a mudança do clima	Concessão de licenças de exploração de petróleo contrariam os direitos constitucionais. Violação das leis ambientais por não ter considerado os impactos no clima	Caso decidido. Corte redução período da licença para 5 anos.
África do Sul	SDCEA e GroundWork (ONGs)	Ministério de Florestas, Pesca e Meio Ambiente	Revogação de licença ambiental para uma UTE a GN de 3000 MW	O estudo de impacto ambiental não analisou adequadamente os impactos da UTE, falhando em não adotar uma análise de ciclo de vida	Petição inicial protocolada em abril 2021
França	Friends of Earth (ONG)	Governo de Bouches-du--Rhone	Suspensão de licença para um unidade de biorefinaria a partir do óleo de palma	A autorização foi tomada sem considerar uma avaliação de impacto no clima. A decisão foi tomada com base em informação insuficiente	Decisão dada em março de 2021 que parcialmente acata o pedido, ordenando um novo estudo sobre os impactos cumulativos diretos e indiretos dos efeitos climáticos da bio-refinaria
Reino Unido	ClientEarth (ONG)	Secretaria de Estado – UK	Revogação de autorização para uma UTE a GN	Alega que o governo agiu ilegalmente ao aprovar uma nova UTE a GN sem considerar parecer da Autoridade de Planejamento recomendando a sua não construção por conta dos impactos do clima e sem considerar o compromisso do país com zero emissões em 2050.	Caso decidido. A Corte entendeu que o caso envolve questões de política pública (policy) o que requer balanceamento dos interesses envolvidos e a ponderação do interesse público versus as metas climáticas do país. Decidiu que o governo considerou os impactos no clima.
Noruega	Greenpeace Noruega, Nature and Youth	Governo da Noruega	Revogação das autorizações para exploração de petróleo no Mar do Norte	Autorizações não consideraram impactos no clima e no ecossistema ártico. Levantam argumentos como: Responsabilidade extraterritório pelas emissões (tendo em vista que a maior parte do petróleo extraído será exportado) Ativos encalhados: avaliação do EIA não considerou os impactos econômicos de longo prazo, com a perda de rentabilidade da exploração petroleira pelos ativos encalhados	Caso decidido. Pedido negado.
Austrália	Conservation Council of Western Australia ONG)	Governo e Woodside Petroleum	Revogação de licença por falta de avaliação do impacto ambiental e climático de 2 plantas de geração a GN	A EPA (agencia ambiental) modificou licença ambiental sem requerer estudos prévios, como a avaliação de impacto no clima	Petição inicial protocolada em Dez 2020

RISCOS DE LITIGÂNCIA CLIMÁTICA NO LICENCIAMENTO AMBIENTAL | 101

PAÍS	POLO ATIVO	POLO PASSIVO	PEDIDO	ARGUMENTO	STATUS
Canadá	Ecology Action, Sierra Club, WWF, Ecojustive	Governo do Canadá	Revogação de autorização para perfuração de petróleo	Uma falha na avaliação dos riscos de perfuração exploratória de petróleo e gás na costa de Newfoundland e Labrador. O pedido de revisão afirma que a Agência de Avaliação de Impacto do Canadá se baseou em um relatório de avaliação deficiente para completar a avaliação de perfuração exploratória offshore na região sob a Lei de Avaliação de Impacto. Os reclamantes afirmam, entre outras coisas, que um aumento na exploração offshore de petróleo e gás ameaça o compromisso do Canadá de atingir emissões líquidas zero até 2050.	Petição inicial protocolada em maio 2020
Estônia	Fridays for Future	Town of Narva-Jõesuu (Government) Eesti Energia (Corporation)	anular licença concedida ao grupo energético estatal Eesti Energia para construção de nova usina de óleo de xisto	A prefeitura de Narva-Jõesuu emitiu a licença de construção sem avaliar adequadamente seus impactos climáticos e os compromissos assumidos no Acordo de Paris, bem como o objetivo da União Europeia de atingir a neutralidade climática até 2050	Petição inicial protocolada em abril 2020
Argentina	Organización de Ambientalistas Autoconvocados	Araucaria Energy SA	Parar o projeto de uma UTE	EIA está fraudado, a planta de geração está inconsistente com os acordos internacionais dos quais o país é signatário	Petição inicial protocolada em janeiro 2018
Argentina	ONGs e indivíduos	APR Energy S.R.L	Parar o projeto de uma UTE Matheu III	EIA está fraudado, a planta de geração está inconsistente com os acordos internacionais dos quais o país é signatário	Petição inicial protocolada em dez 2017
Argentina	ONGs e indivíduos	APR Energy S.R.L	Parar o projeto de uma UTE Matheu II	EIA está fraudado, a planta de geração está inconsistente com os acordos internacionais dos quais o país é signatário	Petição inicial protocolada em nov 2017
Argentina	Carballo e outros (ONGS e indivíduos)	Estado de Buenos Aires, Agência Provinciana de Desenvolvimento Sustentável	Parar projetos termelétricos	Alegação de irregularidades no licenciamento ambiental de uma usa termelétrica, incluindo o argumento de não avaliação dos acordos internacionais de clima	Petição inicial protocolada em out 2017
Argentina	ONGs e indivíduos	UGEN S/A, MASU S.A., General Electric	Parar o projeto de uma UTE	EIA está fraudado, a planta de geração está inconsistente com os acordos internacionais dos quais o país é signatário	Petição inicial protocolada em jun 2017
Argentina	FOMEA (ONG)	UGEN S/A, Rio Energya S/A Electric	Parar o projeto de uma UTE	EIA está fraudado, a planta de geração está inconsistente com os acordos internacionais dos quais o país é signatário	Petição inicial protocolada em maio 2017

Fonte: baseado em GRICCE, 2021a.

Para além das ações listadas na Tabela 1, importa destacar três casos específicos, por conta dos argumentos que engendram.

O primeiro foi uma ação impetrada, em 2015, pela ONG *EarthLife Africa Johannesburg* contra o Ministério de Relações Ambientais da África do Sul, exigindo o cancelamento de um projeto de uma usina termoelétrica a carvão mineral de 1200 MW. O principal argumento levantado baseou-se na ausência de considerações relativas aos impactos do projeto sobre as emissões de GEE, o que contrariava as orientações da Lei Nacional de Gestão Ambiental. A ação chegou até a Suprema Corte do país, cuja decisão final, emitida em novembro de 2020, reconheceu que o silêncio da avaliação de impacto ambiental sobre os impactos climáticos do empreendimento invalidava as autorizações dadas ao empreendimento, não só por contrariar a Lei Nacional de Gestão Ambiental, como também porque a consideração das emissões de GEE dos projetos no país passa a ser necessária como medida de implementação dos compromissos assumidos pela África do Sul com sua adesão ao Acordo de Paris.[14]

Vale mencionar ação semelhante intentada no Quênia, em 2016, pela ONG Save Lamu, contra a Autoridade Nacional de Gestão Ambiental e a empresa Amu Power Co Ltd. A ação também questionou a validade da licença emitida para a construção da primeira usina termoelétrica a carvão projetada no país com base na ausência de inclusão, nos estudos de impacto ambiental, de avaliação dos efeitos das emissões de GEE do empreendimento na mudança do clima global. A decisão final, dada em junho de 2019 pelo Tribunal Nacional Ambiental decidiu pela nulidade das autorizações emitidas.[15]

Como explica UNEP,[16] o que chama atenção no caso queniano é que, além de basear-se na legislação e nas normativas específicas sobre o rito do licenciamento, a decisão final explicitamente usou como fundamento as diretrizes da Lei de Mudança do Clima do Quênia de 2016. Trata-se de um caso que reforça o papel desse tipo de estratégia de litigância, que, ao forçar o Poder Judiciário a interpretar as normas climáticas, fortalece o arcabouço normativo e a governança relativos à mudança do clima.

Outro caso que merece ser mencionado é a ação promovida pela ONG WildEarth Guardians contra o Bureau de Gestão Territorial dos EUA, solicitando o cancelamento de mais de 478 arrendamentos em cerca de 150 mil acres de terra para exploração de petróleo e gás, levantando, dentre outros argumentos, o da falta de avaliação dos impactos *cumulativos* no clima dessa medida.[17] Em meados de 2020, a Corte do Estado de Montana publicou sua decisão, acatando os argumentos dos autores.

O que interessa nessa decisão foi o modo como interpretou a obrigatoriedade, imposta pela Lei Nacional de Proteção Ambiental, de avaliação dos impactos cumu-

---

14. GRICCE, 2021b, SETZER & BYRNE, 2020.
15. GRICCE, 2021c.
16. UNEP, 2021.
17. CLIMATECHART, 2021.

lativos de um empreendimento, à luz das mudanças climáticas. Vale transcrever a interpretação dada pela Corte de Montana especificamente neste ponto:

> "A mudança climática certamente apresenta desafios únicos na análise de impacto cumulativo. O argumento de BLM, no entanto, falha por uma série de razões em buscar persuadir este Tribunal de que satisfez a NEPA. Para começar, esses desafios únicos não eliminam a necessidade de seguir a jurisprudência do Ninth Circuit. Esta jurisprudência exige um catálogo de projetos antigos, presentes e razoavelmente previsíveis. (...) Além disso, embora o BLM não possa determinar exatamente como todos esses projetos contribuem para os impactos das mudanças climáticas sentidos na área do projeto, ele sabe que menos emissões de gases de efeito estufa é igual a menos mudanças climáticas. (...) Terceiro, a natureza em grande escala das questões ambientais, como a mudança climática, mostra por que a análise de impactos cumulativos se mostra vital para a análise geral do NEPA. A análise de impactos cumulativos foi projetada precisamente para determinar se "uma pequena quantidade aqui, uma pequena quantidade ali e ainda outra mais em outro ponto poderia resultar em algo com um impacto muito maior." Klamath-Siskiyou, 387 F.3d at 994. A natureza global da mudança climática e das emissões de gases de efeito estufa significa que qualquer venda de arrendamento individual ou projeto BLM provavelmente representará uma porcentagem insignificante das emissões de gases de efeito estufa estaduais e nacionais. (...) Assim, se o BLM algum dia espera determinar o verdadeiro impacto de seus projetos sobre as mudanças climáticas, ele pode fazê-lo apenas olhando os projetos em combinação uns com os outros, não simplesmente no contexto das emissões estaduais e nacionais. (...) Sem fazer isso, o "tomador de decisão" relevante não pode determinar "se, ou como, alterar o programa para diminuir os impactos cumulativos" nas mudanças climáticas. (...) A natureza global das mudanças climáticas complica uma avaliação dos impactos exatos das mudanças climáticas das vendas de arrendamento. Esta complicação não impede o BLM de cumprir o mandato do Ninth Circuit de catalogar projetos passados, presentes e razoavelmente previsíveis" (tradução livre).[18]

Por fim, cabe citar a ação judicial movida pelo *Greenpeace Nordic Association* e pela *Nature & Youth* contra o governo da Noruega. A ação requer a nulidade de licenças concedidas pelo Ministério de Petróleo e Energia da Noruega a empresas petrolíferas para exploração de blocos de petróleo e gás natural localizados no Mar de Barent, ao norte do país. Em resumo, a ação funda-se no argumento de que a concessão das licenças de produção levará a impactos ambientais significativos de duas naturezas – uma referente ao aumento das emissões de gases de efeito estufa (GEE), seja internamente no país por conta das atividades de exploração, seja externamente pela queima dos combustíveis que serão produzidos; e outra relativa aos impactos ambientais locais e regionais provocados num dos ecossistemas mais sensíveis do mundo – o ártico.

Um dos argumentos mais inovadores adotados pelos autores é o de que as licenças foram concedidas com base em avaliação de impacto ambiental incompleta, porque não analisou o impacto climático da atividade petrolífera, inclusive no que tange aos impactos socioeconômicos. Os autores argumentam que a análise de impacto econômico ignorou o risco de prejuízo ou baixa rentabilidade da produção petrolífera autorizada. Para tanto, argumentou-se que a maior parte do investimento

---

18. CLIMATECHART, 2021, p. 28.

inicial para a exploração no Mar de Barents seria arcada pela sociedade norueguesa, já que demandaria altos recursos, inclusive governamentais, relacionados à construção de toda uma nova infraestrutura de exploração. O retorno desses investimentos, contudo, viria apenas no médio e no longo prazos, períodos em que provavelmente o mercado de petróleo e gás natural estará em decadência. Para tanto, os autores incluem aos autos um conjunto de informações que reforçam a transição energética global, a priorização, por parte de várias nações, inclusive a Noruega, de pesquisa e inovação em combustíveis alternativos, e projeções de comportamento futuro do mercado de combustíveis fósseis. Ao fim e ao cabo, os autores argumentam que não foi considerado o risco de que o investimento feito na abertura de novas áreas de exploração resultasse num conjunto de ativos encalhados (*stranded assets*), em prejuízo econômico de toda a sociedade norueguesa.[19]

4. LITIGÂNCIA CLIMÁTICA E LICENCIAMENTO NO BRASIL

Previsto no art. 9º da Política Nacional do Meio Ambiente (PNMA) (Lei 6.938/1981), o licenciamento ambiental figura entre os principais instrumentos de governança ambiental do Brasil. Como ensina Granziera,[20] o licenciamento ambiental alicerça-se no poder de polícia ambiental, revelando-se uma expressão do poder-dever do Estado de proteção do meio ambiente e dos princípios da prevenção e precaução.

Com efeito, os princípios da prevenção e da precaução encontram concretude no licenciamento ambiental por meio da realização dos estudos de impacto ambiental (EIA), exigidos, nos termos da Constituição Federal de 1988, art. 225, § 1º, IV, para as obras ou atividades potencialmente causadoras de significativa degradação do meio ambiente.

O EIA condensa uma série de estudos, avaliações e análises técnicas e científicas, com o objetivo precípuo de levantar o nível do risco que determinada atividade ou empreendimento impõe sobre o meio ambiente. Conforme explica Leite,[21]

> "Um exemplo típico da atuação preventiva é o instrumento do Estudo Prévio do Impacto Ambiental (EPIA), que como objetivo evitar a implementação de projeto de desenvolvimento tecnicamente inviável do ponto de vista ecológico. Note-se que, no exemplo do EPIA, também, poderá incidir precaução no primeiro momento da avaliação dos riscos da proposta de desenvolvimento. Dessa forma, a prevenção, necessariamente, implica um mecanismo antecipatório e de gestão de riscos na forma de desenvolvimento da atividade econômica, mitigando e avaliando os aspectos ambientais negativos".[22]

Leal[23] explica o licenciamento ambiental a partir de duas óticas complementares: como instrumento que permite a avaliação técnica dos potenciais impactos ambien-

---

19. COLUMBIA, 2020.
20. GRANZIERA, 2011.
21. LEITE, 2015.
22. LEITE, 2015, p. 208.
23. LEAL, 2019.

tais de determinada atividade ou empreendimento, de modo a identificar e estimar os riscos a estes associados e, assim, cumprindo o papel de subsidiar a tomada de decisão quanto à sua implantação; e como instrumento de gestão de riscos, de caráter político, na medida em que o poder público lança mão de seu poder discricionário para definir se e em que condições determinada atividade ou empreendimento poderá ser implantado.

Se o licenciamento, nele incluído o EIA, visa a avaliar os riscos de determinado empreendimento ou atividade sobre o meio ambiente, definindo qual a solução de gestão desses riscos é a mais adequada, do ponto de vista técnico, político e econômico, a pergunta que fica é se, dentre esses riscos, também se inclui os climáticos.

Para responder a essa questão, é preciso voltar à Constituição Federal de 1988 (CF/88) e avaliar a abrangência da proteção que ela dá ao meio ambiente ecologicamente equilibrado. A esse respeito, a doutrina brasileira tem avançado no reconhecimento de que o direito fundamental constante do art. 225 inclui o equilíbrio climático como elemento intransponível do meio ambiente equilibrado. Conforme pontua Wedy,[24] a sadia qualidade de vida está estritamente vinculada a um clima estável, opondo-se, portanto, aos riscos e problemas associados aos eventos climáticos extremos, por exemplo.

Estando a mudança do clima coberta pelo art. 225 da CF/88, ela entra, portanto, na esfera do poder-dever do estado de proteção. Por consequência, caberá ao licenciamento ambiental incorporar as avaliações de risco climático associado ao empreendimento/atividade sob análise. Nas palavras de Leal:[25]

> "Sendo assim, o Poder Público deve considerar as mudanças do clima e seus efeitos adversos ao defender e preservar o meio ambiente ecologicamente equilibrado para as presentes e futuras gerações, valendo-se, para tanto, de leis e atos administrativos, nas esferas federal, estadual e municipal, observadas as regras constitucionais de divisão de competências concorrente e comum".[26]

Neto & Freitas (s/data) acrescentam que, apesar de as mudanças climáticas terem uma abrangência global, os vetores das emissões de GEE que levam a estes efeitos ocorrem é no nível local, no território e, portanto, devem ser suscetíveis de avaliação e controle. Neste sentido, o EIA passa a ter a finalidade de contemplar a avaliação de risco climático.

Esse entendimento já foi normatizado no nível federal desde 2010. A Instrução Normativa do IBAMA 12/2010 determina, no seu art. 2º, que:

> "a Diretoria de Licenciamento do IBAMA, avalie, no processo de licenciamento de atividades capazes de emitir gases de efeito estufa, as medidas propostas pelo empreendedor com o objetivo de mitigar estes impactos ambientais, em atendimento aos compromissos assumidos pelo Brasil na Convenção-Quadro das Nações Unidas sobre mudanças do clima".[27]

---

24. WEDY, 2019, p. 97.
25. LEAL, 2019.
26. LEAL, 2019, p. 298.
27. IBAMA 12/2010, art. 2º.

A mesma norma obrigou a inclusão, nos termos de referência dos EIAs, de medidas de mitigação ou compensação dos impactos associados às emissões de GEE.

O fato de a IN IBAMA 12/2010 circunscrever-se ao licenciamento ambiental de competência da União não exime a obrigatoriedade de consideração do risco climático nos licenciamentos a cargo dos Estados e dos municípios. Conforme explica Ishizaki,[28] além da intepretação constitucional em prol do equilíbrio climático, é preciso considerar as diretrizes da Política Nacional sobre Mudança do Clima (PNMC) (Lei 12.187/2009), com destaque para aquelas previstas no art. 5°, VIII, e os instrumentos previstos no art. 6°, XII, XIII, XVII e XVIII, todas exigíveis face aos três entes federativos.

Além disso, é preciso também avaliar as políticas estaduais e municipais sobre mudanças climáticas. Veja o caso do Estado de São Paulo, cuja Política Estadual de Mudanças Climáticas (PEMC) (Lei 13.789/2009), no art. 15, explicitamente exigiu que o licenciamento ambiental de empreendimentos deverá incorporar a finalidade climática, de forma integrada ao controle da poluição atmosférica e ao gerenciamento da qualidade do ar e da água, cabendo a imposição de limites de emissão. O Decreto 55.947/2010 detalha esse comando, exigindo que os efeitos e as consequências das mudanças climáticas sejam observados no processo de licenciamento ambiental de obras, atividades e empreendimentos de grande porte ou alto consumo energético (art. 32, *caput*). A mesma norma prevê o estabelecimento de limites de emissão de gases de efeito estufa (art. 32, § 1°).

Vale destacar que, recentemente, o Governo do Estado de São Paulo aderiu à campanha "Race to Zero" da Organização das Nações Unidas (ONU), por meio do Decreto 65.881/2021. Ao fazê-lo, o Estado de São Paulo assumiu o compromisso de zerar as emissões líquidas de GEE até 2050, o que necessariamente exigirá a efetivação de uma série de medidas de controle e redução de emissões, reforçando o papel do licenciamento ambiental como um instrumento para tanto.

Apesar de haver embasamento legal que exige a inserção da variável climática nos licenciamentos ambientais a cargo do Estado de São Paulo, as orientações específicas dadas para a realização dos EIAs ignoram essa exigência. A mudança do clima e as emissões de GEE não constam, por exemplo, do "Manual para Elaboração de Estudos para o Licenciamento com Avaliação de Impacto Ambiental", elaborado pela Companhia Ambiental do Estado de São Paulo em 2014.

É preciso pontuar que, como observam Rei e Ribeiro,[29] dentre muitas alternativas para induzir ações de mitigação de GEEs, o licenciamento ambiental é um instrumento de menor impacto na gestão das empresas, permitindo a adoção gradual de medidas de mitigação dentro das estruturas já existentes. Contudo, apesar das suas vantagens, destacam os autores que as ações de mitigação e compensação não

---

28. ISHIZAKI, 2020.
29. REI e RIBEIRO, 2010.

dependem tão somente do licenciamento ambiental, mas também de outras medidas, principalmente econômicas e de gestão.

Dado o embasamento legal e doutrinário apresentado, pode-se afirmar que há espaço para a litigância climática nos casos em que o licenciamento ambiental, seja ele de competência federal, estadual ou municipal, não considerou o risco climático quando do desenvolvimento do EIA.[30] Essa é, inclusive, uma das orientações dadas no Guia de Litigância Climática elaborado pela Conectas em 2019.

Uma vez exigido que o licenciamento ambiental considere o risco climático, e sendo o EIA o instrumento pelo qual isso se viabiliza, quais os pontos de atenção a observar numa investigação de potencial litigância climática? Em primeiro lugar, como ensinam tanto Leal[31] quanto Lameira,[32] é necessário reconhecer que o risco climático apresenta duas dimensões:

- O risco que as emissões de GEE provenientes do empreendimento / atividade impõem sobre as mudanças climáticas globais, cujo objetivo é auxiliar na avaliação do risco da atividade e da ponderação sobre sua admissão e/ou eventuais medidas de mitigação e compensação de emissões. Este seria o caso, por exemplo, de um projeto de uma nova usina termoelétrica baseada em combustíveis fósseis.

- O risco que as alterações climáticas impõem sobre os empreendimentos / atividades, o que é importante para avaliar o nível de vulnerabilidade destes aos efeitos adversos da mudança do clima, tais como eventos climáticos extremos. Os dois autores colacionam o exemplo da necessidade de os projetos de empreendimentos imobiliários preverem reforços nas estruturas de prevenção e contenção de enchentes etc.

Em segundo lugar, é importante observar, em especial, duas orientações previstas na Resolução CONAMA 001/1986 – a avaliação dos impactos cumulativos e sinérgicos e a exigência da melhor tecnologia disponível.[33]

A esse respeito, vale transcrever a explicação dada por Lameira para como incorporar a variável climática na avaliação dos impactos cumulativos:

"Em outros casos, ações judiciais podem servir como arma poderosa para forçar estudos de impacto ambiental a levarem em consideração os impactos cumulativos dos projetos propostos com outros projetos já existentes ou em vias de implementação. Esta avaliação é de crucial importância no campo das mudanças climáticas. Como já demonstrado pela ciência, o aquecimento global decorre do efeito cumulativo, no tempo e espaço, de emissões de GEE produzidas por diversas fontes, em todos os cantos do planeta. Desconsiderar os impactos cumulativos decorrentes da emissão de GEE significa desconsiderar a própria natureza do problema relacionado às mudanças climáticas".[34]

---

30. BERNANDO, 2016.
31. LEAL, 2019.
32. LAMEIRA, 2017.
33. CARVALHO, 2016.
34. LAMEIRA, 2017, p. 211.

Como ensina Bessa Antunes,[35] o EIA deve examinar todas as opções tecnológicas que atenderiam às finalidades do empreendimento ou atividade. Essa análise é, em última instância, o resultado da ponderação entre os custos econômicos de cada opção, seus outputs e seus efeitos ambientais. A exigência da melhor tecnologia disponível visa, em última instância, à viabilização da atividade pretendida com a garantia da proteção ambiental.

Para Lameira,[36] a exigência da melhor tecnologia disponível é um caminho que força a avaliação do risco climático, na medida que exige dos empreendedores a apresentação das opções tecnológicas também na perspectiva do seu potencial de mitigação das emissões de GEE.

Por fim, cabe avaliar se, à luz do arcabouço legal e doutrinário brasileiro, é possível lançar mão do argumento levantado no caso *Greenpeace Nordic Association e Nature & Youth* contra o governo da Noruega, baseado na necessidade de avaliação do retorno econômico de empreendimentos baseados em fontes fósseis e o risco de ativos encalhados.

A Resolução CONAMA 001/1986 não explicitou a necessidade de avaliação dos impactos econômicos do empreendimento ou atividade sob licenciamento. Porém, exigiu o diagnóstico do meio socioeconômico, bem como a análise dos impactos positivos e negativos, benéficos e adversos, diretos e indiretos, imediatos e a médio e longo prazo, temporários e permanentes etc. Além disso, é preciso reconhecer que esta Resolução deve ser interpretada à luz do arcabouço legal vigente, que compreende a Política Nacional do Meio Ambiente, a Política Nacional sobre Mudança do Clima e, mais importante, a própria Constituição Federal de 1988. Todas essas normas incorporaram o princípio do desenvolvimento sustentável e, com ele, a visão holística do meio ambiente.

Este é, inclusive, o entendimento de Bessa Antunes, para quem:

"O entendimento da necessidade da realização de tal análise decorre de uma compreensão holística das ciências ambientais e, evidentemente, do próprio Direito Ambiental. O conjunto de disposições legais contidas na Lei 6.938/1981 é suficiente para demonstrar que, efetivamente, os impactos sociais e humanos dos projetos a serem implantados devem ser examinados pelo EIA, sob pena de necessidade de complementação do estudo. Além de instituto constitucionalmente previsto, o estudo de impacto ambiental é um dos instrumentos da política nacional do meio ambiente. Assim, ele tem por desiderato o alcance dos objetivos fixados para a PNMA. Como se sabe, o artigo 2º da Lei 6.938/81 determina que, dentre os objetivos da PNMA, estão os de recuperação da qualidade ambiental propícia à vida e a proteção da dignidade humana. Necessário, portanto, que as repercussões sociais e humanas dos projetos sejam bem examinadas no estudo (...) Ora, se a avaliação dos impactos ambientais, em última instância, tem por finalidade a pesquisa e o descobrimento das repercussões geradas por um projeto especificamente considerado e que, no próprio conceito de poluição, estão incorporadas as perturbações sensíveis da atividade social e econômica, não se pode deixar de incluir nas análises dos impactos tudo aquilo que seja repercussão na vida social e econômica da população (...)".[37]

---

35. BESSA ANTUNES, 2012.
36. LAMEIRA, 2017.
37. BESSA ANTUNES, 2012, p. 392.

5. CONCLUSÕES

Observa-se que tanto a doutrina quanto a legislação em vigor reconhecem que os procedimentos de licenciamento ambiental devem ser conduzidos com foco especial na questão das mudanças climáticas e podem ser de grande valia nas políticas de promoção da redução das emissões de GEE, bem como na proteção e ampliação dos sumidouros de GEE e, consequentemente, na implementação de medidas de adaptação. Da mesma forma, podem significar uma oportunidade de incorporação de novas tecnologias e melhor performance em atividades geradoras de GEE.

Apesar da inserção da variável climática no contexto brasileiro de licenciamento ambiental, seja ele federal ou, no caso, do estado de São Paulo, ainda não representa uma constante perceptível nos processos de licenciamento em curso, mormente tendo em vista o atingimento das metas do Acordo de Paris. Ante a relevância do estado de São Paulo no quantitativo de emissões de GEE no setor de energia no contexto nacional, a incorporação climática no licenciamento ambiental deveria ser menos incipiente. Apesar das exigências por normas, do estabelecimento de protocolos com alguns setores da indústria, o órgão licenciador estadual, a Companhia Ambiental do Estado de São Paulo – CETESB, apesar de esforços pontuais em se avançar na questão climática no estado, ainda carece de regulamentação da legislação da Política Estadual de Mudanças Climáticas de 2009 e de um maior desenvolvimento das questões relacionadas às mudanças do clima quando da avaliação e aprovação de empreendimentos no estado de São Paulo e da renovação de suas licenças de operação.

Nesse sentido, parece ser que está aberta a oportunidade para a "judicialização" do cumprimento do dever constitucional do Estado brasileiro de preservação do bem ambiental, já que a exigência de licenciamento ambiental de toda e qualquer atividade antrópica que contribua ao agravamento das mudanças climáticas em razão das emissões dos gases do efeito estufa que pretenda produzir não é uma realidade posta, muito pelo contrário. Os maus ventos indicam grandes riscos de retrocessos concretos em Projetos de Lei em curso no Congresso Nacional e de ações do Poder Executivo que menosprezam as potencialidades estratégicas do licenciamento ambiental numa transição para uma economia de baixo carbono e com a agenda de compromissos do País no âmbito do regime internacional de mudanças climáticas.

A ver, portanto, como o Sistema de Justiça poderá atuar para aprimorar a tutela do meio ambiente, contribuindo para que o Brasil e alguns estados cumpram com suas legislações e atendam às metas da Agenda 2030 das Nações Unidas sobre proteção ambiental e combate às mudanças climáticas.

6. REFERÊNCIAS

ARTAXO, P., RODRIGUES, D. As bases científicas das mudanças climáticas. In: SETZER, J., CUNHA, K., BOTTER FABBRI, A. (Coord.). *Litigância climática*: novas fronteiras para o direito ambiental no Brasil. São Paulo: Thomson Reuters Brasil, 2019.

BANDA, M. L., FULTON, S. Litigating climate change in national courts: recent trends and developments in global climate law. *Environmental Law Reporter*, v. 2, p. 20-34, 2017.

BERNANDO, V.L. Mudanças climáticas: estratégias de litigância e o papel do judiciário no combate as causas e efeitos do aquecimento global no contexto brasileiro. *Revista do Ministério Público do Rio Grande do Sul*, n. 80, p. 79-109, maio/ago. 2016.

BESSA ANTUNES, P. *Direito Ambiental*. 14. ed. São Paulo: Atlas, 2012.

CARVALHO, D.W. Mudanças climáticas e as implicações jurídico-principiológicas para a gestão dos danos ambientais futuros numa Sociedade de Risco Global. In: LAVRATTI, P., PRESTES, V. B. (Org.). *Direito e mudanças climáticas*. São Paulo: Instituto Direito por um Planeta Verde, 2010.

CETESB. Manual para Elaboração de Estudos para o Licenciamento com Avaliação de Impacto Ambiental. Disponível em: https://licenciamento.cetesb.sp.gov.br/cetesb/documentos/Manual-DD-217-14.pdf. Acesso em: 30 jul. 2021.

CLIMATECHART. Disponível em: http://climatecasechart.com/climate-change-litigation/case/wildearth-guardians-v-us-bureau-of-land-management/. Acesso em: jul. 2021.

CONECTAS. *Guia de litigância climática*. São Paulo: Conectas, 2019.

COLUMBIA. *Petição inicial*. Disponível em: http://blogs2.law.columbia.edu/climate-change-litigation/wp-content/uploads/sites/16/non-us-case-documents/2016/20161018_HR-2020-846-J_petition.pdf. Acesso em: 08 ago. 2020.

GRANZIERA, M. L. M. *Direito Ambiental*. 2. ed. rev. e atual. São Paulo: Atlas, 2011.

GRICCE. *Litigation cases*. Disponível em: https://climate-laws.org/litigation_cases. Acesso em: jul. 2021.

GRICCE. *EarthLife Africa Johannesburg v. Minister of Environmental Affairs & others*. Disponível em: https://climate-laws.org/geographies/south-africa/litigation_cases/earthlife-africa-johannesburg--v-minister-of-environmental-affairs-others. Acesso em: jul. 2021

GRICCE. *Save Lamu et al. v. National Environmental Management Authority and Amu Power Co. Ltd.* Disponível em: https://climate-laws.org/geographies/kenya/litigation_cases/save-lamu-et-al-v-national-environmental-management-authority-and-amu-power-co-ltd. Acesso em: jul. 2021.

ISHISAKI, F.T. A inclusão da variável climática no processo de licenciamento ambiental: uma breve análise da realidade do Estado de São Paulo. *Revista Franco-Brasileira de Geografia*, n. 46, 2020.

LAMEIRA, V. Mudanças climáticas: estratégias de litigância e o papel do Judiciário no combate às causas e efeitos do aquecimento global no contexto brasileiro. *Revista do Ministério Público do Rio de Janeiro*, n. 64, p. 197-223, abr./jun., 2017.

LEAL, G.J.S. Estudo de impacto ambiental e mudanças climáticas. In: SETZER, J., CUNHA, K., BOTTER FABBRI, A. (Coord.). *Litigância climática*: novas fronteiras para o direito ambiental no Brasil. São Paulo: Thomson Reuters Brasil, 2019.

LEITE, J.R.M. Sociedade de risco e estado. In: CANOTILHO, J. J. G., LEITE, M. J. R. *Direito constitucional ambiental brasileiro*. 6. ed. São Paulo: Saraiva, 2015.

NETO, A. L., FREITAS, V. P. *Licenciamento ambiental de atividades que contribuem ao agravamento das mudanças climáticas*: caminhos de governança do estado de direito ambiental. [s/data]. Disponível em: http://www.publicadireito.com.br/artigos/?cod=bf40d1cbb2ba9fda. Acesso em: jul. 2021.

PEEL, J., OSOFSKY, H. M. *Climate change litigation*: regulatory pathways to cleaner energy. Cambridge: Cambridge University Press, 2015.

PRESTON, B. J. The Contribution of the Courts in Tackling Climate Change. *Journal of Environmental Law*, v. 28, p. 11-17, 2016.

REI, Fernando. RIBEIRO, Flávio. A agenda climática no licenciamento ambiental do estado de São Paulo: uma oportunidade na gestão do desempenho ambiental das indústrias. VI Congresso Nacional de

Excelência em Gestão. Rio de Janeiro. 2010. Disponível em: http://www.inovarse.org/filebrowser/download/9342. Acesso em: 14 jul. 2021.

SETZER, J., BYRNES, R. *Global trends in climate change litigation*: 2020 snapshot. London: LSE, 2020.

SETZER, J., CUNHA. K.B., BOTTER FABBRI, A. Panorama da litigância climática no Brasil e no mundo. In: SETZER, J., CUNHA, K., BOTTER FABBRI, A. (Coord.). Litigância climática: novas fronteiras para o direito ambiental no Brasil. São Paulo: Thomson Reuters Brasil, 2019.

UNEP. *Global Climate Litigation Report*: 2020 Status Review. Nairobi: UNEP, 2020.

WEDY, G. A importância da litigância climática no Brasil. In: SETZER, J., CUNHA, K., BOTTER FABBRI, A. (Coord.). *Litigância climática*: novas fronteiras para o direito ambiental no Brasil. São Paulo: Thomson Reuters Brasil, 2019.

LICENCIAMENTO DE PLANTAS DE PRODUÇÃO E DE ATIVIDADES UTILIZADORAS DE AMIANTO

Celi Aparecida Consolin Honain

Maria Luiza Machado Granziera

1. INTRODUÇÃO

Neste capítulo, propõe-se trazer à discussão o licenciamento ambiental de plantas de produção e de atividades utilizadoras de amianto, ou asbesto, frente aos riscos que as fibras desse mineral representam ao meio ambiente com potenciais impactos na saúde pública.

Esses riscos iniciam-se na fase de extração – onde também ocorre degradação ambiental –, continuam nos processos de industrialização e não terminam com a comercialização dos produtos que utilizam amianto como matéria prima.

Depois dessa etapa, abre-se um leque de atividades que envolvem o uso e reúso desses produtos que podem colocar em risco não somente a saúde de trabalhadores, mas também a de inúmeras pessoas que venham a aspirar as fibras de amianto. É justamente pela dificuldade de monitoramento dessas atividades – em sua grande maioria informais –, que a fase pós comercialização é ainda mais preocupante que as anteriores. O controle por meio de fiscalização é praticamente impossível, muito diferente das etapas iniciais em que os mecanismos de comando e controle são intensos e existe a obrigatoriedade do licenciamento ambiental.

Por essas e por outras razões é que a extração e produção de amianto no Brasil foi proibida em novembro de 2017. No entanto, em sentido contrário a essa determinação de âmbito federal, vigora a Lei 20.514/2019 do estado de Goiás, permitindo-as exclusivamente para exportação.

Assim, enquanto nos demais estados os órgãos ambientais não mais se deparam com pedidos de licenciamento de tais atividades, no estado de Goiás, por conta da autorização da lei estadual, a atividades de extração e produção de amianto ainda constituem pontos de atenção no processo de licenciamento ambiental.

Importante esclarecer que há duas situações distintas quanto ao uso do amianto em atividades a serem licenciadas. A primeira refere-se à situação pontual do estado de Goiás, onde atividades pleiteiam seu licenciamento ancoradas na lei do próprio estado, que permite a extração e produção do amianto para exportação. A segunda diz respeito a plantas e atividades que manipulam produtos com amianto que estão presentes na sociedade, ou ainda seus rejeitos, a fim de dar a disposição final a eles, como por exemplo, telhas de fibrocimento amianto.

A fim de fazer um estudo do licenciamento ambiental frente a essas questões referentes à periculosidade do amianto, inicia-se este capítulo apresentando considerações gerais sobre esse importante instrumento da Política Nacional do Meio Ambiente, procurando contextualizar o asbesto nesse cenário.

Em seguida, apresentam-se os impactos ambientais decorrentes do uso do amianto como questões também de saúde ambiental[1]. Nesse passo, apresentam-se os limites de tolerância para as fibras de amianto previstas nas normativas brasileiras, em contraposição ao conhecimento veiculado por comunidades epistêmicas.

Na sequência, discorre-se primeiramente sobre a competência dos entes federativos para o licenciamento ambiental apontando que, se um por lado a Lei Complementar 140/2011 avança ao estabelecer um único ente responsável pelo Licenciamento Ambiental, por outro, abre espaço para a não uniformidade. Depois, faz-se uma abordagem crítica trazendo para a discussão discrepâncias no tratamento dos riscos do amianto pelo licenciamento ambiental de diferentes entes federativos, em especial, São Paulo e Goiás.

Ressalta-se também a complexidade dos riscos além dos limites da planta de produção de amianto e seus produtos, a serem observados também no processo de licenciamento ambiental. E por fim, infere-se sobre as perspectivas do licenciamento ambiental de atividades com amianto no futuro.

Sem pretensão de esgotar o tema, o capítulo demostra a extensão e complexidade dos riscos que as fibras de amianto representam, decorrentes da extração, produção e confecção de produtos. Essa complexidade de riscos fruto das ações antrópicas, que a princípio objetivavam maior conforto à sociedade, exige que o processo de licenciamento ambiental seja pautado por análise diferenciada e também complexa.

Tal necessidade vem ao encontro do que Granziera[2] observa que "não basta apenas seguir a norma: é necessário verificar, em cada caso concreto, se a simples aplicação da norma não impõe danos ao meio ambiente".

Como se verá ao longo do capítulo, a complexidade de usos e reúsos de produtos com amianto, além dos limites das plantas a serem licenciadas, sinalizam a necessidade de um novo olhar sobre o alcance dos riscos que vão juntamente com fibras de amianto e seus produtos.

---

1. "Environmental health is the science and practice of preventing human injury and illness and promoting well-being by identifying and evaluating environmental sources and hazardous agents and limiting exposures to hazardous physical, chemical, and biological agents in air, water, soil, food, and other environmental media or settings that may adversely affect human health" (NEHA, 2021, p. 1).

   Tradução livre: "A saúde ambiental é a ciência e a prática de prevenir lesões e doenças humanas e promover o bem-estar, identificando e avaliando fontes ambientais e agentes perigosos e limitando a exposição a agentes físicos, químicos e biológicos perigosos no ar, água, solo, alimentos e outros meios ambientais ou configurações que podem afetar adversamente a saúde humana."

2. GRANZIERA, 2019, p. 372.

2. LICENCIAMENTO AMBIENTAL E O AMIANTO

O licenciamento ambiental é um dos instrumentos da Política Nacional de Meio Ambiente, instituída pela Lei 6.938/1981. Dialoga com o artigo 225 da Constituição Federal, em que se impõe ao Estado tanto a defesa e preservação do meio ambiente para as presentes e futuras gerações (*caput*), quanto o controle da produção, da comercialização e do emprego de técnicas, métodos e substâncias que comportem risco para a vida, a qualidade de vida e o meio ambiente (§ 1º, inciso V).

Por meio desse instrumento, o poder público pode exigir a observância ao direito ao meio ambiente ecologicamente equilibrado para "construção, instalação, ampliação e funcionamento de estabelecimentos e atividades utilizadoras de recursos ambientais, considerados efetiva ou potencialmente poluidores, bem como os capazes, sob qualquer forma, de causar degradação ambiental", conforme consta no artigo 10 da Lei 6.938/1981.

O licenciamento é definido pela Lei Complementar 140/2011, em seu artigo 2º, como "procedimento administrativo destinado a licenciar atividades ou empreendimentos utilizadores de recursos ambientais, efetiva ou potencialmente poluidores ou capazes, sob qualquer forma, de causar degradação ambiental". Para tanto, durante o processo de licenciamento ambiental, impõem-se limites, regras, adequações e medidas de controle visando à melhor qualidade ambiental.

A ideia de desenvolvimento sustentável permeia a Política Nacional de Meio Ambiente, cujo objetivo consiste em agregar qualidade ambiental, desenvolvimento socioeconômico e proteção da dignidade humana. Assim, o desafio é equacionar o direito ao meio ambiente ecologicamente equilibrado com o direito ao desenvolvimento econômico e à livre iniciativa.

Nesse ponto é que, durante o processo de licenciamento ambiental, utilizando de conhecimentos técnico-científicos disponíveis, analisam-se os riscos de um empreendimento ou atividade, procurando antever os impactos que possam vir a causar à qualidade ambiental e à saúde. A partir daí, à luz do princípio da prevenção, medidas compensatórias ou mitigadores são levantadas para impedir eventuais danos.

Nesse sentido, Farias[3] observa que "a intenção é fazer com que, mediante o embasamento de análises técnicas e de avaliações de impacto ambiental, os impactos ambientais positivos possam ser aumentados "e os negativos evitados, diminuídos ou compensados."

Assim, o objetivo do licenciamento é encontrar todos os meios possíveis para a implantação do empreendimento e não o inviabilizar. Todavia, ele será inviável se os riscos de dano evidenciarem falta de segurança quanto aos efeitos desse empreendimento no futuro.[4] Somente nesses casos é que se levanta o princípio da precaução,

---

3. FARIAS, 2016, p. 252.
4. GRANZIERA, 2019.

pois, via de regra, é o princípio da prevenção que norteia todo o processo do licenciamento ambiental.

Por meio desse processo, como instrumento de comando e controle que é, o Estado pode conduzir o desenvolvimento econômico em consonância com a proteção ambiental e muito contribuir para concretizar o direito fundamental ao meio ambiente ecologicamente equilibrado estreitamente ligado ao direito à vida. Não se trata apenas de garantir a vida, mas sim a sua qualidade. Como bem asseverou Machado:[5] "Não basta viver ou conservar a vida. É justo buscar e conseguir a 'qualidade de vida'."

Nesse viés, ressalta-se ainda que a finalidade da ordem econômica é a dignidade humana, conforme se depreende da redação do artigo 170 da Constituição Federal.

Ademais, no atual cenário, há muitos recursos técnico-científicos disponíveis para dirimir a questão de como gerenciar os possíveis impactos decorrentes de um dado empreendimento para não comprometer a qualidade ambiental.

Importante ressaltar que nem todas atividades e empreendimentos estão obrigados ao processo de licenciamento ambiental. É o órgão a quem incumbe esse processo que vai determinar se dado empreendimento, atividade, obra ou serviço tem potencial ou é efetivamente poluidor, ou ainda, se pode causar degradação ambiental. No entanto, o Anexo I da Resolução do Conselho Nacional do Meio Ambiente – CONAMA 237/1997 exemplifica uma série de atividades que necessariamente devem ser licenciadas, entre as quais está o amianto:

> 2. Indústria de produtos minerais não metálicos – beneficiamento de minerais não metálicos, não associados à extração – fabricação e elaboração de produtos minerais não metálicos tais como: produção de material cerâmico, cimento, gesso, *amianto* e vidro, entre outros. *(grifo dos autores)*[6]

Por tal razão, plantas de produção de amianto (beneficiamento) ou de produtos com suas fibras dependem de prévio licenciamento ambiental para funcionamento.

Ressalte-se que, no Brasil, por decisão do Supremo Tribunal Federal[7], é proibida a produção de amianto ou de produtos que o contenham. Todavia, há uma situação anômala no estado de Goiás, decorrente da Lei estadual 20.514 de 2019, que permitiu a extração e produção de amianto no Estado goiano para exportação a países que ainda permitem tal mineral, já que no Brasil é proibido.

Outro ponto que será destacado no item 6, é que, mesmo proibida a produção de produtos que contenham amianto, os órgãos ambientais precisarão licenciar

---

5. MACHADO, 2018, p. 64.

6. BRASIL, 1997.

7. O marco legal da proibição do amianto no Brasil ocorreu em 29 de novembro de 2017. Data em que o Supremo Tribunal Federal declarou – de modo incidental e com efeito erga omnes – a inconstitucionalidade do artigo 2º da Lei 9.055/1995, ao julgar as Ações Diretas de Inconstitucionalidade 3406 e 3470 contra a Lei 3.579/2001, do Estado do Rio de Janeiro. A publicação do acórdão ocorreu em 1º de fevereiro de 2019. Assim, nem mesmo o crisotila – único tipo de amianto que era ainda permitido pelo artigo 2º da Lei Federal 9.055/95 – foi liberado para uso.

atividades para a retirada, transporte e disposição final de rejeitos de produtos de amianto, como telhas e caixas d'água.

Quanto à expedição da licença, dependerá de uma série de atos sucessivos – por parte da Administração e do empreendedor – em cumprimento a determinados requisitos exigidos para a licença prévia, de instalação e de operação. O objetivo é verificar se "o empreendimento ou atividade em exame está em consonância com as normas ambientais e se sua implementação e funcionamento não causarão danos ao ambiente.[8]

Todo esse controle ocorre, em regra, antes da instalação ou operação da atividade, pois, conforme observa Farias,[9] "para serem efetivos, os instrumentos de defesa e de preservação do meio ambiente devem se pautar por uma atuação preventiva".

Importante lembrar que os empreendimentos em operação também estão submetidos ao licenciamento ambiental. Ademais, a licença ambiental tem natureza jurídica de autorização[10], e por isso precisa ser renovada.

Nesse aspecto, Granziera[11] destaca o caráter de precariedade dessa licença, já que não gera direito adquirido, pelo fato de que "a atividade licenciada, ainda que estando conforme as normas legais, pode causar danos, o que o licenciamento ambiental busca justamente evitar".

Segundo o artigo 18 da Resolução 237/1997 do CONAMA, o órgão ambiental competente estabelecerá os prazos de validade de cada tipo de licença, observando que para a licença prévia e de instalação, não poderá ser superior a 5 e 6 anos, respectivamente; já para a de funcionamento, de no mínimo 4 e no máximo 10 anos.

Ao lado das obrigações impostas ao empreendedor para a concessão da licença ambiental, é relevante reconhecer que ele também se beneficia de todo o processo do licenciamento ambiental, na medida em que pode gerenciar o planejamento da empresa com segurança, em conformidade com a legislação ambiental. Dessa forma, evitam-se embargos ou paralisações, como também responder por crimes ambientais.

Além disso, cumprindo as exigências para a licença ambiental e em posse dela, nos casos em que ela é obrigatória, a empresa passa a ter maior segurança para o desenvolvimento de suas atividades, já que, se havia potenciais riscos ao meio am-

---

8. GRANZIERA, 2019, p. 369.
9. FARIAS, 2016, p. 251.
10. O Tribunal de Justiça do Estado de São Paulo, nos autos da Ação Rescisória 178.554-1-6, posicionou-se quanto à natureza jurídica da licença ambiental, quando da avaliação da Lei 6938/81: "O exame dessa lei revela que a licença em tela tem natureza jurídica de autorização, tanto que o §1.º de seu art. 10 fala em pedido de renovação de licença, indicando, assim, que se trata de autorização, pois, se fosse juridicamente licença, seria ato definitivo, sem necessidade de renovação".
    TJSP, 7.ª C., AR de Ação Civil Pública 178.554-1-6, rel. Des. Leite Cintra, j. 12.5.1993 (Revista de Direito Ambiental 1/200-203, janeiro- março de 1996).
    Corrobora com tal entendimento o artigo 19, da Resolução CONAMA 237/1997, no qual se afirma que o órgão ambiental competente pode suspender ou cancelar uma licença expedida, em determinados casos.
11. GRANZIERA, 2019, p. 375.

biente, esses foram levantados no processo de licenciamento ambiental e medidas foram tomadas para saná-los, compensá-los ou mitigá-los.

Vale dizer que o licenciamento ambiental é o primeiro passo para uma empresa estar em conformidade com a legislação ambiental. Além de favorecer o acesso a novos mercados, melhorar a imagem pública e a credibilidade da empresa, a licença é condição para obtenção de financiamentos, certificações de produtos entre outros.[12]

O Decreto 99.274/1990, em seu artigo 23, ao tratar dos incentivos, dispõe que "as entidades governamentais de financiamento ou gestoras de incentivos, condicionarão a sua concessão à comprovação do licenciamento previsto neste decreto". Assim, a licença ambiental tem sido uma das exigências para concessão de financiamentos para os empreendimentos que os pleiteiam junto a agentes financeiros como Banco Nacional de Desenvolvimento Econômico e Social (BNDES), Caixa Federal, Inter-American Development Bank (IDB) e outros.

No caso do amianto, já em 2009, o Banco Mundial posicionou-se quanto aos riscos que o seu uso representa e publicou a obra *Good Practice Note: Asbestos: Occupational and Community Health Issues*[13]-[14]. Pretendia-se que os beneficiários (mutuários) de seus financiamentos usassem materiais alternativos sempre que possível, em vez de materiais que contivessem amianto, a fim de minimizar impactos à saúde.

Além disso, o *WBG's General Environmental, Health and Safety (EHS) Guidelines*[15] dispunha sobre as práticas relativas ao amianto que eram aceitáveis em projetos financiados pelo Banco Mundial.[16] E, muito embora não falasse de licenciamento ambiental em si, essas Diretrizes EHS do Banco Mundial traziam referência técnica com exemplos gerais e específicos do setor de Boas Práticas da Indústria Internacional (GIIP).

Tais Diretrizes especificam que o uso de materiais com amianto deve ser evitado em novos edifícios e construções, como também em atividades de remodelação ou renovação. E mais, o *Appendix 2. World Bank Group Asbestos References* elenca alguns exemplos de requisitos para aprovação de projeto: "avaliação de risco para determinar a extensão do problema; pesquisas para diminuir a exposição ao amianto; plano de gerenciamento; remoção por pessoal treinado; proibição de materiais com amianto; procedimentos para manuseio, remoção, transporte e descarte de amianto."[17]-[18]

---

12. CETESB, 2006.
13. Tradução livre: "Nota de Boas Práticas: Amianto: Questões de Saúde Ocupacional e Comunitária".
14. WBG, 2009.
15. Tradução livre: Diretrizes Gerais de Meio Ambiente, Saúde e Segurança (EHS) do WBG.
16. WBG, 2009, p. 1.
17. No original: "Some examples of project requirements: risk assessment to determine extent of problem; surveys to abate asbestos exposure; management plan; removal by trained personnel; prohibition of ACM; procedures for handling, removal, transport, and disposal of asbestos." (WBG, 2009, p. 9).
18. WBG, 2009, p. 9.

3. AMIANTO: DEGRADAÇÃO AMBIENTAL, DANO À QUALIDADE DO AR E À SAÚDE

O amianto ou asbesto é um mineral com características antagônicas. Por um lado, é resistente, incombustível, muito durável, abundante, barato, entre tantas outras características muito interessantes ao setor produtivo. Por outro lado, suas fibras representam risco ao meio ambiente, pois podem contaminar o ar e causar várias doenças a quem vier a aspirá-las.

Muito embora existam vários tipos de amianto, divididos em dois grandes grupos – das serpentinas (crisotila) e dos anfibólios[19] –, todos podem oferecer riscos à qualidade do ar e, consequentemente, à saúde das pessoas. Até mesmo o crisotila, que por muito tempo foi considerado inofensivo.

O amianto foi classificado, pela *International Agency for Research on Cancer* (IARC), como carcinogênico na categoria IA. Isso indica que existem "evidências suficientes para comprovar sua carcinogenicidade, em qualquer de suas formas e qualquer estágio de produção, transformação e uso".[20]

Em 1996, um relatório do *Institut National de la Santé et de la Recherche Médicale* (INSERM), da França, também declarou que todas as fibras de amianto são cancerígenas, independentemente do tipo ou origem geológica.[21]

Há um referencial científico bastante sólido e robusto de diversas comunidades epistêmicas que apontam os riscos decorrentes do uso do amianto como um problema ambiental potencialmente preocupante. Afinal, é a saúde das pessoas que se está colocando em risco também. Decorrente desse conhecimento é que se levantou a necessidade de se impor uma série de medidas de monitoramento e segurança, bem como diretrizes para o banimento de todos os usos desse mineral.

Desde as últimas décadas do século passado, mesmo antes da edição da Lei 9.055 de 1995[22], que permitiu apenas o amianto do tipo crisotila no Brasil, encontram-se normas publicadas com objetivo de alertar sobre os riscos do amianto e preveni-los. A exemplo, citam-se as Resoluções do CONAMA 07/1987 e 09/1988; o Decreto 126/1991, que promulgou a Convenção 162 da OIT sobre o uso do amianto em condições de segurança; a Portaria 01/91 do Departamento de Segurança e Saúde do Trabalhador, do Ministério do Trabalho e Previdência Social, que alterou o Anexo 12 da Norma Regulamentadora (NR) 15, instituindo limites de tolerância para poeiras minerais, entre as quais, do amianto. E depois da Lei 9.055/1995, destaca-se a

---

19. A Norma Regulamentadora 15 (NR 15), no item 1.1 do Anexo 12, assim descreve o amianto: "Entende-se por 'asbesto', também denominado amianto, a forma fibrosa dos silicatos minerais pertencentes aos grupos de rochas metamórficas das serpentinas, isto é, a crisotila (asbesto branco), e dos anfibólios, isto é, a actinolita, a amosita (asbesto marrom), a antofilita, a crocidolita (asbesto azul), a tremolita ou qualquer mistura que contenha um ou vários destes minerais" (BRASIL, Ministério do Trabalho e Emprego, 1991, p. 1).

20. IARC, 1987, p. 107.

21. INSERM, 1997.

22. A Lei 9.055/1995 permitiu o uso apenas do amianto crisotila, proibindo todos os demais tipos.

Resolução CONAMA 348/2004, que incluiu os rejeitos de produtos de construção que contêm amianto (como telhas de fibrocimento e outros) na classe dos resíduos perigosos (D), como também a Resolução CONAMA 237/1997, que em seu Anexo I, inclui o amianto no rol exemplificativo de atividades que devam ser licenciadas.

Note-se que as primeiras normas e medidas de segurança quanto à prevenção aos riscos das fibras de amianto estavam voltadas ao meio ambiente do trabalho. Mas, se, num primeiro momento, acreditou-se que tais riscos estariam circunscritos apenas aos ambientes laborais, há décadas já se evidenciou que eles se estendem muito além desses espaços[23].

Há que se observar, porém, que a exposição laboral é considerada a principal forma de exposição, com risco de exposição aumentado em "mineração, moagem e ensacamento de asbesto, fabricação de produtos de cimento-amianto, [...] de fricção e vedação, instalação e manutenção de vedações térmicas industriais, fabricação de têxteis com asbesto, instalação de produtos de cimento-amianto."[24]

No entanto, a CETESB[25] aponta que, apesar de serem observados níveis baixos de concentração de fibras de amianto no ar do meio ambiente rural, em ambientes urbanos essa concentração aumentou em torno de 10 vezes; em locais próximos a fontes industriais, o aumento foi de 1.000 vezes. Níveis elevados desse mineral foram detectados até mesmo em vias de tráfego intenso, muito provavelmente em decorrência de frenagem de veículos[26].

Essas aferições indicam que, em relação ao amianto, a atenção à qualidade do ar não deve ser restrita ao meio ambiente laboral. As fibras de amianto encontram-se em mais de 3.000 produtos que foram industrializados, comercializados e que ainda estão presentes sobretudo no meio ambiente urbano. Justamente por isso, a periculosidade das fibras de amianto extrapola o meio ambiente laboral.

Como aerodispersoides que são, essas fibras podem ser liberadas no ar não somente na extração e industrialização do amianto, mas "pela decomposição de materiais contendo asbesto durante o uso, no trabalho de demolição, manutenção, reparo ou reforma de casas e prédios."[27]

Liberadas tais fibras, polui-se o meio ambiente, com risco de impactos na saúde das pessoas[28] em caso de exposição a essa substância cuja toxidade constitui perigo.

---

23. Em meados do século passado, Newhouse e Thompson (1965) já falavam em três possíveis categorias de exposições pregressas ao amianto: ocupacional, doméstica e ambiental.
24. INCA, 2018, n.p.
25. CETESB, 2015, p. 2.
26. Importante ressaltar que atualmente existem outros tipos de freios que não levam mais amianto em sua fabricação.
27. CETESB, 2015, p. 2.
28. No documento *"Preventing Disease Through Healthy Environments"*, que aborda a prevenção de doenças por meio de ambiente saudável, o asbesto é colocado entre os dez produtos químicos ou grupo químicos que mais causam preocupação para a saúde pública. (WHO, 2010a, p. 2).

Todavia, quanto ao tamanho das fibras, a CETESB[29] atenta que "fibras grandes são removidas do ar por sedimentação gravitacional, a uma taxa dependente da sua dimensão, mas fibras pequenas podem permanecer suspensas por longos períodos de tempo e serem transportadas para longas distâncias."

Essa peculiaridade das fibras pequenas é um ponto crucial a ser considerado pelo órgão licenciador, ao analisar os possíveis impactos ambientais de um dado empreendimento no qual haja risco de permanência de fibras de amianto no ar.

3.1 Limites de tolerância para fibras de amianto

Muito embora as fibras de amianto contribuam também para a poluição ambiental, é interessante observar que, no Brasil, não existe limite de tolerância estabelecido por lei para essa exposição ambiental. Somente para o meio ambiente ocupacional é que foram estabelecidos limites quanto à concentração de fibras de amianto crisotila no ar.

A Norma Regulamentadora 15 dispõe sobre atividades e operações insalubres, e seus anexos, sobre exposição dos trabalhadores. O Anexo 12 regulamenta os limites de tolerância para poeiras minerais, determinando no item 12 que "o limite de tolerância para fibras respiráveis de asbesto crisotila é de 2,0 f/cm^3."[30]

Mesmo existindo essa regulação, em 2007, o Estado de São Paulo determinou outro limite[31] para exposição humana a concentrações de asbestos. A Lei 12.684, de 26 de julho de 2007, proibiu o uso de produtos, materiais ou artefatos que contivessem qualquer tipo de amianto ou outros minerais que, acidentalmente, tenham fibras de amianto em sua composição. Além disso, atenta especialmente para a manipulação de produtos, materiais e artefatos já instalados, que contenham amianto em atividades de demolição, reparo e manutenção. Para esses casos, em que pode haver exposição humana à poeira de amianto, dispõe, em seu artigo 4º[32], que "não será permitida qualquer exposição humana a concentrações de poeira acima de 1/10 (um décimo) de fibras de amianto por centímetro cúbico (0,1f/cm^3)".

Insta mencionar o Acordo Nacional para Extração, Beneficiamento e Utilização Segura e Responsável do Amianto Crisotila[33], firmado em outubro de 2013, que

---

29. CETESB (2015, p. 2).

30. No item 12.1 do Anexo 12, da NR-15, especifica-se que por "fibras respiráveis de asbesto" entende-se "aquelas com diâmetro inferior a 3 micrômetros, comprimento maior que 5 micrômetros e relação entre comprimento e diâmetro superior a 3:1" (BRASIL, 1991).

31. Quanto à modificação de padrões ambientais, Antunes (1996, p. 89) observa que, "enquanto uma licença for vigente, a eventual modificação de padrões ambientais não pode ser obrigatória". Somente quando se encerrar o prazo de validade da licença ambiental, é que os novos padrões poderão ser imediatamente exigíveis.

32. Assim o artigo 4º, da Lei 12.684 dispõe: "Até que haja a substituição definitiva dos produtos, materiais ou artefatos, em uso ou instalados, que contêm amianto, bem como nas atividades de demolição, reparo e manutenção, não será permitida qualquer exposição humana a concentrações de poeira acima de 1/10 (um décimo) de fibras de amianto por centímetro cúbico (0,1f/cc)." (SÃO PAULO, 2007).

33. Disponível em: http://www.sinticomex.org.br/ckfinder/userfiles/files/ACT%20CNTA%202015.pdf. Acesso em: 05 jul. 2021.

reduziu de 0,2 para 0,1 f/cm³ o novo limite para fibras de amianto no ambiente de trabalho. Todavia, nos autos da sentença (2017) proferida para a Ação Civil Pública –ajuizada pelo Ministério Público do Trabalho (Procuradoria Regional do Trabalho/1ª Região) em 2014, em face de ETERNIT S.A. – é possível notar que nem sempre foi cumprido tal limite no ambiente laboral da empresa[34].

Observe-se, ainda, que a *Occupational Safety & Health Administration* (OSHA) estabelece o limite de exposição de 0,1 fibra/ cm3. Esse mesmo limite é recomendado pelo *National Institute for Occupational Safety and Health* (NIOSH) e pela *American Conference of Governmental Industrial Hygenists* (ACGIH).[35]

Nesse ponto ainda, é importante trazer à discussão o posicionamento de várias comunidades epistêmicas, como OMS, IARC, Collegium Ramazzini e outras. Essas posicionam-se de maneira contrária à tese do uso seguro, pois afirmam que não se pode estipular nenhum limite que seja seguro para a exposição às fibras de amianto.

A Organização Mundial de Saúde (OMS) declara que não há limite de tolerância para o efeito carcinogênico do asbesto[36]-[37]. Nesse mesmo viés, o Collegium Ramazzini[38] também se posiciona:

> Todas as formas de amianto causam asbestose, uma doença fibrótica progressiva e debilitante dos pulmões. Todas as formas de amianto também causam câncer de mesotelioma maligno, pulmão, laringe e ovário. Todas as formas de amianto podem causar câncer gastrointestinal e outros. (STRAIF et al, 2009). O amianto foi declarado cancerígeno humano comprovado pela Agência de Proteção Ambiental dos EUA (EPA), pela Agência Internacional de Pesquisa do Câncer (IARC) da Organização Mundial da Saúde e pelo Programa Nacional de Toxicologia (NTP) há mais de 20 anos (EPA, 1986; IARC, 1988; NTP, 1980). *A comunidade científica concorda totalmente que não existe um nível seguro de exposição ao amianto* (WELCH, 2007). Além disso, *não há evidências de um limiar abaixo do qual não haja risco de mesotelioma* (HILLERDAL, 1999). (*Grifo dos autores*) (Tradução livre)[39]

Postas essas informações e considerando que a atividade, para ser licenciada, precisa estar em acordo com "as normas, critérios, padrões e princípios da legislação ambiental",[40] se há conflito entre normas e padrões ambientais com o estado da arte

---

34. Disponível em: www.trt1.jus.br/documents/21078/14055113/eternit_ef13d8b7ebb4.pdf/ca915398-445d-
    -46c9-93c2-0156de694cb3. Acesso em: 05 jul. 2021.
35. COSTA, 2009, p. 13.
36. No original: "Bearing in mind that there is no evidence for a threshold for the carcinogenic effect of asbestos a,nd that increased cancer risks have been observed in populations exposed to very low levels [...]" (WHO, 2006, p. 2).
37. WHO, 2006, p. 2.
38. COLLEGIUM RAMAZZINI, 2010, p. 2.
39. No original: "All forms of asbestos also cause malignant mesothelioma, lung, laryngeal, and ovarian cancers. All forms of asbestos may cause gastrointestinal and other cancers. (STRAIF et al, 2009). Asbestos was declared a proven human carcinogen by the US Environmental Protection Agency (EPA), the International Agency for Research on Cancer (IARC) of the World Health Organization, and the National Toxicology Program (NTP) more than 20 years ago (EPA, 1986; IARC, 1988; NTP, 1980). The scientific community is in overwhelming agreement that there is no safe level of exposure to asbestos (WELCH, 2007). Moreover, there is no evidence of a threshold level below which there is no risk of mesothelioma (HILLERDAL, 1999)." (COLLEGIUM RAMAZZINI, 2010, p. 2).
40. GRANZIERA, 2019, p. 369.

sobre um dado poluente, cria-se uma situação de incerteza quanto à eficiência desse instrumento para a proteção do meio ambiente.

Assim, entende-se frágil o processo de licenciamento ambiental de uma planta de produção de amianto ou de seus produtos pautado em normas que permitem 0,1 ou 0,2 fibras de amianto no ar, se vários documentos científicos – frutos de pesquisas coordenadas pelas comunidades epistêmicas – afirmam a impossibilidade de se estabelecer uma quantidade segura.

Observe-se que, por estar proibido em âmbito federal a extração, industrialização e comercialização de amianto, não haverá solicitação de um licenciamento de planta de produção de amianto no país, com exceção de Goiás, como se verá na sequência. No entanto, isso não significa que o amianto não estará mais em análises para outros licenciamentos, conforme se detalhará no item 6. Há outras atividades, ainda sujeitas ao licenciamento ambiental, que manipulam materiais com esse mineral: reformas, demolições, disposição final, transporte, aterros industriais entre outras.

Diante de todo exposto, levanta-se o questionamento de que, em questões ambientais em que não há um consenso entre o que a norma legal prescreve e o que a comunidade científica evidencia, o licenciamento ambiental distancia-se de atingir seu objetivo: impedir realmente que a atividade em análise venha a ser danosa ao meio ambiente.

Para tal fim, o órgão ambiental competente para conduzir o licenciamento necessita contar com normas técnico-científicas eficientes que lhe deem suporte para suas ações de comando e controle. Só assim haverá mais chances de assegurar ao máximo[41] que danos ao meio ambiente e à saúde não ocorram.

4. COMPETÊNCIA DOS ENTES FEDERATIVOS PARA O LICENCIAMENTO AMBIENTAL

Muito embora os entes federativos sejam todos em princípio competentes para conduzir o processo administrativo do licenciamento ambiental, a Lei Complementar 140/2011, em seu artigo 13, impõe que apenas um ente seja o detentor originariamente de tal atribuição[42]: "Os empreendimentos e atividades são licenciados ou autorizados, ambientalmente, por um único ente federativo, em conformidade com as atribuições estabelecidas nos termos desta Lei Complementar".

Assim, o processo de licenciamento ambiental deve ocorrer, via de regra, em apenas um único nível de competência, seja a União, o estado, o Distrito Federal ou

---

41. Ao máximo, porque, segundo Granziera (2019, p. 368) "a experiência prática demonstra não ser possível a garantia total".

42. Relevante destacar que, apesar de o licenciamento ambiental se dar apenas por um único ente federativo, a Lei Complementar 140/2011 dispõe que "os demais entes federativos interessados podem manifestar-se ao órgão responsável pela licença ou autorização, de maneira não vinculante, respeitados os prazos e procedimentos do licenciamento ambiental" (Artigo 13, § 1º). (BRASIL, 2011)

o município.[43] Essa especificação vem justificada no artigo 3º, inciso III, da mesma lei, "para evitar a sobreposição de atuação entre os entes federativos, de forma a evitar conflitos de atribuições e garantir uma atuação administrativa eficiente". Todavia, não existe impedimento de colaboração entre eles. O artigo 4º sinaliza vários instrumentos de cooperação de que os entes podem se valer, como por exemplo, cooperação técnica, delegação de atribuições de um ente a outro, mas sempre respeitando as disposições da mesma Lei.

Note-se que o intuito da gestão descentralizada para o processo de licenciamento ambiental em nenhuma hipótese pode ser entendido como uma possibilidade de afrouxamento quanto à proteção ambiental ou, ainda, de justificar discrepâncias referentes a entendimentos técnico-científicos sobre um mesmo agente toxicológico ou atividade. O objetivo dessa descentralização, como dito, é apenas para evitar conflitos decorrentes de sobreposição de atuação entre os entes.

A Lei Complementar 140/2011, nos incisos I e II de seu artigo 3º, muito bem evidencia que o objetivo maior que deve nortear todo o processo de licenciamento ambiental, mesmo descentralizado, é, com eficiência, "proteger, defender e conservar o meio ambiente ecologicamente equilibrado" e "garantir o equilíbrio do desenvolvimento socioeconômico com a proteção do meio ambiente, observando a dignidade da pessoa humana, a erradicação da pobreza e a redução das desigualdades sociais e regionais".

Por tal razão, as ações administrativas precisam estar harmonizadas nesse processo. Um ente não deve ter uma ação contraditória em relação a outro, ao conduzir atividades com mesmos impactos ambientais. Caso contrário, comprometeria "a uniformidade da política ambiental para todo o País", conforme dita inciso IV do artigo 3º da mesma lei. Ademais, essa uniformidade é um dos objetivos fundamentais do exercício da competência administrativa comum entre os entes.

É obvio que peculiaridades regionais e locais devam ser respeitadas, mas em nenhuma parte da Lei Complementar 140/2011, da Constituição Federal ou de outra menciona que a bem de certas particularidades se possa priorizar o interesse privado em detrimento do interesse público, muito menos afrontar os direitos humanos.

A propósito, Machado[44] levanta o questionamento se, de fato, a obrigatoriedade do licenciamento ambiental por um único ente federativo garante uma administração eficiente. Ele ainda aponta que "licenciamentos ambientais únicos poderão ser danosos aos seus legítimos interesses" (p. 338).

Quanto à regra para definição do órgão licenciador, Talden Farias ensina que a Lei Completar 140/2011 toma como referência o critério da localização da atividade a ser licenciada; diferentemente da Resolução CONAMA 237/1997, que definia o órgão licenciador competente a partir da "extensão geográfica dos impactos ambientais

---

43. FARIAS, 2015.
44. MACHADO, 2018.

diretos" da atividade efetiva ou potencialmente poluidora. Isso porque em muitos casos "a delimitação dos impactos ambientais diretos só pode ser feita ao curso do licenciamento".[45]

Em virtude de o licenciamento ambiental ser conduzido por órgão licenciador de um único ente federativo, podem ser desencadeadas decisões antagônicas quanto à concessão ou não de licença para uma mesma atividade. Isso porque o órgão competente pauta suas decisões também em leis ambientais locais, que podem ser diferentes de outras. Por tal razão, entre outras, a uniformidade da proteção ambiental fica comprometida.

É o que ocorreu no caso do amianto. Por força de leis ambientais locais, como se verá, uma mesma atividade foi licenciada em alguns estados e em outros não. Situação essa que ainda persiste.

4.1 A posição do Estado de São Paulo

Enquanto muitos estados continuavam a licenciar plantas de produção de amianto crisotila e produtos com esse mineral, ancorados na Lei Federal 9.055/1995, o Estado de São Paulo foi em outra direção. Desde 2008, não licenciou mais essas plantas.[46]

Isso foi possível graças à edição da Lei Estadual 12.684, de 26 de junho de 2007, que proibiu, no estado paulista, o uso de produtos, materiais ou artefatos que contivessem quaisquer tipos de amianto ou outros minerais que, acidentalmente, tivessem fibras de amianto em sua composição.

Assim, pautado nessa lei estadual, a agência ambiental responsável pelo licenciamento ambiental no Estado de São Paulo, a CETESB, não mais concedeu licença e nem renovação a empresas que utilizassem amianto em sua linha de produção[47].

No entanto, essa lei reconhece que, ao lado da proibição, existe a necessidade de se regular a manipulação de produtos, materiais e artefatos já instalados que contenham esse mineral em atividades de demolição, reparo e manutenção, com especial atenção à exposição humana a poeiras contendo fibras de amianto. Assim, em seu Anexo I, atenta-se para o cuidado à saúde do trabalhador e da comunidade no caso de demolição ou substituição de materiais que contenham amianto em sua composição, devendo ser atendidas as normas técnicas de proteção e preservação da saúde.

---

45. FARIAS, 2015, p. 114.
46. STF, 2012.
47. Muito embora a CETESB não ter concedido renovação de licença para duas empresas – localizadas em Leme e Hortolândia –, elas ainda utilizavam o amianto crisotila em 2012, por força de liminares concedidas pela Justiça do Trabalho (STF, 2012). Em 2014, a CETESB autuou e impôs multa ambiental à empresa INFIBRA S/A, de Leme, por "estar funcionando ou operando fontes de poluição, desprovida da licença de operação [...]" (TJSP, Comarca Foro de Leme, SP-Processo 1001375-45.2017.8.26.0318).

Note-se que a atenção não se restringe ao meio ambiente laboral, mas "à comunidade". E, em se tratando de atividades com efetiva ou potencialmente poluidoras, com risco à saúde da polução que venha a aspirar as fibras de amianto, devem estar sujeitas ao licenciamento ambiental.

Ressalte-se que, apesar da questão do risco – que se estende para além do meio ambiente laboral – estar sendo abordada pelo Anexo I da Lei Estadual de São Paulo 12.684/ 2007, a atenção deve ser direcionada a todo território nacional. Ainda que esteja proibida a produção, industrialização e comercialização de todos os tipos de amianto no país, há uma quantidade de produtos já instalados que passam por reformas, e cujos rejeitos terão que ter sua disposição final executada.

Nessa empreitada, várias atividades lidam ainda com produtos que contêm fibras desse mineral, tais como empresas de transporte, aterros industriais, construtoras. Cabe, assim, aos órgãos ambientais competentes, em posse de suas atribuições, debruçarem-se sobre os riscos ambientais ainda presentes nessa questão e utilizarem os instrumentos de comando e controle de que dispõem para esse enfrentamento.

Acrescente-se ainda que, no Estado de São Paulo, a competência para conduzir o processo de licenciamento ambiental de atividades que envolvam manipulação de produtos com amianto é do órgão ambiental estadual.

Isso decorre da Deliberação Normativa 01, de 13 de novembro de 2018, do Conselho Estadual do Meio Ambiente – CONSEMA, que "fixa tipologia para o licenciamento ambiental municipal de empreendimentos e atividades que causem ou possam causar impacto ambiental de âmbito local, nos termos do art. 9º, inciso XIV, alínea "a", da Lei Complementar Federal 140/2011".[48]

Entretanto, o "Anexo II – Classificação do Impacto Ambiental de Âmbito Local" dispõe sobre situações que deslocam a competência para conduzir o licenciamento ambiental para a CETESB, entre as quais está: "b) manipulação ou fabricação de artefatos contendo amianto".[49]

Assim, mesmo que o impacto seja local, é de competência do órgão ambiental estadual de São Paulo licenciar atividades que envolvam operações nas quais haja manipulação de produtos com amianto.

Outro ponto importante é que essas atividades não são passíveis de se enquadrarem no procedimento simplificado e informatizado de licenciamento ambiental. A Deliberação Normativa CONSEMA 01/2019, de 30 de abril de 2019, disciplina as atividades e empreendimentos de baixo impacto ambiental que podem usufruir desse procedimento simplificado. Todavia, para tanto, são estipuladas condições que devam ser atendidas pelas atividades industriais. Entre o rol de condicionantes

---

48. CONSEMA, 2018, p. 1.
49. CONSEMA, 2018, p. 15.

previsas[50] no item II, do Anexo Único dessa Deliberação, está: "h) não manipular ou não fabricar artefatos contendo amianto".[51]

4.2 ATIVIDADE DE EXTRAÇÃO E BENEFICIAMENTO DE AMIANTO EM GOIÁS

Tanto o Estado de São Paulo quanto o de Goiás chamam a atenção pelo posicionamento dado às questões ambientais decorrentes do uso do amianto. Ambos os posicionamentos se materializam em forma de leis estaduais sobre o tema, com reflexos no processo no licenciamento ambiental de atividades e empreendimentos que utilizam esse mineral em sua cadeia produtiva.

O primeiro destaca-se por seu protagonismo, posicionando-se contrariamente ao uso de todos os tipos de amianto já em 2007, quando ainda o crisotila era permitido pela Lei Federal 9.055/1995[52]. Utilizando-se da competência legislativa concorrente em matéria ambiental, editou a Lei Estadual de São Paulo 12.684/2007, proibindo extração, industrialização e comercialização de todos os tipos de amianto no Estado de São Paulo, e consequentemente, como já dito, não mais foram licenciadas essas atividades desde 2008.

Já o segundo chama a atenção porque, mesmo proibida a extração, industrialização e comercialização do amianto em âmbito nacional, o Estado de Goiás editou, em 16 de julho de 2019, a Lei Estadual 20.514, que autoriza nesse território a extração e o beneficiamento do amianto da variedade crisotila, exclusivamente para exportação.[53]

A referida lei é regulamentada pelo Decreto 9.518/2019, no qual vem disposta uma série de exigências, entre elas, a obrigatoriedade da licença ambiental, assim determinada em seu artigo 2º, inciso VI: "obter o devido licenciamento ambiental, as outorgas de uso de recursos hídricos e os demais atos autorizativos de meio ambiente".

Não se pode deixar de mencionar que há outras medidas exigidas por esse Decreto para controle dos riscos ambientais, como: índice de exposição dos trabalhadores à fibra respirável de amianto crisotila, por centímetro cúbico de ar, inferior a 0,1 f/ cm³; planos e relatórios tanto dos riscos como de segurança à exposição do amianto (artigo 7º); cumprimento das normas de legislação mineral, recursos hídricos, meio ambiente e saúde do Estado de Goiás bem como da Agência Nacional de Mineração e dos órgãos estaduais e federais competentes; apresentação de Plano de Fechamento de Mina (artigo 2º) e outras.

---

50. Note-se que as condicionantes descritas no item II, do Anexo Único, devem ser cumpridas "adicional e simultaneamente" (CONSEMA, 2019, p. 1).
51. CONSEMA, 2019, p. 9.
52. Essa lei federal é de peculiar importância no percurso do uso do amianto no Brasil, pois foi ela que permitiu em 1995 a continuidade na extração, manipulação, industrialização e comercialização do amianto crisotila e proibiu todos os outros tipos.
53. A possibilidade da edição da Lei 20.514/2019 do Estado de Goiás decorreu do interregno entre a interposição de embargos de declaração contra a publicação do Acórdão que proibiu o amianto crisotila no Brasil e o julgamento desse recurso.

Mesmo assim, é evidente que essa Lei Estadual de Goiás se posiciona contrariamente ao entendimento dado ao tema pelo STF: proibição de todos os tipos de amianto em âmbito federal, consolidada pela declaração da inconstitucionalidade do artigo 2º da Lei 9.055/1995, que permitia o amianto crisotila.

Além dessa contraposição, ainda emerge o questionamento de como é possível conceder ou renovar licenças ambientais para atividades de extração e beneficiamento de amianto, estipulando a exposição às fibras de amianto ao limite de 0,1 f/cm³, como previsto no decreto da mesma lei. Afinal, há várias declarações de comunidades epistêmicas declarando não haver limites de segurança para aspiração das fibras. Ademais, a Resolução CONAMA 348/2004, em seu preâmbulo, expressamente considera o Critério de Saúde Ambiental 203, de 1998, da Organização Mundial de Saúde (OMS) sobre amianto crisotila que alerta "a exposição ao amianto crisotila aumenta os riscos de asbestose, câncer de pulmão e mesotelioma de maneira dependente em função da dose e que *nenhum limite de tolerância foi identificado para os riscos de câncer*".[54] *(grifo dos autores)*

Outro ponto a se destacar é que, se a lei de São Paulo também se posicionava na contramão da legislação federal – Lei Federal 9.055/1995 –, a diferença em relação à lei de Goiás está no fim a que a lei paulista se destinava: maior proteção ao meio ambiente. Ao contrário da Lei do Estado de Goiás – Lei 20.514/2019 –, cujo objetivo é muito claro, assim declarado em seu próprio texto: "Autoriza, para fins exclusivos de exportação, a extração e o beneficiamento do amianto da variedade crisotila no Estado de Goiás".[55]

Diante do exposto, indaga-se se o órgão licenciador responsável poderia não conceder a licença ambiental, tendo em vista o estado da arte sobre os riscos do amianto e diretrizes apontadas pelas comunidades epistêmicas, pois, mesmo "*soft low*", foram elas que deram embasamento à proibição desse mineral no Brasil e mais de 70 países[56].

E ainda, partindo do pressuposto de que a licença deve estar em acordo com a legislação ambiental, o que se questiona é se poderia o órgão ambiental não a conceder ou renovar, embasando-se na proibição em âmbito federal, por ser medida mais protetiva ao meio ambiente.

4.3 Discrepância entre o licenciamento em goiás e os demais estados

O licenciamento ambiental, como um dos instrumentos da Política Nacional do Meio Ambiente, vincula-se às finalidades dessa Política. Com base no artigo 2º da Lei 6.938/1981, espera-se que a atuação do órgão ambiental competente para tanto seja pautada na "preservação, melhoria e recuperação da qualidade ambiental propícia

---

54. BRASIL, 2004, p. 1.
55. GOIÁS, 2019, p. 1.
56. Em 2016, todos os tipos de amianto já estavam proibidos em 60 países no mundo todo. No ano seguinte, em 75 países, inclusive no Brasil (TRIGUEIRO, 2017, p. 1).

à vida, visando assegurar, no País, condições ao desenvolvimento socioeconômico, aos interesses da segurança nacional e à proteção da dignidade da vida humana [...]".

Justamente por estar diretamente vinculado a essa Política é que os princípios que norteiam o licenciamento, mesmo tendo competência descentralizada, não devam ser discrepantes de estado para estado. No máximo, poderiam ser aceitas a diferenças relativas às peculiaridades locais. O que não é o caso. O artigo 3º da Lei Complementar 140/201, ao discorrer sobre a competência comum, mas descentralizada, estabelece como objetivo:

I – proteger, defender e conservar o meio ambiente ecologicamente equilibrado, promovendo gestão descentralizada, democrática e eficiente;

II – garantir o equilíbrio do desenvolvimento socioeconômico com a proteção do meio ambiente, observando a dignidade da pessoa humana, a erradicação da pobreza e a redução das desigualdades sociais e regionais;

III – harmonizar as políticas e ações administrativas para evitar a sobreposição de atuação entre os entes federativos, de forma a evitar conflitos de atribuições e garantir uma atuação administrativa eficiente;

IV – garantir a uniformidade da política ambiental para todo o País, respeitadas as peculiaridades regionais e locais.

A autonomia dos órgãos e entidades licenciadoras dos diferentes entes federativos para definir os procedimentos e critérios, que devem ser adotados durante o processo, não pode extrapolar a regra vigente na norma geral, criando cenários heterogêneos[57].

Nesse ponto, no caso do licenciamento de plantas de produção de amianto em Goiás, muito além da mera heterogeneidade por diferenças locais, o que se vislumbra é uma situação antagônica, em relação a todos os outros demais estados.

E nesse caso em específico, o que se questiona é: se o licenciamento deve ser pautado em leis ambientais, por que seguir a lei estadual e não a proibição federal? Não seria esta mais protetiva que aquela?

A lei estadual de Goiás permite a extração e beneficiamento de asbesto, mas fica no plano abstrato, da possibilidade, dependente da aprovação no processo de licenciamento ambiental entre outras condicionantes, conforme imposto pelo Decreto 9.518/2019[58]. Por essa razão, é o licenciamento ambiental – entre outras exigências elencadas no artigo 2º desse decreto – que concretiza tal possibilidade, dando a permissão e indicando como deve ocorrer.

---

57. "Apesar da existência de instrumentos legais norteadores do processo de licenciamento ambiental no Brasil, os órgãos ambientais licenciadores possuem autonomia para definir os procedimentos e critérios a serem adotados durante o processo, o que leva à formação de um cenário heterogêneo no que se refere ao licenciamento ambiental no País. Atualmente não se tem conhecimento de um documento que reúna informações sobre os procedimentos de licenciamento ambiental no Brasil, que permita identificar e avaliar a metodologia utilizada pelos diferentes órgãos licenciadores" (BRASIL, 2016, p. 43).

58. O artigo 2º desse decreto, que elenca as exigências, dispõe no inciso VI: "obter o devido licenciamento ambiental, as outorgas de uso de recursos hídricos e os demais atos autorizativos de meio ambiente."

Disso resultam consequências ambientais negativas que extrapolam os limites territoriais do país. A Lei 20.514/2019 de Goiás limita a produção de amianto para exportação. Assim, devidamente licenciada a planta, o amianto crisotila é beneficiado e enviado a outros países com leis ambientais menos protetivas. Dessa forma, vão-se as fibras desse minério com seus riscos.

Digno de nota é que, preocupados com o impacto das substâncias perigosas no meio ambiente, na saúde e na vida, o Alto Comissariado das Nações Unidas para os Direitos Humanos e o Programa das Nações Unidas para o Meio Ambiente[59] publicaram *"Human Rights and Hazardous Substances: Key Messages"*[60]. Essas mensagens-chave destacam as obrigações e responsabilidades dos Estados e outros agentes, como empresas, para prevenir e remediar os efeitos nocivos das substâncias perigosas. A segunda mensagem-chave em especial assim orienta: "A solidariedade exige, no mínimo, que os Estados se abstenham de exportar para usos em outros países substâncias perigosas, que não são permitidas nos seus".[61]-[62]

A Lei 20.514/2019, do Estado de Goiás, não foi editada por órgão ambiental criado para defesa do meio ambiente e, por isso, está sujeita a interesses vários. Já o licenciamento ambiental é instrumento vinculado à proteção ambiental. E sua razão de existir é para este fim: o desenvolvimento sustentável.

5. LICENCIAMENTO AMBIENTAL FRENTE À COMPLEXIDADE DE RISCOS PARA ALÉM DOS LIMITES DA PLANTA DE PRODUÇÃO DE AMIANTO E SEUS PRODUTOS

Para abordar os riscos ambientais que decorrem da produção de amianto e seus produtos, importante ampliar a análise dos impactos para além da cadeia produtiva e estender o olhar para cadeia de consumo e pós-consumo.

Isso porque os riscos que as fibras de amianto representam ultrapassam a planta de produção em si. Envolvem não apenas a atividade a ser licenciada, mas todos os reflexos ao meio ambiente e à saúde que produtos à base de amianto produzidos por tal atividade representarão.

É que os produtos com amianto, e que são muitos, levam consigo a possibilidade de suas fibras se desprenderem, seja por desgaste natural, seja em reformas e demolições, como o caso das telhas de fibrocimento amianto.

Quanto aos riscos do amianto presentes no ambiente laboral formal, há quem alegue ser possível e viável gerenciá-los, pelo fato de as grandes empresas poderem

---

59. No original: The Office of the United Nations High Commissioner for Human Rights (OHCHR) and the United Nations Environment Programme (UNEP).
60. Tradução Livre: "Direitos Humanos e Substâncias Perigosas: Mensagens-Chave".
61. No original: *"Solidarity requires, at a minimum, that States refrain from permitting the export of hazardous substances for uses in other countries different from those they permit in their own."*
62. OHCHR; UNEP, 2021, p. 3.

contar com especialistas em segurança do trabalho e EPIs para esse enfrentamento, além de serem alvos de fiscalização.

No entanto, não se pode dizer o mesmo quanto ao meio ambiente de trabalho informal, em que os riscos do amianto são desconhecidos ou desprezados, além de pouca ou nenhuma fiscalização. Agrava ainda mais essa situação o fato de que se abre um leque de usos e reutilizações de produtos, como telhas e caixas d'água de fibrocimento amianto, em que é praticamente impossível o controle. Justamente por isso, os riscos muito facilmente se estendem para o meio ambiente, impactando a qualidade do ar, com reflexos possíveis na saúde de muitas pessoas.

E nota-se que, apesar de serem atividades potencialmente poluidoras, seria impraticável exigir a elas o licenciamento ambiental.

Alguns autores justificam a necessidade da proibição de produtos com amianto justamente pelos riscos incontroláveis na fase de consumo e pós-consumo.

Levando em conta essa complexidade de desdobramentos de riscos que foi apontada, questiona-se se é eficiente recortar a análise dos impactos ambientais de uma atividade apenas em um ponto – em uma determinada planta de produção de amianto ou de seus produtos, por exemplo –, sendo que, a partir dos produtos que ela coloca no mercado, origina-se uma cadeia de usos e reutilizações, com replicação dos riscos das fibras de amianto.

O que se percebe é que, se o objetivo for a proteção do meio ambiente de fato, não basta focar em um ponto apenas, diante da complexidade de riscos que se abre a partir da autorização dessa atividade. Durante o processo de licenciamento ambiental, é preciso que os agentes, em sua análise, ultrapassem os limites geográficos do empreendimento de produção de amianto e verifiquem seus impactos além da planta de produção.

Muito embora aqui se esteja falando em extensão de impactos e replicações, interessante trazer a colocação de Machado,[63] que também sinaliza a necessidade de exame mais amplo no processo de licenciamento ambiental quanto aos padrões de qualidade. Aponta não ser suficiente limitar a análise somente no empreendimento em questão.[64]

---

63. MACHADO, 2018.
64. Quanto ao licenciamento ambiental e padrões de qualidade, Machado (2018) ensina: "Os padrões de qualidade previstos para o meio receptor – água, ar e solo – devem ser amplamente confrontados com o sistema de produção e efluentes da atividade que pretende obter a autorização. [...] Os limites previstos na resolução devem ser constatados no meio receptor em que se pretende lançar os efluentes da instalação, cuja autorização está sendo requerida. Não importa que a atividade – por si só – não ultrapasse algum dos limites previstos: se o lançamento da nova carga poluidora fizer ultrapassar os padrões de qualidade em qualquer das alíneas (exemplo: materiais flutuantes, corantes, coliformes, demanda bioquímica de oxigênio, oxigênio dissolvido, turbidez, pH ou teor máximo de substancias potencialmente prejudiciais) a atividade deverá ser indeferida, isto é, o órgão público ambiental não poderá conceder a autorização ou a licença ambiental" (p. 348).

Assim, ante a gravidade dos riscos que se replicam a partir do consumo de produtos com amianto e a dificuldade de ações eficientes de comando e controle, é que se levanta o princípio da precaução no processo de licenciamento ambiental.

Mesmo sendo o princípio da prevenção o norteador desse instrumento, em último caso, quando o possível dano ao equilíbrio ecológico se mostra impossível de ser mitigado, como no caso em questão, o princípio da precaução deve ser trazido em pauta.

6. O FUTURO DO LICENCIAMENTO AMBIENTAL DE PLANTAS E ATIVIDADES COM AMIANTO

As atividades em que há risco de exposição às fibras de amianto serão motivo de atenção no processo de licenciamento ambiental ainda no futuro, mesmo estando proibida a extração, industrialização e comércio de amianto no Brasil.

Ressalva-se que tal afirmação não é feita referindo-se à questão pontual da produção de amianto no Estado de Goiás. Contra essa situação, já foi interposta Ação Direta de Inconstitucionalidade (ADI 6.200/GO) em face da Lei Estadual de Goiás 20.514/2019, que permite essa atividade no território goiano. Assim, é muito provável que também a SAMA deixará de produzir amianto no município de Minaçu-GO. Ademais, a pressão existente em razão dos empregos gerados por essa empresa para o município, extremamente dependente dessa atividade, será minimizada pela aprovação de novo empreendimento que irá explorar "minerais terras raras"[65] nessa região e já concluiu o licenciamento ambiental em 2020.[66]

A afirmação baseia-se no fato de que haverá reformas e demolições de construções com materiais à base de amianto, que foram erguidas em período anterior à proibição desse produto no País. Nesses casos, os rejeitos de amianto – decorrentes de tais produtos – precisarão de empresas que façam a retirada e disposição final de maneira ambientalmente segura. Será necessário gerenciar o passivo ambiental desses materiais que ainda hoje estão em uso.

Ademais, os aterros (Classe I) para receberem esses rejeitos resultantes do processo de construção que contenham amianto – classificados como resíduos perigosos pela Resolução CONAMA 348/2004 – também necessitam de licenciamento ambiental.

Ainda que de modo preliminar, há outros fatos que levam a pensar que plantas para transformação de produtos com amianto poderão ser licenciadas no futuro.

---

65. A denominação "minerais terras-raras" é dada a 17 elementos químicos: lantânio (La), cério (Ce), praseodímio (Pr), neodímio (Nd), promécio (Pm), samário (Sm), európio (Eu), gadolínio (Gd), térbio (Tb), disprósio (Dy), hólmio (Ho), érbio (Er), túlio (Tm), itérbio (Yb), lutécio (Lu), escândio (Sc) e o ítrio (Y). São considerados o "ouro do século 21" por serem utilizados na fabricação de produtos de tecnologia de ponta, tais como computadores, mísseis, satélites, micro-ondas, laser, ímãs de alta potência que são usados na geração de energia limpa (turbinas eólicas, carros elétricos), equipamentos médicos como ressonância magnética, entre outros (CEDE, 2014).

66. GOVERNO DE GOIÁS, 2020.

Os pesquisadores Roger Borges e seu orientador Fernando Wypych, do Programa de Pós-Graduação em Química da Universidade Federal do Paraná, desenvolveram uma metodologia, já patenteada (BR102016015832 A2), para transformar amianto crisotila (*in natura* ou após remoção de artefatos de fibrocimento) em fertilizante de longa duração e, provavelmente, também como corretor para solos muito ácidos. Isso porque há magnésio e silício no amianto, dois elementos aproveitados pelas plantas. Pelo processo de destruição do amianto crisotila por ação mecanoquímica, esse mineral perde sua periculosidade, pois há o rompimento completo de suas fibras.[67]

Para qualquer licenciamento ambiental futuro, pelo qual se pleiteie de alguma forma manipular amianto ou produtos com essa matéria prima, impõe que o Estado, representado pelo órgão ambiental competente, não se omita quanto a uma obrigação que a ele incumbe: cuidar do meio ambiente e da saúde pública. Para tanto, é imprescindível pautar todas as suas ações a bem desses objetivos, conjugando-o com outros que se fazem também importantes.

7. CONSIDERAÇÕES FINAIS

As plantas de produção e de atividades utilizadoras de amianto, ou asbesto, têm sido objeto de análise no processo de licenciamento ambiental. Já é consenso que as fibras desse mineral representam riscos ao meio ambiente com potenciais reflexos na saúde das pessoas. Não mais se coloca em dúvida a atenção que a questão exige.

No entanto, a atenção dada a esse problema não tem sido uniforme no Brasil. Enquanto no País estão proibidas a extração e a produção de amianto, no estado de Goiás, valendo-se de brechas processuais, foi editada a Lei 20.514/2019, que permite essas atividades para fins de exportação. Ademais, existem normatizações estipulando limites de segurança para aspirações das fibras de amianto no ambiente laboral, enquanto importantes comunidades epistêmicas – OMS, IARC, Collegium Ramazzini e outras – declaram não haver um limite de tolerância aceitável.

O que se percebe é que os riscos do amianto são mais um entre tantos outros produzidos na modernidade, exigindo ações complexas para seu enfrentamento. São problemas do mundo contemporâneo das mais diferentes ordens que se entrelaçam com as questões ambientais. Por isso, o problema dos riscos do amianto também recai como questão de atenção no processo de licenciamento ambiental pelo órgão ambiental responsável.

E, nesse ponto, mereceu destaque a questão da competência dos entes federativos para o licenciamento ambiental estabelecida pela Lei Complementar 140/2011. É que, se por um lado, houve um avanço ao estabelecer um único ente responsável pelo licenciamento ambiental; por outro, abriu espaço para não uniformidade nas

---

67. BROPP, 2018.

decisões, mesmo o licenciamento ambiental sendo instrumento de uma política maior – Política Nacional do Meio Ambiente – com princípios norteadores de suas ações.

Com foco nessa questão, procurou-se analisar como a administração pública de diferentes entes estatais tem decidido nas questões referentes ao amianto para o licenciamento ambiental. Afinal, este é um dos instrumentos que o Estado tem nas mãos para contribuir na efetivação do direito ao meio ambiente ecologicamente equilibrado.

A análise evidenciou discrepâncias no processo de licenciamento ambiental de plantas de produção de amianto em diferentes entes federativos. A exemplo, o estado de Goiás, que, em sentido contrário aos demais entes, tem atualmente essa atividade lá licenciada.

E essa não uniformidade é preocupante, pois, se existem técnicas para controlar os riscos nos limites geográficos da planta, fora dela o controle é praticamente impossível. Justamente por isso, considera-se que, no licenciamento ambiental, a análise dos impactos ambientais decorrentes de uma atividade de produção de amianto deve extrapolar a planta. Impõem-se estudos multidisciplinares e mais amplos com vistas aos possíveis riscos que os produtos com amianto alcançarão.

O que se mostra claro é que as cadeias de produção e consumo são contínuas e interdependentes. Assim, se o objetivo é, de fato, a proteção ambiental, não é razoável fazer o levantamento dos riscos atendo-se a um ponto apenas da cadeia de produção, quando se sabe, de antemão, da impossibilidade de controle nas etapas subsequentes. Só poderia ser isolada a análise da atividade, se em todas as demais etapas houvesse certeza da possibilidade e viabilidade de ações de comando e controle. O que não ocorre, no caso dos produtos com amianto.

Assim, é crucial que os órgãos licenciadores considerem o alcance dos riscos futuros, além dos limites das plantas de produção de amianto a ser licenciada. São novas demandas da sociedade de risco que exigem do poder público, dos órgãos ambientais competentes, respostas à altura da complexidade dos riscos, no caso, do amianto.

Embora o licenciamento ambiental procure, em regra, articular formas de conciliar proteção ambiental e atividade econômica, no caso do licenciamento de plantas de produção do amianto parece ser impossível conciliar essas duas variáveis, considerando os riscos futuros que decorrerão dessas atividades.

Todavia, diferentemente da questão do licenciamento de atividades de produção, em que se verifica claramente uma resistência à proibição da extração e produção do amianto em âmbito federal, persistirá ainda por longos anos o licenciamento de atividades necessárias para dar destinação final aos produtos com amianto que ainda estão presentes na sociedade.

O mais importante é que a exposição ambiental às fibras de amianto, como agente cancerígeno que é, pode ser eliminada no futuro, se já no presente não mais forem licenciadas atividades de produção de amianto.

8. REFERÊNCIAS

ANTUNES, Paulo de Bessa. *Direito Ambiental*. Rio de Janeiro, Lumen Juris, 1996.

BRASIL, Decreto 9.518, de 25 de setembro de 2019. Regulamenta a Lei 20.514, de 16 de julho de 2019, que autoriza, para fins exclusivos de exportação, a extração e o beneficiamento do amianto da variedade crisotila, no Estado de Goiás. 2019a Disponível em: https://www.legisweb.com.br/legislacao/?id=382728. Acesso em: 11 jul. 2021.

BRASIL. *Cartilha de Licenciamento Ambiental*. 2. ed. Brasília: TCU, 2007.

BRASIL. Decreto 99.274, de 6 de junho de 1990. Regulamenta a Lei 6.902, de 27 de abril de 1981, e a Lei 6.938, de 31 de agosto de 1981, que dispõem, respectivamente, sobre a criação de Estações Ecológicas e Áreas de Proteção Ambiental e sobre a Política Nacional do Meio Ambiente, e dá outras providências. Disponível em: www.planalto.gov.br/ccivil_03/decreto/antigos/d99274.htm. Acesso em: 15 jun. 2021.

BRASIL. Lei 6.938, de 31 de agosto de 1981. Dispõe sobre a Política Nacional do Meio Ambiente, seus fins e mecanismos de formulação e aplicação, e dá outras providências. Disponível em: http://www.planalto.gov.br/ccivil_03/leis/l6938.htm. Acesso em: 25 jun. 2021.

BRASIL. Lei Complementar 140, de 08 de dezembro de 2011. Fixa normas, nos termos dos incisos III, VI e VII do caput e do parágrafo único do art. 23 da Constituição Federal, para a cooperação entre a União, os Estados, o Distrito Federal e os Municípios nas ações administrativas decorrentes do exercício da competência comum relativas à proteção das paisagens naturais notáveis, à proteção do meio ambiente, ao combate à poluição em qualquer de suas formas e à preservação das florestas, da fauna e da flora; e altera a Lei 6.938, de 31 de agosto de 1981. Disponível em: http://www.planalto.gov.br/ccivil_03/leis/lcp/lcp140.htm. Acesso em: 11 jun. 2021.

BRASIL. Ministério do Meio Ambiente. Procedimentos de Licenciamento Ambiental do Brasil. Brasília: MMA, 2016. Disponível em: http://pnla.mma.gov.br/images/2018/08/VERS%C3%83O-FINAL-E--BOOK-Procedimentos-do-Lincenciamento-Ambiental-WEB.pdf. Acesso em: 13 jun. 2021.

BRASIL. Ministério do Meio Ambiente. Resolução CONAMA 237, de 19 dezembro de 1997. Dispõe sobre conceitos, sujeição, e procedimento para obtenção de Licenciamento Ambiental, e dá outras providências. Disponível em: http://www2.mma.gov.br/port/conama/res/res97/res23797.html. Acesso em: 10 jun. 2021.

BRASIL. Ministério do Meio Ambiente. Resolução CONAMA 348, de 16 de agosto de 2004. Altera a Resolução CONAMA 307, de 5 de julho de 2002, incluindo o amianto na classe de resíduos perigosos. Disponível em: http://www2.mma.gov.br/port/conama/legiabre.cfm?codlegi=449. Acesso em: 12 jul. 2021.

BRASIL. Ministério do Trabalho e Emprego. NR 15. Atividades e operações insalubres. 1991 Disponível em: www.gov.br/trabalho/pt-br/inspecao/seguranca-e-saude-no-trabalho/normas-regulamentadoras/nr-15-anexo-12.pdf/view. Acesso em: 02 jul. 2021.

BRASIL. Constituição Federal de 5 de outubro de 1988. Constituição da República Federativa do Brasil de 1988. Diário Oficial da República Federativa do Brasil, Brasília, DF, 5 de outubro de 1988. Disponível em: www.planalto.gov.br/ccivil_03/constituicao/constituicao.htm. Acesso em: 26 jun. 2021.

BROPP, Camille. Processo que transforma sobras de amianto branco em fertilizante é tema de doutorado na UFPR. Universidade Federal do Paraná. 2018. Disponível em: https://www.ufpr.br/portalufpr/noticias/processo-que-transforma-sobras-de-amianto-branco-em-fertilizante-e-tema-de-doutorado-na-ufpr/. Acesso em: 25 jun. 2021.

CEDE – Centro de Estudos e Debates Estratégicos. Minerais estratégicos e terras-raras. Relator Colbert Martins; Paulo César Ribeiro Lima et al. Brasília: Câmara dos Deputados, Edições Câmara, 2014. Disponível em: www2.camara.leg.br/a-camara/estruturaadm/altosestudos/temas/pdf/minerais-estrategicos-e-terras-raras. Acesso em: 26 jun. 2021.

CETESB – Companhia Ambiental do Estado de São Paulo. Ficha de Informação Toxicológica: Amianto. Maio/2015. Atualizado em março/2017. Disponível em: https://cetesb.sp.gov.br/laboratorios/wp-content/uploads/sites/24/2013/11/Amianto_Asbesto.pdf. Acesso em: 28 jun. 2021.

CETESB – Companhia de Tecnologia de Saneamento Ambiental. Licenciamento Ambiental e as Micro e Pequenas Empresas. v. 1. 2006. Disponível em: https://cetesb.sp.gov.br/licenciamentoambiental/wp-content/uploads/sites/32/2013/12/licenciamento-cartilha1.pdf. Acesso em: 20 jun. 2021.

CONSEMA – Conselho Estadual do Meio Ambiente. Deliberação Normativa 01, de 13 de novembro de 2018. Disponível em: https://smastr16.blob.core.windows.net/consema/2018/11/del-normativa-01-2018.pdf. Acesso em: 10 jul. 2021.

COSTA, Isabele Campos. *Estudo dos efeitos genotóxicos do amianto em trabalhadores expostos*. Rio de Janeiro: s.n., 2009. Disponível em: www.arca.fiocruz.br/bitstream/icict/2321/1/ENSP_Disserta%-c3%a7%c3%a3o_Costa_Isabele_Campos.pdf. Acesso em: 03 jul. 2021.

ESTADO DE GOIÁS, Lei 20.514, de 16 de julho de 2019. Autoriza, para fins exclusivos de exportação, a extração e o beneficiamento do amianto da variedade crisotila no Estado de Goiás. Disponível em: https://legisla.casacivil.go.gov.br/api/v2/pesquisa/legislacoes/100717/pdf. Acesso em: 10 jul. 2021.

FARIAS, Talden. *Licenciamento Ambiental*: Aspectos Teóricos e Práticos. 5. ed. Belo Horizonte: Fórum, 2015.

FARIAS, Talden. Pontos Relevantes do Licenciamento Ambiental. *Direito Ambiental e Sustentabilidade*. Barueri, SP: Manole, 2016. Disponível em: https://edisciplinas.usp.br/pluginfile.php/3808136/mod_resource/content/1/Farias%2C%20Talden.%20licenciamento.pdf. Acesso em: 11 jun. 2021.

GOVERNO DE GOIÁS. Exploração de terras raras vai gerar mais de sete mil postos de trabalho em Minaçu. 27 de maio de 2020. Disponível em: https://www.goias.gov.br/servico/43-economia/121767-exploracao-de-terras-raras-vai-gerar-mais-de-sete-mil-postos-de-trabalho-em-minacu.html. Acesso em: 14 jul. 2021.

GRANZIERA, Maria Luiza Machado. *Direito Ambiental*. 5. ed. rev. e atual. Indaiatuba: Editora Foco, 2019.

IARC – International Agency for Research on Cancer. Asbestos. Overall evaluations of carcinogenicity: an updating of IARC monographs. v. 1, t. 42, supplement 7. p. 106-116. Lyon: IARC, 1987. Disponível em: https://publications.iarc.fr/Book-And-Report-Series/Iarc-Monographs-Supplements/Overall-Evaluations-Of-Carcinogenicity-An-Updating-Of-IARC-Monographs-Volumes--1%E2%80%9342-1987. Acesso em: 22 maio 2020.

INCA – Instituto Nacional de Câncer. Amianto. 2018. Disponível em: https://www.inca.gov.br/exposicao-no-trabalho-e-no-ambiente/amianto. Acesso em: 12 jul. 2020.

INSERM – Institut National de la Santé et de la Recherche Médicale. Effects sur la Santé des Principaux Types d'Exposition à l'Amiante. Paris: INSERM, 1997.

MACHADO, Paulo Affonso Leme. *Direito Ambiental Brasileiro*. 26. ed., rev., ampl. e atual. São Paulo: Malheiros. 2018.

NEHA – National Environmental Health Association. Definition of Environmental Health. Disponível em: https://www.neha.org/about-neha/definitions-environmental-health. Acesso em: 22 jul. 2021.

NEWHOUSE, Muriel L.; THOMPSON, Hilda. Mesothelioma of pleura and peritoneum following exposure to asbestos in the London área. *British Journal of Industrial Medicine*. 22:261-269. 1965. Disponível em: https://www.ncbi.nlm.nih.gov/pmc/articles/PMC1069377/. Acesso em: 18 jul. 2020.

OHCHR; UNEP. *Human Rights and Hazardous Substances*: Key Messages. 2021. Disponível em: www.ohchr.org/Documents/Issues/ClimateChange/materials/KMHazardousSubstances25febLight.pdf. Acesso em: 15 jul. 2021.

SÃO PAULO. Lei 12.684, de 26 de julho de 2007. Proíbe o uso, no Estado de São Paulo de produtos, materiais ou artefatos que contenham quaisquer tipos de amianto ou asbesto ou outros minerais que, acidentalmente, tenham fibras de amianto na sua composição. Disponível em: www.al.sp.gov.br/norma/73261#:~:text=Lei%20n%C2%BA%2012.684%2C%20de%2026%2F07%2F2007&text=Pro%C3%ADbe%20o%20uso%2C%20no%20Estado,de%20amianto%20na%20sua%20composi%C3%A7%C3%A3o. Acesso em: 21 jul. 2020.

STF – Supremo Tribunal Federal. Efeitos nocivos do amianto atingem não só trabalhadores, mas toda a população, diz gerente da Cetesb. 24 de agosto de 2012. Disponível em: https://stf.jusbrasil.com.br/noticias/100040738/efeitos-nocivos-do-amianto-atingem-nao-so-trabalhadores-mas-toda-a-populacao-diz-gerente-da-cetesb. Acesso em: 29 jun. 2021.

TRIGUEIRO, André. Por que o uso do amianto ainda é permitido no Brasil? *Informe ENSP* – Escola Nacional de Saúde Pública Sérgio Arouca. 21 agosto 2017. Disponível em: http://www.ensp.fiocruz.br/portal-ensp/informe/site/materia/detalhe/42397. Acesso em: 26 jul. 2020.

WBG – World Bank Group. Good Practice Note: Asbestos: Occupational and Community Health Issues. 2009. Disponível em: http://www.mtpinnacle.com/pdfs/AsbestosGuidanceNoteFinal.pdf. Acesso em: 02 jul. 2021.

WHO – World Health Organization. Preventing Disease Through Healthy Environments: Action is Needed on Chemicals of Major Public Health Concern. Switzerland: 2010a. Disponível em: www.who.int/ipcs/features/10chemicals_en.pdf?ua=1. Acesso em: 20 nov. 2020.

LICENCIAMENTO E ÁREAS CONTAMINADAS

Andrew Rangel dos Reis

1. INTRODUÇÃO

O dinamismo presente no Estado de São Paulo – ESP, característica que floresceu devido aos mais diversos rearranjos espaciais e econômicos pelos quais passou ao longo das últimas décadas, certamente é um dos principais atributos dessa região. Uma qualidade que ao mesmo tempo, todavia, provoca apreensão, vez que o passado predominantemente fabril do estado não se esconde.

A questão do solo contaminado, e sua tardia descoberta, neste sentido, esteve historicamente atrelada à reutilização dos espaços, ou em outras palavras, à alteração do uso do solo. Diferentemente da poluição do ar ou das águas, fizeram as características físico-químicas do solo, cumulatividade e baixa mobilidade, com que esta poluição ficasse confinada à visão de poucos, situação avaliada por Lima, Granziera e Rei[1] ao mencionarem que os riscos proporcionados pelo ambiente contaminado. Ao contrário dos riscos mais comuns, como a violência e pobreza, aventam ameaças que não permitem sua imediata delimitação social, temporal, nem mesmo espacial, levando-se em conta que, por vezes, são depositados resíduos no ambiente que se misturaram com outros químicos, criando uma verdadeira massa contaminada distribuída por várias e diferentes áreas.

O risco representado pela contaminação do solo, portanto, é o preço que hoje pagamos em decorrência não só do "crescimento a todo custo", experimentado entre os anos sessenta e oitenta, mas do evidente desconhecimento científico da época e da ignorância em relação às externalidades das indústrias e o meio ambiente como um todo, um padrão adotado repetidamente por todo o globo.

A dificuldade na verificação da contaminação do solo como problema residiu exatamente no desafio de se vincular o nexo causal entre as contaminações e os sintomas apresentados pelas populações. Segundo Sanchez[2] o motivo de o solo contar com características de cumulatividade e baixa mobilidade o diferencia dos outros meios, justamente pela questão de no ar e na água os efeitos, em geral, cessarem logo após estes deixarem de receber cargas poluidoras em excesso.[3]

Dentre os grandes problemas ambientais, portanto, estão as áreas contaminadas tendo passado a afetar o cotidiano da população de forma mais visível apenas nas últimas décadas.[4]

---

1. LIMA, GRANZIERA e REI, 2018, p. 352.
2. SANCHEZ, 2001, p. 81.
3. Segundo o autor, o ar transporta as cargas poluidoras para longe e a água flui e dilui os químicos remanescentes.
4. MORINAGA, 2013, p. 71.

Consequentemente, foi somente nos anos noventa que a CETESB passou a dar atenção às áreas contaminadas no ESP, sendo a responsável por verificar os primeiros casos no País a partir da aplicação dos conhecimentos adquiridos via acordo de cooperação firmado com a agência técnica alemã Deutsche Gesellschaft für Technische Zusammenarbeit – GTZ, que possibilitou que a agência bandeirante capacitasse seu corpo técnico, bem como recebesse apoio financeiro,[5] o que proporcionou, posteriormente, o desenvolvimento pioneiro de procedimentos legais destinados à identificação, investigação e remediação voltados ao gerenciamento das áreas contaminadas.

Da mesma forma, criou e mantém o Cadastro de Áreas Contaminadas, o Relatório de Estabelecimento de Valores Orientadores para Solos e Áreas Contaminadas para o Estado de São Paulo, o Guia para Avaliação do Potencial de Contaminação em Imóveis e o Manual de Gerenciamento de Áreas Contaminadas, recentemente atualizado, todos instrumentos de gerenciamento disponíveis e de acesso público.[6] Também auxiliou na elaboração do marco regulatório estadual de 2009.

No âmbito municipal destaca-se o atualmente denominado Grupo Técnico de Áreas Contaminadas – GTAC, instituído em 2002 pela Secretaria Municipal do Verde e Meio Ambiente de São Paulo, que participou em parceria com a CETESB no ano de 2003 da criação do Grupo Interinstitucional para o Estabelecimento de Procedimentos em Áreas Contaminadas – GIAC, propiciando alguns projetos piloto na cidade.[7] Desses, o mais exitoso fora consubstanciado na Decisão da Corregedoria da Justiça 167/2005, que determinou a necessidade de averbação da contaminação e reabilitação à margem do respectivo registro imobiliário.

O licenciamento, nessa toada, caracteriza-se pela postura de prevenção à contaminação, avaliando os riscos de cada empreendimento e apontando soluções técnicas e procedimentais que devem ser adotadas, sob pena de não concessão/renovação das licenças, não só prévia e de instalação, mas também de operação, considerando inclusive a eventual desativação do empreendimento. Da mesma forma, o licenciamento também permite a descoberta precoce de contaminações, possibilitando que a problemática não saia de controle.

É exemplo de prevenção a exigência de licenciamento periódico dos postos revendedores de combustíveis a partir da publicação da Resolução Conama 273/2000; só no ESP foram mais de 8.500 postos convocados para realização do licenciamento ambiental,[8] representando hoje mais da metade dos locais contaminados registrados.

Em relação ao conceito de "área contaminada", considera-se o significado contido na Lei Estadual 13.577/09, qual seja, "área, terreno, local, instalação, edificação ou benfeitoria onde há quantidade ou concentração de matéria suficiente para possibilitar ou causar danos à saúde humana, ao meio ambiente ou outro bem que se

---

5. RAMIRES, 2008, p. 72.
6. FERRADOR et al, 2017, p. 3 e GÜNTHER, 2006, p. 113.
7. RAMIRES, 2008, p. 86.
8. CETESB, 2021.

queira proteger". Essa poluição ou contaminação pode ser causada por substâncias ou resíduos que lá tenham sido depositados, acumulados, armazenados, enterrados ou infiltrados, de forma intencional, acidental ou até mesmo natural. Nesses locais, os contaminantes podem se concentrar nos diferentes compartimentos da superfície terrestre, como no solo em geral, nas rochas, sedimentos, águas subterrâneas e até mesmo nas paredes, pisos e estruturas das construções.

Por fim, pretende este capítulo ressaltar as normativas mais importantes relacionadas às áreas contaminadas, numa divisão didática-federativa, direcionada ao melhor entendimento das competências e iniciativas, dentro das quais se aplica um critério de antiguidade para exposição.

2. LEGISLAÇÃO NACIONAL

2.1   A Resolução Conama 420 de 2009

A referida resolução foi a primeira norma federal a tratar sobre áreas contaminadas e, em sendo resolução aprovada pelo Conselho Nacional do Meio Ambiente – CONAMA, passou previamente por diversas discussões e exaustivos debates.

Relatos informam que o primeiro grupo de trabalho – GT, formado em 2002, contou com participação de diversos órgãos ambientais nacionais. Apesar dos esforços, as diligências restaram infrutíferas e o GT foi encerrado.[9]

Posteriormente, em 2006, o assunto foi retomado pelo CONAMA e novo GT foi criado. Após dezesseis reuniões, decidiu-se que a melhor metodologia seria a desenvolvida pela CETESB no ESP, como ficou corroborado no relatório da última reunião do GT:[10] "[...] ficou evidenciada a necessidade de explanar na apresentação final desta proposta de resolução que grande parte do conteúdo apresentado, é fruto da experiência adquirida pela CETESB."

Vale ressaltar que a resolução teria sido pioneira, ao menos em relação ao critério de existência de norma, se não tivesse surgido após a Lei Estadual de São Paulo 13.577 de 08 de julho de 2009, que oficializou as posturas e experiências da CETESB.

A resolução estabeleceu que a proteção do solo deve ser realizada de forma preventiva, com a finalidade de garantir a manutenção de sua funcionalidade ou corretiva, no caso de já estar maculada, visando restaurar a qualidade ou recuperá-la de forma compatível com os usos previstos.[11]

Nela estabeleceram-se fundamentos básicos como a geração e disponibilização de informações; articulação, cooperação e integração institucional entre os órgãos do SISNAMA e os proprietários, usuários e demais beneficiados ou afetados; fixação

---

9. MMA, 2009.
10. MMA, 2008, p. 2.
11. REI; CIBIM, 2011, p. 70.

de metas ambientais graduais; racionalidade e otimização de ações e custos; responsabilização do causador pelo dano e suas consequências e a comunicação do risco.[12]

Posteriormente, a deliberação federal foi atualizada no ano de 2013 pela resolução Conama 460, sem grandes modificações em seu conteúdo.

Destaca-se que até a aprovação da norma não havia qualquer parâmetro geral e nacional direcionado à definição sobre contaminação do solo ou procedimentos de gerenciamento e/ou remediação.

Assim, quando aprovada, estabeleceu critérios de cunho geral sobre a qualidade do solo, valores de referência e diretrizes, temas que foram distribuídos, segundo Ferreira, Lofrano e Morita,[13] em três anexos da seguinte maneira: o primeiro instituiu metodologias para o estabelecimento de valores de referência para qualidade do solo, o segundo apresentou uma lista de valores orientadores para o solo e água subterrânea e o terceiro um fluxograma de etapas relacionadas ao gerenciamento das áreas contaminadas.

3. LEGISLAÇÃO DO ESTADO DE SÃO PAULO

O ESP passou pelo mais intenso desenvolvimento fabril da América Latina em um momento de completa inexistência de regulações ambientais, ocorrendo somente na década de 1970 a publicação da Lei Estadual 997/76 e decreto regulamentador 8.468/76, que tratavam do controle da Poluição Ambiental, coibindo o lançamento de poluentes nas águas, ar e solo e convertendo a CETESB no órgão executivo responsável pelo licenciamento e fiscalização das atividades potencialmente poluidoras no estado de São Paulo.[14]

Com o surgimento de centenas de localidades contaminadas, como exposto anteriormente, a temática era tratada, naquele momento, de forma indireta e modesta, dentro de um amplo conceito de poluição, especialmente na questão do solo. Isso pode ser constatado analisando-se a Constituição Estadual paulista de 1989[15] e a Política Estadual do Meio Ambiente[16], que tratavam indiretamente da poluição do solo, referindo-se de forma abstrata com a denominação "áreas degradadas".

A concepção teórica das áreas contaminadas, como se apresenta hoje, ao menos na legislação brasileira, só veio com a experiência do órgão ambiental paulista, propiciada pela busca por intercambio de informação e conhecimento técnico com órgãos internacionais. O protagonismo de São Paulo no tema das áreas contaminadas é inegável, tendo impulsionado tudo que se tem sobre o tema no país.

---

12. Res. CONAMA 420, artigo 21.
13. FERREIRA, LOFRANO e MORITA, 2020.
14. COSTA, 2019, p. 48.
15. Artigo 193, incisos II, IV, XIV e XX.
16. Lei 9.509 de 1997.

A experiência de São Paulo no tema influenciou inclusive outras normativas não ambientais, o que se demonstra a seguir.

3.1 As Leis 9.472/96 e 9.999/98 e a transformação das zonas industriais no Estado de São Paulo

Em São Paulo, a Lei Estadual 1817, de 27 de outubro de 1978, previa os objetivos e diretrizes para o desenvolvimento industrial metropolitano, determinando zonas de uso predominantemente industriais – ZUPI.

Ocorre que a retirada das indústrias no ESP no final da década de noventa já era perceptível, propiciando centenas de vazios urbanos, suscetíveis a um elevado grau de degradação social e ambiental.

A compreensão dessa dinâmica incentivou a alteração do zoneamento estadual, o que se fez por meio da lei 9.472/96, visando transformar essas regiões, com a permissão para instalação de outros tipos de empreendimentos, especificamente os comerciais de prestação de serviços, estabelecendo-se como único pré-requisito a exigência de que houvesse uma significativa descaracterização do uso industrial.[17]

Com a intensa transformação promovida após o advento dessa lei, ficou evidente o interesse na reutilização dessas áreas, inclusive para fins residenciais, tendo também se constatado a poluição do solo. Com os sinais de contaminação e a criação de uma inicial consciência relacionada à poluição do solo, foi aprovada uma nova alteração legislativa apenas dois anos depois, a Lei 9.999/98, que alterava parâmetros da Lei 9.472/96.[18]

Neste novo momento admitiu-se a instalação de empreendimentos comerciais, de prestação de serviços, institucionais e até mesmo de empreendimentos residenciais nas ZUPI, caso fosse comprovada descaracterização significativa do uso industrial e, adicionalmente, a não contaminação do local, mediante parecer técnico do órgão ambiental estadual, tratando-se, naquele momento, da única iniciativa direcionada à execução de estudos sobre a qualidade do solo.[19]

3.2 A Lei 13.577/2009

Conforme demonstrado anteriormente, o modelo de crescimento e industrialização de algumas regiões do estado paulista gerou, ao longo das décadas, um número considerável de "*sites*" industriais abandonados ou desocupados que, para a CETESB (2016a), tiveram origem no desconhecimento, no passado, dos procedimentos seguros para a manipulação de substâncias perigosas gerando episódios de

---

17. PAES, 2020.
18. PAES, 2020.
19. SANCHES, 2001, p. 138.

acidentes ou de vazamentos durante o desenvolvimento dos processos produtivos, seja no transporte ou no armazenamento de matérias primas e produtos.

No momento em que a agência entendeu essa realidade, e a falta de regulação específica, passou a aplicar a legislação estadual genérica sobre poluição[20], além de desenvolver seus próprios critérios para análise desse tipo de poluição, utilizando como fonte as parcerias internacionais supracitadas, sendo somente em 2009 que a Assembleia Legislativa paulista editou a Lei 13.577/09, com a intenção de estabelecer diretrizes e mecanismos para a proteção do solo e o gerenciamento de áreas contaminadas.

A lei apresentou também definições para função do solo sustentação da vida e do "habitat" para pessoas, animais, plantas e organismos do solo; manutenção do ciclo da água e dos nutrientes; proteção da água subterrânea; manutenção do patrimônio histórico, natural e cultural; conservação das reservas minerais e de matéria-prima; produção de alimentos e meios para manutenção da atividade socioeconômica.

Considera-se ainda a primeira legislação específica para áreas contaminadas na América Latina, ostentando dois principais direcionamentos. O primeiro em relação aos locais que já exibem quantidades de matéria em níveis prejudiciais à saúde humana e o segundo em relação aos que possam vir a ter certo grau de contaminação, tornando-se prejudiciais.[21]

Em relação à primeira situação, a norma relacionou procedimentos de identificação, obrigando os responsáveis legais a informarem à CETESB logo no primeiro indício de contaminação e, assim, perseguirem um rito de verificação e comprovação da contaminação, chamado de avaliação preliminar. Tais fatos geram o disparo de uma série de eventos, como a inscrição da área no cadastro de espaços em investigação e em avaliação preliminar, consubstanciando o responsável legal na obrigação de perseguir os procedimentos verificadores, como a investigação confirmatória. Vale mencionar que ainda neste primeiro momento, se criou uma gradação de gravidade das poluições, podendo, nos casos de urgência, com iminente risco à vida, existir uma ação mais enérgica e imediata da CETESB que no uso do seu poder de polícia poderia tomar ações como, por exemplo, o impedimento de acesso ao local com gradis.[22]-[23]

Os casos que não se enquadrem nesse perfil de gravidade correm pelo procedimento padrão, com o responsável técnico contratado pelo proprietário, muitas das vezes via empresas de consultoria que devem perseguir os procedimentos estabelecidos na legislação, apresentando os resultados ao órgão ambiental no tempo devido.

Na segunda situação, a análise tem cunho licenciatório, vez que analisa as questões intrínsecas de cada empreendimento por suas próprias características ou

---

20. Lei 997/76 e Decreto 8.466/76 e alterações.
21. REI; CIBIM, 2011, p. 68.
22. TERRA; PASSARETTI, 2020.
23. Lei 13.577/09 – Artigo 14.

mesmo de acordo com a tabela de empreendimentos potencialmente poluidores, com aplicação da Classificação Nacional de Atividades Econômicas – CNAE.

A partir dessa análise prévia de risco ambiental, o órgão poderá determinar um acompanhamento periódico da área, justificado pelo risco potencial de contaminação.

Na intenção de padronizar e oferecer maior segurança jurídica, estabeleceu valores de intervenção, prevenção e de referência de qualidade.

Os valores de intervenção são parâmetros que oferecem um valor de corte para definir quando determinada concentração de contaminação oferece riscos potenciais à saúde humana. É utilizado principalmente no início do procedimento de gerenciamento, a fim de diagnosticar se determinada área é contaminada, sendo, então, classificada como em investigação, caso seja constatada a presença de contaminantes em concentrações em nível superior ao previsto. Também é utilizado como fator impeditivo à continuidade de introdução de cargas poluentes no solo, ou seja, é um fator determinante na renovação de licenças de operação, vez que a detecção de contaminação constitui justo motivo para a não renovação.

Os valores de prevenção, por sua vez, são tidos como uma espécie de alerta, vez que concentrações acima do nível previsto demonstram a possibilidade de ocorrência de alterações prejudiciais à qualidade do solo e da água subterrânea. Nos casos onde há monitoramento preventivo, na circunstância de serem ultrapassados os níveis previstos, deve ser reavaliada a continuidade da atividade pelo órgão ambiental.[24]

Já os valores de referência de qualidade são conhecidos por definirem a qualidade natural do solo ou das águas subterrâneas. Trata-se do valor utilizado como orientação para a política de prevenção e controle das funções do solo.

Assim, após a análise geral da legislação, podemos comentar que os principais mecanismos apresentados pela lei são a definição nítida das responsabilidades, as classificações e o cadastro das áreas contaminadas, a criação de um programa de participação popular, o Fundo Estadual para Prevenção e Remediação de Áreas Contaminadas – FEPRAC; a exigência de garantias bancárias ou seguros ambientais e a exigência de planos de desativação,[25] os quais passam a ser analisados a seguir.

A Lei 13.577/09 foi feliz ao iluminar a questão da responsabilidade, estabelecendo um rol meramente exemplificativo e não hierárquico das classes de "pessoas" responsáveis pela remediação de uma área contaminada, como: o causador da contaminação e seus sucessores; o proprietário, superficiário e/ou detentor da posse efetiva da área, bem com quem dela se beneficiar direta ou indiretamente.[26]

Segundo Machado[27] o fato de o legislador deixar de estabelecer linha hierárquica e/ou grau de importância, bem como permitir a desconsideração da personalidade

---

24. Idem, artigo 10, parágrafo único.
25. REI; CIBIM, 2011, p. 72.
26. Lei 13.577/09 – Artigo 13.
27. MACHADO, 2017, p. 746.

jurídica, impediu o "jogo de empurra" que em geral permeia as relações jurídicas brasileiras.

A definição clara do responsável permite que o início da aplicação dos procedimentos de remediação seja mais célere, uma vez que não haverá discussão prévia. Assim, são parâmetros estabelecidos pela lei para a classificação de uma área como em investigação, a existência de contaminantes no solo ou na água subterrânea em concentrações acima dos valores de intervenção; produtos em fase livre, provenientes da área em análise e substâncias, condições ou situações que, de acordo com parâmetros específicos, possam representar perigo. Caso estes indícios sejam verificados, deve ser providenciado pelo responsável uma investigação confirmatória, que determinará como a área será classificada, ensejando uma infração administrativa caso o mandamento seja desrespeitado.[28]

Entre as possibilidades de classificação legal[29], temos: área contaminada sob investigação, definida assim na hipótese de o responsável legal detectar indícios ou suspeitas de contaminação, devendo imediatamente comunicar o órgão de saúde e ambiental responsável; área contaminada, quando os valores verificados ultrapassarem os níveis considerados para o risco aceitável à saúde humana e ao meio ambiente, devendo ser promovida sua remediação; e área remediada para o uso declarado, quando for restabelecido o nível aceitável para o uso declarado.

Assim, inicialmente, todas as áreas com suspeita são classificadas como "em investigação" e posteriormente reclassificadas, caso necessário.

Se confirmada a contaminação, caberá ao responsável legal a elaboração de um plano de remediação contendo um cronograma das fases e seus respectivos prazos de implementação. Essa circunstância, nos termos de Krieger et al[30], significa "a aplicação de um conjunto de técnicas em uma área contaminada, visando à remoção ou contenção das substâncias nocivas introduzidas, de modo a possibilitar a utilização dessa área com o mínimo de riscos para os recursos naturais".

Essa eliminação dos riscos é ponderada, levando-se em conta o uso declarado da área, ou seja, o novo uso que se pretende dar a determinado local, diferenciando-se as exigências conforme o caso, compatibilizando, por exemplo, a possibilidade de uma área ser convertida de industrial para residencial.[31] Aliás, tal situação se verifica em muitos bairros paulistas, representando uma considerável ação de reurbanização da cidade. Para tanto, devem ser utilizadas as melhores tecnologias disponíveis, de acordo com a possibilidade e o caso concreto.[32]

---

28. MACHADO, 2017, p. 749.
29. Idem, artigos 4º, §2º; 15; 23 e 26. Menciona-se que o decreto estadual 59.263/13 avançou para um número diferente de classificações, detalhando-as e adicionando outros elementos.
30. KRIEGER et al, 2008, p. 280.
31. MACHADO, 2017, p. 751.
32. MACHADO, 2017, p. 752.

Neste caso, ao fim do procedimento, a área deverá ser classificada como remediada para o uso declarado, podendo ainda, apesar da classificação, depender de análises e acompanhamentos periódicos.

Todas essas áreas são registradas no cadastro mantido pela CETESB, o que funciona como um verdadeiro mecanismo de acompanhamento e fiscalização do panorama das áreas contaminadas, tendo se tornado a partir da aprovação da lei 13.577/09 uma imposição, compelindo a CETESB a fiscalizar e atualizar a lista periodicamente.

A inserção dos locais contaminados na lista também aciona outros órgãos governamentais eventualmente interessados, bem como possibilita o estabelecimento de medidas emergenciais ao(s) responsável legal, se cabível.

Ressalta-se que a lei reputa importante a participação da população prejudicada, indicando que deve ser criado um programa de participação popular para o acesso às informações e avaliação do processo de remediação. Tal fato tem o condão de diminuir as incertezas da população em relação às remediações, trazendo todos ao centro do debate.[33]

O procedimento parece funcionar com eficiência, caso seja possível determinar um responsável. Contudo, ainda que exista um amplo rol de responsabilização, por vezes não é possível determinar um responsável, o que dá origem à denominação "áreas contaminadas órfãs".

Para enfrentar essa situação, a legislação previu o FEPRAC, que se apresenta como um poderoso instrumento econômico apto a enfrentar os casos urgentes envolvendo contaminação do solo.[34] Vinculado à Secretaria de Infraestrutura e Meio Ambiente, é destinado à proteção e recuperação do solo, principalmente dos terrenos órfãos, mas também daqueles locais onde o responsável legal não tenha implementado as medidas necessárias.[35]

Cinge como uma questão significativa o fato de a lei permitir que, no licenciamento ambiental de empreendimentos potencialmente contaminadores, sejam recolhidos ao fundo valores suficientes à uma espécie de compensação ambiental.[36]

Por mais que essa medida seja, na teoria, efetiva, não há até o presente momento uma operação significativa do fundo, uma vez que sua operacionalização normativa se deu somente na 2ª reunião ordinária do Conselho de Orientação do FEPRAC, de acordo com a ata de 25 de agosto de 2020.[37]

Um outro mecanismo efetivo, ao menos em teoria, é a inovação de exigência de prestação de garantias bancárias ou seguro ambiental, com a finalidade de garantir que a remediação será realizada nos prazos e condições estipuladas. Aparentemen-

---

33. Lei 13.577/09 – Artigo 19.
34. SALINAS, 2017, p. 53.
35. GOUVEIA, 2015, p. 52.
36. REI; CIBIM, 2011, p. 73.
37. CETESB, 2020.

te, entretanto, não há desenvolvimento pleno no mercado securitário brasileiro em nível suficiente para aplicação regular de seguros ambientais, o que limita o acesso a este tipo de garantia.[38]

Em relação ao plano de desativação, já era medida prevista desde o advento do Decreto 47.400 de 2002, que procurou regulamentar a Política Estadual do Meio Ambiente, Lei 9.509/1997. Apesar de não mencionar expressamente as áreas contaminadas, teve importância no tema por ser a primeira norma estadual a tratar da necessidade de os empreendimentos licenciados em processo de desativação notificarem os órgãos ambientais, apresentando um plano de desativação que procure impedir novas contaminações, bem como propiciar o reúso.[39] A Lei 13.577/09 formalizou esse mandamento legal, obrigando os responsáveis legais à comunicação da desativação acompanhada de um plano de desativação do empreendimento, contemplando a situação ambiental, se há possibilidade de contaminação, bem como versar sobre a implementação de medidas de remediação, devendo o órgão ambiental avaliar e emitir declaração de encerramento de atividade se estiver satisfeito. [40]

3.3   O Decreto 59.263/2013

Em que pese a lei ter sido aprovada em 2009, veio o decreto regulamentador apenas em 2013, quatro anos depois, o que se explica pela necessidade de alteração e estabelecimento de procedimentos e novas bases de entendimento com as empresas de consultoria envolvidas com a remediação.

Segundo Leonhardt,[41] com o novo regulamento, a CETESB transferiu maior responsabilidade e autonomia aos consultores e outros que conduzem processos de gerenciamento de áreas contaminadas.

Nesse sentido, os pareceres técnicos que antes eram emitidos pelo órgão a cada nova movimentação no processo, e que contemplavam uma análise detalhada dos procedimentos adotados, além de aprovações e recomendações pormenorizadas, foram substituídos por procedimentos mais simples de comunicação, restringindo-se à informação de aprovação ou reprovação das medidas apresentadas.

Isto, ao contrário do que possa parecer, não significou um afrouxamento da fiscalização, visto que ainda há análise dos procedimentos informados, mas somente uma simplificação, já que na hipótese de reprovação a resposta será acompanhada de um auto de infração de multa detalhando todas as desconformidades que ensejaram a aplicação da penalidade.

---

38. Segundo Antonio Fernando Pinheiro Pedro (2015), um dos entraves para o pleno desenvolvimento deste mercado securitário é a insegurança jurídica causada pelo emprego de normas ambientais muito genéricas quando se fala de responsabilização. Desta forma a imprevisão do que pode ocorrer em eventual responsabilização eleva demasiadamente o risco, desinteressando os agentes financeiros.
39. Decreto 47.400/02, artigo 5º.
40. Lei 13.577/09 – Artigo 29.
41. LEONHARDT, 2017.

A imposição de multa na desconformidade atua como incentivo para que os projetos sempre sejam remetidos com um alto nível de detalhamento, bem como embasado em soluções efetivas, direcionadas ao caso específico, agindo por fim, indiretamente, na sobrevivência apenas das melhores consultorias do mercado.

Apresentou, ainda, de forma detalhada, o formato em que deve ser realizado o cadastro das áreas contaminadas, pontuando inclusive mecanismos voltados à prevenção e controle das áreas eivadas por químicos perigosos.

Outro ponto importante abordado no decreto e de interesse deste livro se refere aos processos de licenciamento ambiental. As áreas que anteriormente abrigaram atividades potencialmente causadoras de contaminação ambiental, áreas suspeitas de presença de contaminantes, devem, em seu processo de licenciamento ambiental realizar estudo de investigação do passivo ambiental da área, submetendo-o ao órgão ambiental competente. Neste caso, a emissão da licença ambiental estará condicionada ao equacionamento das pendências ambientais existentes na área. Igualmente, processos associados ao parcelamento do solo, edificação ou quaisquer mudanças de uso do imóvel também devem se ater à presença de contaminação em uma área, realizando os estudos necessários.[42]

Com o intuito de constituir o Sistema de Áreas Contaminadas e Reabilitadas, previu a separação delas em classes distintas, que devem estar detalhadamente listadas no cadastro de áreas contaminadas, de acordo com o desenvolvimento do processo de identificação e reabilitação, sendo as hipóteses: I – Área com Potencial de Contaminação (AP); II – Área Suspeita de Contaminação (AS); III – Área Contaminada sob Investigação (ACI); IV – Área Contaminada com Risco Confirmado (ACRi); V – Área Contaminada em Processo de Remediação (ACRe); VI – Área em Processo de Monitoramento para Encerramento (AME); VII – Área Contaminada em Processo de Reutilização (ACRu); VIII – Área Reabilitada para o Uso Declarado (AR) e IX – Área Contaminada Crítica (AC crítica).

Estranhamente, o decreto lançou um número diferente de classificações de áreas contaminadas, indo além do estabelecido pela lei estadual, gerando uma caracterização evidentemente *extra legem*, como diriam alguns autores. Por outro lado, há quem afirme que houve mero detalhamento das classificações impostas pela lei, numa espécie de ajuste fino, até porque a legislação usa os termos "para efeito de elaboração do Sistema de Áreas Contaminadas e Reabilitadas". Seja qual for a interpretação, há de se reconhecer que estas "novas classificações" já estão em uso há muitos anos, caracterizando sua importância na promoção de um processo administrativo capaz de permear todas as minúcias inerentes à investigação de eventuais impactos ambientais.

Assim, quando do desenvolvimento do plano de intervenção, ou mesmo de licenciamentos que dependam de análise de contaminação do solo, deve-se considerar o controle ou eliminação das fontes de contaminação; o uso atual e futuro do solo da

---

42. PAES, 2020.

área a ser reabilitada, incluindo sua vizinhança (caso a contaminação extrapole ou possa extrapolar os limites da propriedade); o resultado da Avaliação de Risco à saúde humana ou ecológica; a ultrapassagem dos padrões legais aplicáveis; as medidas de intervenção consideradas técnica e economicamente viáveis e as consequências de sua aplicação; o cronograma de implementação das medidas de intervenção propostas; o programa de monitoramento da eficiência e eficácia das medidas de remediação e os custos das medidas de intervenção propostas.

Vale ressaltar que, mediante apresentação de laudo técnico, econômico e financeiro, são admitidas as medidas de remediação, controle institucional e engenharia para o tratamento e contenção de contaminantes. É obrigatória a análise e aprovação preliminar da CETESB no caso de se tratar de área contaminada crítica ou em processo de reutilização.[43]

Em consonância com a Lei Federal 10.650, de 16 de abril de 2003, que prevê o acesso público aos dados e informações existentes nos órgãos públicos e entidades integrantes do SISNAMA, prevê o decreto diversas formas de disponibilização das informações e atos relacionados às áreas contaminadas.

No tocante à prevenção, há possibilidade de exigência pela CETESB de um monitoramento preventivo, principalmente nos locais onde há conhecidamente fontes potenciais de contaminação, considerando obrigatória a exigência de monitoramento preventivo nos empreendimentos que realizem atividades como lançamento de efluentes ou resíduos no solo como parte de sistema de tratamento ou disposição final; onde ocorre o uso de solventes halogenados, bem como a fundição secundária ou a recuperação de chumbo ou mercúrio.[44]

3.4 A Decisão de Diretoria 038 de 2017-C

As Decisões de Diretoria – DD, da CETESB, são regulamentos internos da Companhia Ambiental do Estado de São Paulo, destinados a estabelecer critérios para cumprimento de normas estabelecidas por leis e decretos, como é o caso.

A DD 038/2017-C foi aprovada com intuito de estabelecer e revisar os procedimentos para a proteção da qualidade do solo e das águas subterrâneas e gerenciamento de áreas contaminadas, bem como estabelecer as diretrizes para gerenciamento de tais espaços no âmbito do licenciamento ambiental, sendo dividida em três anexos consecutivos.

Os principais aspectos relacionados a cada um desses anexos serão abordados muito brevemente a seguir.

O primeiro anexo estabelece que determinadas atividades potencialmente poluidoras devem implementar um programa de monitoramento preventivo da qualidade

---

43. Decreto Estadual 59.263/13 – Artigos 43 e 44.
44. Decreto Estadual 59.263/13 – Artigo 17.

do solo e das águas subterrâneas, que deve ser apresentado à CETESB quando da solicitação da licença de instalação ou da renovação da licença de operação.

O segundo anexo cuida do procedimento para o gerenciamento de áreas contaminadas, trazendo uma série de alterações e um maior grau de detalhamento quando comparado ao conteúdo da DD anterior, 103/2007/C/E (não abordada neste trabalho). De acordo com a CETESB o maior detalhamento dos procedimentos deve reduzir consideravelmente as dúvidas dos técnicos e consultores acerca da condução dos processos de gerenciamento de áreas contaminadas, facilitando a submissão de planos que atendam a todas as exigências da companhia ambiental, fornecendo um maior nível de segurança jurídica a todas as partes do processo administrativo, uma vez que, como afirmado anteriormente, hoje se tornou responsabilidade dos consultores técnicos a correspondência dos planos à legislação.

As diretrizes para gerenciamento de áreas contaminadas no âmbito do licenciamento ambiental, por sua vez, constituem o terceiro anexo e estabelecem que o licenciamento de empreendimentos em áreas suspeitas ou com potencial de contaminação, bem como aquelas que estejam previstas no rol de investigação compulsória determinada pela Lei 13.577/09 deverá ser precedido de estudo de avaliação preliminar e investigação confirmatória, a ser submetido à CETESB.

A concessão de licença de instalação para ampliação de atividades implantadas em áreas suspeitas ou com contaminação confirmada está naturalmente condicionada ao equacionamento de exigências estabelecidas pelo órgão ambiental.

Merecem referência ainda, com relação ao licenciamento ambiental, os procedimentos específicos adotados para a gestão de áreas contaminadas em empreendimentos lineares, como rodovias, transportes sobre trilhos, dutos em geral, linhas de transmissão etc., empreendimentos de grandíssimo porte e que em geral são custeados com verbas públicas. Em tais casos, em acordo com a legislação de responsabilização ambiental objetiva, ainda que sem conexão com a origem contaminação, será o solicitante da licença ambiental juridicamente responsável por identificar e reabilitar o solo contaminado encontrado no trajeto do empreendimento.

A autorização para o início das obras e as emissões das respectivas licenças ambientais poderão ficar condicionadas ao cumprimento de exigências determinadas pela CETESB.[45]

Em suma, a intenção do estabelecimento desta DD foi indicar uma verdadeira metodologia de monitoramento, investigação e licenciamento, propondo, em seguida, um detalhado guia para a execução do processo de identificação e reabilitação das áreas contaminadas, prevendo inclusive a forma como devem ser apresentados os resultados de monitoramentos e investigações, e as informações de cunho obrigatório na execução dos relatórios.

---

45. LEONHARDT, 2017.

3.5 A Instrução técnica 39/2017

A instrução técnica – IT é um tipo de norma publicada e organizada pela CE-TESB que costuma apresentar aspectos mais administrativos e relativos às atribuições especificadas nas decisões de diretoria. Especificamente, em relação à IT 39/2017, esse documento apresenta detalhadamente as questões relativas à DD 038/2017/C, sendo sua atualização mais recente a publicada em 2019.

O emprego deste meio de normatização tem como intenção entregar ainda mais segurança jurídica e previsibilidade aos atuantes na seara das áreas contaminadas, como por exemplo a previsão de atividades potencialmente geradoras e áreas contaminadas prioritárias para o licenciamento e desativação; a forma como vai se dar a manifestação técnica da CETESB; espécies de sanções, infrações e penalidades administrativas e seus valores e percentuais, com métodos de valoração atenuantes e agravantes.[46]

No caso, também reforçou incentivos à reutilização ou revitalização das áreas contaminadas, como a possibilidade de dispensa da garantia bancária e seguro ambiental para execução do plano de intervenção para reutilização; direcionamento das penalidades por constatação de contaminantes e não realização da avaliação de risco ao causador da contaminação, não ao responsável legal pela reutilização; dispensa de apresentação de análise técnica, econômica e financeira que comprove a inviabilidade de utilização de técnica de remediação para tratamento nos casos em que sejam propostas medidas de remediação para contenção, medidas de engenharia e medidas de controle institucional; desnecessidade de monitoramento das águas subterrâneas nos casos em que as fontes de contaminação tenham sido removidas ou controladas e os resultados do monitoramento para encerramento indiquem tendência de redução ou estabilidade das plumas de contaminação, sendo a restrição de uso dessas águas vigente por tempo indeterminado. Cabe ao Departamento de Áreas Contaminadas coordenar as ações necessárias à identificação dos responsáveis pela fonte de contaminação externa, demandando a adoção das medidas necessárias à investigação e à adoção das medidas de intervenção.

3.6 As Resoluções SMA 10 e 11 de 2017

Ambas as resoluções foram aprovadas em 08 de agosto de 2017, buscando regulamentar o disposto na Lei 13.577/09 e no Decreto 59.263/13.

A Resolução 10/2017 tratou sobre a definição de atividades potencialmente geradoras de áreas contaminadas, de acordo com o CNAE de cada tipo de empreendimento.

A Resolução seguinte, 11/2017, por outro lado, procurou definir as regiões prioritárias para identificação de áreas contaminadas pela CETESB, conforme é possível

---

46. CETESB, 2017, p. 14.

observar no mapa da imagem seguinte, determinando que os empreendimentos estabelecidos nessas áreas, desde que enquadrados como atividades potencialmente geradoras de contaminação, conforme a resolução acima exposta, deveriam realizar avaliação preliminar e investigação confirmatória no prazo de 180 dias contados da convocação da CETESB[47]

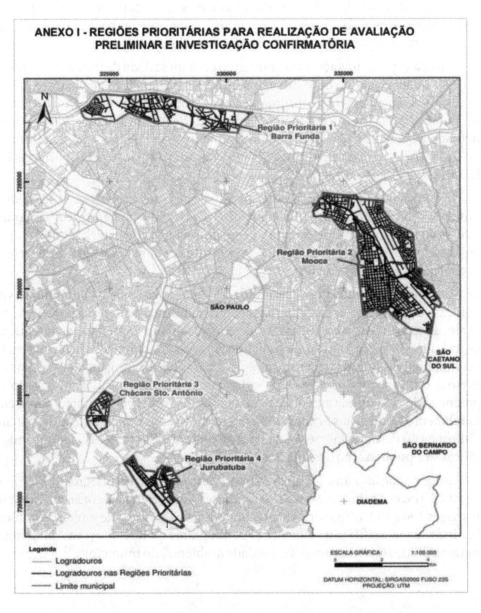

Fonte: Resolução SMA 11/2017.

---

47. PAES, 2020.

4. LEGISLAÇÃO MUNICIPAL DE SÃO PAULO

Segundo Tirlone[48], o apoio dos municípios no gerenciamento das áreas contaminadas é essencial para controlar a ocupação desordenada destes locais, bem como facilitar reabilitação após o processo de recuperação.

Pelo fato de a cidade de São Paulo contar com grande parte do número de áreas contaminadas registradas no estado, é compreensível que tenha desenvolvido importantes normas e procedimentos relacionados ao tema.

Embora as primeiras ações do município tenham se dado de forma emergencial em 1997, quando da detecção de organoclorados em um loteamento irregular,[49] deu-se concretamente o início de uma normatização municipal somente no ano de 2002 com a criação do Grupo Técnico Permanente de Áreas Contaminadas – GTAC, vinculado à Secretaria do Verde e Meio Ambiente – SVMA, por meio da portaria 97/02/SMMA,[50] posteriormente atualizado consecutivamente pelas Portarias 04/DECONT-G/2015 e 01/CLA/2019.

No mês seguinte à criação do grupo foi editado pelo prefeito o Decreto 42.319/02, que dispôs sobre as diretrizes e procedimentos para o gerenciamento de áreas contaminadas ou suspeitas, estabelecendo que qualquer forma de parcelamento, uso ou ocupação do solo nestes locais somente seria aprovado após a investigação do terreno e a consequente avaliação de risco.

Ao grupo foi delegada a responsabilidade de gerenciar as áreas contaminadas no território do município com atribuições como manifestar-se sobre o parcelamento do solo, alvarás, licenças e certificados de conclusão numa interface de integração com todas as outras secretarias do município em áreas contaminadas e com potencial de contaminação; monitoramento ambiental para reutilização; análise de estudos sobre o gerenciamento das áreas contaminadas; análise de consultas prévias sobre o potencial de contaminação; manifestar-se sobre investigações ambientais de empreendimentos industriais licenciados a serem encerrados e manutenção do Sistema de Informação de Gerenciamento de Áreas Contaminadas – SIGAC, permitindo a publicação e publicização das informações.[51]

Ainda no mesmo ano foi aprovado o Plano Diretor Estratégico – PDE, Lei 13.430/02, trazendo duas previsões sobre as áreas contaminadas consecutivamente nos artigos 190 e 253, tornando as áreas contaminadas em áreas de interesse ambiental e ainda sua identificação como ações do Programa de Intervenções Ambientais, programa destinado a recuperar a qualidade ambiental do município.[52]

---

48. TIRLONE, 2004, p. 43.
49. RAMIRES, 2008, p. 78.
50. SPÍNOLA, 2011, p. 136.
51. PAES, 2020.
52. RAMIRES, 2008, p. 79.

Já em 2003 foi aprovada a Lei 13.564/03 fornecendo diretrizes sobre a aprovação de parcelamento de solo, edificação ou instalação de equipamentos em locais suspeitos ou efetivamente contaminados por materiais nocivos. Esta legislação estabeleceu que a aprovação de qualquer projeto seria condicionada à apresentação de Laudo Técnico de Avaliação de Risco que comprovasse a existência de condições ambientais aceitáveis para o uso pretendido no imóvel, e ao mesmo tempo determinou como suspeitos todos os locais que tivessem abrigado a qualquer tempo atividades como: aterros sanitários; depósitos de materiais radioativos; áreas de manuseio de produtos químicos; depósitos de materiais provenientes de indústrias químicas; cemitérios; minerações; hospitais e postos de abastecimento de combustíveis.

Com a intenção de orientar empreendedores imobiliários e da construção civil em relação à necessidade de adoção de procedimentos e precauções antes de se efetivar uma transação imobiliária ou mesmo a instalação de um empreendimento, foi elaborado o Guia para Avaliação do Potencial de Contaminação em Imóveis, também conhecido como "manual do bom empreendedor", no âmbito da Câmara Ambiental da Industria e Construção, no ano de 2003.[53]

No mesmo ano ainda foi empreendida outra significativa iniciativa a partir da criação de um Grupo Interinstitucional para o Estabelecimento de Procedimentos em Áreas Contaminadas – GIAC, em parceria com o Ministério Público de São Paulo – MPSP e a CETESB, que selecionou o município de São Paulo para um projeto piloto acerca das formas de autuação integrada, tendo encerrado suas atividades em abril de 2007 sem atingir a maioria dos principais objetivos como a identificação e elaboração de um cadastro de áreas com potencial de contaminação municipais e a participação dos cartórios de registro de imóveis no processo de controle. Foi, entretanto, por meio desta iniciativa que se deu a decisão favorável da Corregedoria Geral da Justiça em relação à averbação das matrículas dos imóveis.[54]

A partir de 2006, com a relativa estruturação do órgão municipal, o grupo deixa de remeter a análise das contaminações para a CETESB e passa a assumir a investigação e acompanhamento dos casos. Posteriormente, em 2010, a aprovação da Lei 15.098/10, regulamentada pelo Decreto 51.436/2010, vinculou o município à obrigação de publicar na imprensa oficial ou disponibilizar no site da prefeitura os relatórios de áreas contaminadas contendo o endereço da área e seus limites, os grupos de contaminantes encontrados na área, os procedimentos e medidas adotados e a classificação delas em contaminada sob investigação, contaminada, em processo de monitoramento para reabilitação e reabilitada.[55]

Por fim, como legislações mais recentes a tratar deste assunto, estão as normativas tipicamente ligadas ao planejamento urbano, como o Plano Diretor Estratégico – PDE e a Lei de Parcelamento, Uso e Ocupação do Solo, consecutivamente leis

---

53. RAMIRES, 2008, p. 83.
54. RAMIRES, 2008, p. 86.
55. PAES, 2020.

16.050/14 e 16.402/16. Especificamente em relação à última, trouxe ela a obrigação de o município estabelecer critérios para classificação de atividades potencialmente contaminadas, considerando até este momento as seguintes atividades: indústrias químicas, petroquímicas, metalúrgicas, farmacêuticas, têxteis, tinturarias; montadoras; depósitos de resíduos, materiais radioativos, materiais provenientes de indústria química e petroquímica; aterros sanitários; cemitérios; mineração; hospitais e postos de abastecimento de combustível. [56]

Ressalta-se que há entre o GTAC e a CETESB uma concorrência de competência, já que o município é obrigado a aceitar pereceres da CETESB. Neste sentido, o GTAC costuma ser utilizado para casos locais de menor complexidade, aplicando os critérios previstos na DD 038/C/2017 da CETESB, principalmente em relação à execução dos estudos ambientais, o que, por vezes, acaba gerando preferência dos empreendedores pelo órgão estadual, afinal caso se verifique ao longo do gerenciamento municipal que há uma complexidade maior do que o esperado, deverá o responsável legal dirigir-se obrigatoriamente ao órgão estadual.[57]

5. CONSIDERAÇÕES FINAIS

O princípio da implementação de uma política pública de gestão integrada que enfoque a questão das áreas contaminadas deve-se ao empenho institucional do órgão ambiental do ESP em enfrentar um contexto que surgiu em virtude da dinâmica de desenvolvimento econômico na segunda metade do século passado.

O acerto deste esforço vem não só do incentivo à remediação, mas também da reutilização dos passivos ambientais de forma sustentável, a partir do desenvolvimento de normativas versáteis, que respondem aos anseios dos empreendedores ao ocuparem estes espaços e, também, principalmente, da população.

Vale mencionar que o envolvimento de outros atores sociais e governamentais foi fundamental no desenvolvimento da resposta adequada. Nesse sentido, o papel desempenhado pela Academia, o setor privado e a sociedade civil não foi em vão, não só pela ampla discussão acerca do assunto e dos impactos e riscos envolvidos, mas também pelas oportunidades geradas.

Nesse contexto de união institucional, a inserção da questão nos procedimentos de licenciamento ambiental foi crucial, já que permitiu trazer a dinâmica da avaliação, intervenção e remediação para a operação da atividade licenciada, seja no viés "preventivo" da concessão de licenças, seja no viés fiscalizatório da renovação das licenças de operação.

Coube ao marco normativo pensado e desenvolvido na CETESB, portanto, definir as atribuições legais, buscar a viabilização de financiamentos públicos e a

---

56. Lei 16.402/16, artigo 37, inciso II e artigo 137.
57. PAES, 2020.

concentração e flexibilização dos trâmites burocrático-legais, visando sempre contar com a cooperação do setor privado, enquanto este, nomeadamente o mercado imobiliário, pode avançar com o gerenciamento, utilizando-se das melhores tecnologias disponíveis e dos necessários recursos financeiros.

Entretanto, não obstante a experiência de São Paulo, que inclusive orientou a normativa federal, não há na maioria dos estados brasileiros o mesmo empenho, e tampouco nos municípios. Em verdade, os que ao menos realizam alguma atividade neste sentido, não as divulgam publicamente.

Tem-se notícias de que além do ESP, Minas Gerais e Rio de Janeiro disponibilizam informações sobre a questão das áreas contaminadas. Contudo, somente São Paulo e Minas Gerais efetivamente analisam e compilam os dados.

Diante do panorama nacional, bem como dos avanços normativos e tecnológicos do tema "Áreas Contaminadas", espera-se que o tema venha a ser tratado com mais cuidado pelos outros entes federativos, baseando-se na experiência de sucesso do ESP.

6. REFERÊNCIAS

COMPANHIA AMBIENTAL DO ESTADO DE SÃO PAULO (CETESB). Ata da segunda reunião do fundo estadual para prevenção e remediação de áreas contaminadas – FEPRAC. 25 de ago. de 2020. Disponível em: https://cetesb.sp.gov.br/areas-contaminadas/wp-content/uploads/si- tes/17/2021/01/25082020-ATA-da-2a-Reunia%CC%83o-do-Conselho.pdf. Acesso em: 10 de fev. 2021.

COMPANHIA AMBIENTAL DO ESTADO DE SÃO PAULO (CETESB). Diretoria de controle e licencia- mento ambiental. Texto explicativo: relação de áreas contaminadas e reabilitadas no estado de São Paulo. 2016a. Disponível em: http://areascontaminadas.cetesb.sp.gov.br/wp-content/uploads/sites/45/2013/11/texto-explicativo-1.pdf. Acesso em: 05 fev. 2021

COMPANHIA AMBIENTAL DO ESTADO DE SÃO PAULO (CETESB). Manual de Gerenciamento de áreas Contaminadas. Seção 1.3: Histórico do gerenciamento de áreas contaminadas no Estado de São Paulo. 2021. Disponível em: https://cetesb.sp.gov.br/areas-contaminadas/documentacao/manual-de-gerenciamento-de-areas-contaminadas/introducao-ao-gerenciamento-de-areas-con-taminadas/historico-do-gerenciamento-de-areas-contaminadas-no-estado-de-sao-paulo/. Acesso em: 05 jun. 2021.

COSTA, Ana Paula Dominguez da. *Reutilização de áreas contaminadas no município de São Paulo*: a participação do mercado imobiliário para o desenvolvimento urbano sustentável. São Paulo: USP-Faculdade de Saúde Pública, 2019.

FERRADOR, Amauri Luiz. RIBEIRO, Andreza Portella. FILHO, Heraldo Donatelli. QUARESMA, Cristiano Capellani. Áreas Contaminadas: Um estudo em antigo bairro industrial da Cidade de São Paulo. *Anais do VI SINGEP, São Paulo/SP*. 2017. Disponível em: https://singep.org.br/6singep/resultado/637.pdf. Acesso em: 30 jul. 2020.

FERREIRA, Renata Marques. LOFRANO, Fábio Cunha. MORITA, Dione Mari. Remediação de áreas contaminadas: uma avaliação crítica da legislação brasileira. *Engenharia Sanitária Ambiental*, v. 25, n. 1, p. 115-125, jan./fev. 2020. Disponível em: http://www.scielo.br/sci-elo.php?script=sci_arttext&pid=S1413-41522020000100115. Acesso em: 18 nov. 2020.

GOUVEIA, Jorge Luiz Nobre. *Descarte de resíduos químicos na região metropolitana de São Paulo, seus impactos socioambientais* – uma proposta de política pública para enfrentamento de situações emergenciais. IPEN/USP: São Paulo, 2015. Disponível em: https://www.teses.usp.br/teses/disponiveis/85/85134/tde-19102015-161350/publico/2015GouveiaDescarte.pdf. Acesso em: 15 jan. 2021.

GÜNTHER, W. M. R. Áreas contaminadas no contexto da gestão urbana. *São Paulo em perspectiva*, v. 20, n. 02, p. 105-117, abr./jun. 2006. Disponível em: http://produtos.seade.gov.br/produtos/spp/v20n02/v20n02_08.pdf. Acesso em: 10 jan. 2021.

LEONHARDT, R. *Cetesb inicia aplicação de dispositivos da nova legislação sobre gerenciamento de áreas contaminadas no estado de São Paulo.* Disponível em: https://www.ma-chadomeyer.com.br/pt/inteligencia-juridica/publicacoes-ij/ambiental/cetesb-inicia-aplicacao-dedispositivos-da-nova-legislacao-sobre-gerenciamento-de-areas-contaminadas-no-estado-de-sao-paulo. Acesso em: 22 fev. 2018.

LIMA, Maria Isabel Leite Silva de. GRANZIERA, Maria Luiza Machado. REI, Fernando Cardozo Fernandes. Sociedade de risco e áreas contaminadas: contexto normativo em São Paulo a partir do caso Barão de Mauá. *Revista de Direito Ambiental*, v. 90. ano 23. p. 349-369. São Paulo: Ed. RT, abr.-jun. 2018.

MACHADO, Paulo Affonso Leme. *Direito Ambiental brasileiro*. 25 ed. São Paulo: Malheiros, 2017.

MMA. Acompanhamento de processos. Minuta de resolução CONAMA, que dispõe sobre o estabelecimento de critérios e valores orientadores. CONAMA: 2009. Disponível em: http://www2.mma.gov.br/port/conama/processo.cfm?processo=02000.000917/2006-33. Acesso em: 10 fev. 2021.

MMA. Parecer sobre a proposta de resolução de áreas contaminadas. CONAMA: 2009. Disponível em: http://www2.mma.gov.br/port/conama/processos/FE4582B1/ParecMMA_PropResolAreasContaminadas1.pdf 2009. Acesso em: 31 mar. 2021.

MMA. Resultados da 16ª reunião do grupo de trabalho sobre "proteção da qualidade do solo e sobre diretrizes e procedimentos para o gerenciamento de áreas contaminadas". Câmara técnica de controle e qualidade ambiental: 2008. Disponível em: http://www2.mma.gov.br/port/conama/reuniao/dir1077/Result16oGTAreasContamin12e13ago08.pdf. Acesso em: 20 mar. 2021.

MORINAGA, Carlos Minoru. *Áreas Contaminadas e a construção da paisagem pós-industrial na cidade de São Paulo*. 2013. Tese (Doutorado) – Faculdade de Arquitetura e Urbanismo, Universidade de São Paulo, São Paulo, 2013. Disponível em: https://teses.usp.br/teses/disponiveis/16/16135/tde-02072013-162822/pt-br.php. Acesso em: 30 jul. 2020.

PAES, Andrea Galvão. Módulo II: Licenciamento de áreas contaminadas. Aula 2: Processo de aprovação municipal. *Curso de extensão Desenvolvimento imobiliário em áreas contaminadas*. UNISECOV: São Paulo, 2020.

RAMIRES, Jane Silva dos Santos. *Áreas contaminadas e os riscos socioambientais em São Paulo*. USP: São Paulo, 2008. Disponível em: https://teses.usp.br/teses/disponi-veis/8/8136/tde-10022009-130818/publico/DISSERTACAO_JANE_ZILDA_SANTOS_RAMIRES.pdf. Acesso em: 26 mar. 2021.

REI, Fernando. CIBIM, Juliana. *Coleção os 10+ Direito Ambiental*. São Paulo: Saraiva, 2011. v. 12.

SALINAS, Vania Cristiane Flores. *Áreas contaminadas em São Paulo*. Uma análise crítica das propostas da Operação Urbana Consorciada Bairros do Tamanduateí, Setor Henry Ford. FAU-USP: São Paulo, 2017.

SÁNCHEZ, Luis Enrique. *Desengenharia*: o passivo ambiental na desativação de empreendimentos industriais. São Paulo: Editora da Universidade de São Paulo, 2001.

SPÍNOLA, Ana Luiza Silva. *Inserção das áreas contaminadas na gestão municipal*: desafios e tendências. Universidade de São Paulo, Faculdade de Saúde Pública, São Paulo: 2011. Disponível em: https://teses.usp.br/teses/disponiveis/6/6134/tde03112011-172059/publico/tese.pdf. Acesso em: 21 mar. 2021.

TERRA, Marcelo. PASSARETTI, Rodrigo. *Módulo I*: Investimento em áreas contaminadas. Aula 1: Legislação Federal e Estadual: responsabilidades legais. In: Curso de extensão Desenvolvimento imobiliário em áreas contaminadas. UNISECOV: São Paulo, 2020.

TIRLONE, Carlos Eduardo. *Avaliação dos procedimentos para definição dos responsáveis pela execução de investigação e remediação nos casos de contaminação do solo e água subterrânea no estado de São Paulo*. UNICAMP: Campinas, 2004. Disponível em: http://bdtd.ibict.br/vufind/Record/CAMP_a00f-9748d3247b9c0ec9f3522b268c27. Acesso em: 05 fev. 2021.

DA FLORESTA PROTETORA DE 1934 À ÁREA DE PRESERVAÇÃO PERMANENTE DE 2012 – A EVOLUÇÃO DA CONSERVAÇÃO E PROTEÇÃO DA VEGETAÇÃO NO LICENCIAMENTO AMBIENTAL

Antonio Luiz Lima de Queiroz

1. INTRODUÇÃO: O INÍCIO DA PROTEÇÃO À VEGETAÇÃO NATIVA

A proteção à vegetação nativa no Brasil tem uma longa história, que se inicia com a edição do Decreto Federal 23.793 em 23 de janeiro de 1934[1], que instituiu o Código Florestal, determinando que as florestas seriam consideradas bem de interesse comum, exercendo-se o direito de propriedade com as limitações que o código trazia[2].

O Código Florestal trouxe inúmeros mecanismos de proteção que foram mais tarde repetidos e aperfeiçoados tanto no "Novo Código Florestal" de 1965, quanto na Lei de Proteção à Vegetação Nativa de 2012 que o revogou.

Um primeiro conceito relevante trazido pelo Código de 1934 foi a divisão das florestas existentes no país em quatro categorias: florestas de proteção, remanescentes, modelo e de produção.

Seriam consideradas florestas protetoras aquelas que tivessem a função de conservar os recursos hídricos, evitar erosão, fixar dunas, assegurar a salubridade pública; as que servissem de abrigo para espécies da fauna nativa, que assegurassem a proteção a sítios de especial beleza e que auxiliassem na defesa das fronteiras[3].

É possível notar que na definição das florestas protetoras do Código Florestal de 1934, já estão presentes diversas das funções ambientais que posteriormente caracterizarão as áreas de preservação permanente.

Disposição protetiva no mesmo sentido, ou seja, para garantir uma função ambiental desempenhada pela floresta, no caso a proteção aos recursos hídricos e a prevenção da erosão, está presente no artigo 22 do Decreto Federal 23.793/1934, no qual se proíbe a supressão das matas ao longo dos cursos d'agua, lagos e estradas[4].

Já as florestas remanescentes seriam constituídas pelas florestas destinadas a formar parques nacionais, estaduais e municipais, aquelas cuja preservação seja

---

1. Brasil. Decreto Federal 23.793 de 23 de janeiro de 1934. Aprova o código florestal que com esse baixa. Disponível em: . Acesso em: 10 ago. 2021.
2. Artigo 1º do Decreto Federal 23.793/1934.
3. Artigo 4º do Decreto Federal 23.793/1934.
4. Letra b, artigo 22 do Decreto Federal 23.793/1934.

considerada necessária pelo interesse biológico ou estético e as que fossem criadas pelo poder público para a criação de parques de uso público[5].

O conceito de floresta remanescente originará a criação das unidades de conservação, sendo possível identificar entre as unidades de conservação definidas pela Lei 9.985 de 18 de julho de 2000[6], algumas das funções já referidas no decreto de 1934 como por exemplo o Monumento Nacional, que protege áreas a partir do interesse estético e o Refúgio de Vida Silvestre, que tem por maior objetivo a proteção da fauna.

Outro mecanismo importante que se tentou implementar com o decreto foi a determinação de exigir a preservação de pelo menos um quarto das matas existentes nas propriedades rurais.

Importante considerar que na década de 30 a madeira era uma fonte de energia, utilizada em caldeiras, trens e barcos, e também para consumo doméstico. A reservação de uma parte das matas na propriedade pode assim ter se originado a partir da motivação de assegurar matéria prima madeireira para esses fins.

A restrição à supressão total da vegetação no imóvel rural será repetida no "Novo Código Florestal" de 1965 e resultará na criação do instituto da reserva legal do imóvel.

Infelizmente as determinações do Código Florestal de 1934 foram pouco observadas. Como exemplo disso podemos citar que no decorrer das décadas seguintes à edição do código, ocorre uma grande expansão agrícola para as regiões a oeste do Estado de São Paulo e, por meio da avalição do que restou de vegetação nativa nessa região, fica claro que a determinação de se manter pelo menos um quarto das matas preservadas não foi seguida.

Em 15 de setembro de 1965 é editado o "Novo Código Florestal", a Lei Federal 4.771[7]. Aqui cabe um reparo. Adotou-se a prática de chamar a Lei de Proteção da Vegetação Nativa, Lei 12.651[8], que revogou a Lei 4.771 de "Novo Código Florestal, o que não está correto.

A ementa da Lei 4.771 estabelece que ela institui o "Novo Código Florestal" em oposição ao "antigo" código, que foi o Decreto federal 23.793, editado em 1964.

Assim a Lei 12.651, não pode ser chamada de novo código. Na verdade tampouco pode ser chamada de código, já que as disposições legais sobre a matéria florestal estão hoje estabelecidas em um grande conjunto de normas que inclui a Lei 9.605/1998,[9]

---

5. Artigo 4° do Decreto Federal 23.793/1934.
6. Brasil. Lei Federal 9.985 de 18 de julho de 2000. Regulamenta o art. 225, § 1°, incisos I, II, III e VII da Constituição Federal, institui o Sistema Nacional de Unidades de Conservação da Natureza. Disponível em: http://www.planalto.gov.br/ccivil_03/leis/l9985.htm. Acesso em: 10 ago. 2021.
7. Brasil. Lei Federal 4.771 de 15 de setembro de 1965, que institui o novo Código Florestal, disponível em: http://www.planalto.gov.br/ccivil_03/leis/l4771.htm. Acesso em: 10 ago. 2021
8. Brasil. Lei Federal 12.651 de 25 de maio de 2012. Dispõe sobre a proteção da vegetação nativa. Disponível em: http://www.planalto.gov.br/ccivil_03/_ato2011-2014/2012/lei/l12651.htm. Acesso em: 10 ago. 2021.
9. Brasil. Lei Federal 9.605 de 12 de fevereiro de 1998. Dispõe sobre as sanções penais e administrativas derivadas de condutas e atividades lesivas ao meio ambiente. Disponível em: http://www.planalto.gov.br/ccivil_03/leis/l9605.htm. Acesso em: 10 ago. 2021.

que dispõe sobre as crimes ambientais cometidos contra o meio ambiente, incluindo as infrações sobre fauna e flora, a Lei 9.985/2000, que criou o Sistema Nacional de Unidades de Conservação – SNUC, incluindo a criação de parques e a proteção das florestas chamadas remanescentes no código de 34, a Lei Federal 12.284/2006 que dispõe sobre a gestão de florestas públicas para a produção sustentável e a Lei Federal 11.428/2006, que trata da proteção da Mata Atlântica.

Ou seja, um grande conjunto de temas que podem ser chamados de florestais, relacionados com a exploração de florestas, a proteção da mata nativa, a criação de parques, que anteriormente estava reunido nos códigos de 1934 e 1965, passou a estar disperso em outros diplomas, o que torna inapropriado chamar a Lei 12.651/2012 de código.

Finalmente, cabe ainda a observação de que a Lei 12.651/2012 trata da proteção de áreas cobertas ou não de vegetação e da proteção de todas as formas de vegetação existentes, incluindo campos, cerrado, caatinga, mangues e restingas, sendo, portanto, igualmente inapropriada a utilização do termo florestal para sua denominação.

O "Novo Código Florestal" de 1965 buscou atualizar e aperfeiçoar o Código de 1934, alterando e aprofundando alguns de seus conceitos. O Código de 1934 trazia a determinação de proibição de corte das florestas existentes ao longo dos cursos de água, lagos e estradas.

Essa proteção foi ampliada em 1965, com a criação do conceito de florestas e demais formas de vegetação, consideradas de preservação permanente em função de sua localização, aumentando o número de hipóteses em que deveria ser estabelecida essa proteção específica.

A Lei 4.771/1965 definiu como sendo de preservação permanente as florestas e demais formas de vegetação existentes ao longo de cursos d'água, ao redor de nascentes, ao redor de lagos e reservatórios, nos topos de morros, em altitudes acima de 1800 metros, nos manguezais e nas restingas quando fixadoras de dunas ou protetoras de mangues.

Percebe-se, pelo conjunto das definições da localização da vegetação especialmente protegida, um objetivo de evitar assoreamento de córregos, prevenir processos erosivos, evitar instabilidades geológicas ao restringir a ocupação em áreas com maior declividade, ou que pudessem apresentar maior risco, bem como garantir a proteção da vegetação com características específicas, como é o caso da vegetação de restinga e os mangue.

De modo geral, o conjunto de áreas protegidas sofreu poucas modificações ao longo dos anos, mantendo correspondência com as atuais áreas de preservação permanente, sendo que o que variou ao longo do tempo foi a delimitação da área protegida.

2. REGULAMENTAÇÃO E ALTERAÇÃO DA DELIMITAÇÃO DAS FLORESTAS DE PRESERVAÇÃO PERMANENTE

A largura da faixa marginal aos rios na qual as florestas e as demais formas de vegetação seriam consideradas como de preservação permanente foi definida pela Lei 4.771/1965, considerando a dimensão do curso d'água.

Seriam consideradas como de preservação permanente as florestas e as demais formas de vegetação existentes nas faixas marginais ao curso d'água com cinco metros de largura para os cursos com menos de 10 metros de largura, com largura igual à metade da largura dos cursos para cursos com 10 a 200 metros de distância entre as margens; e com largura de 100 metros para todos os cursos cuja largura fosse superior a 200 metros.

Essas dimensões da faixa onde a vegetação seria considerada de preservação permanente foram posteriormente alteradas pelas Leis 7.511/1986 e 7.803/1989.

Como exemplo, a faixa de proteção marginal aos cursos d'água com menos de 10 metros de largura passou de 5 para 30 metros com a edição da Lei 7.511/1986.

Face a essas alterações produzidas pela superveniência de leis que promoveram modificações nas disposições do "Novo Código Florestal", torna-se imperativa a aplicação do princípio 'tempus regit actum", com a observação do princípio de que os atos são regidos pela lei da época em que ocorreram, na verificação da regularidade de edificações próximas a cursos d'água, de modo a determinar a restrição à ocupação existente à época de sua construção.

As variações ocorridas na faixa de proteção nas margens dos cursos d'água ao longo do tempo são apresentadas na tabela 1.

Tabela 1 – Alterações dos limites das APP's de cursos d'água segundo a largura do mesmo, de acordo com a legislação

Largura do rio	Largura da Área de Preservação Permanente em metros		
	de 15/09/65* a 08/07/86**	de 08/07/86** a 20/07/89***	a partir de 20/07/89***
até 10	5	30	30
entre 10 e 50	metade da largura do rio	50	50
entre 50 e 100	metade da largura do rio	100	
entre 100 e 150	metade da largura do rio	150	100
entre 150 e 200	metade da largura do rio	150	
entre 200 e 600	100	Igual à largura do rio	200
superior a 600			500

*Data da publicação da Lei Federal 4771/1965

**Data da publicação da Lei Federal 7511/1986

***Data da publicação da Lei Federal 7803/1989

O "Novo Código Florestal" também estabeleceu que seriam consideradas de preservação permanente as florestas e demais formas de vegetação existentes ao redor das lagoas, lagos ou reservatórios d'água naturais ou artificiais, nas nascentes e nos chamados "olhos d'água" e no topo de morros, montes, montanhas e serras.

Entretanto, a aplicação da disposição protetiva da lei se tornou inviável, já que não havia a definição da dimensão do alcance da proteção estabelecida ao redor das nascentes, lagos e reservatórios. A expressão "ao redor" pode se referir tanto a uma área localizada a um metro da nascente, quanto a um local distante 200 metros da surgência de água. Ambos os locais estão "ao redor da nascente". Sem a definição de uma distância pela norma, o dispositivo se tornou inaplicável do ponto de vista prático.

O mesmo problema ocorreu com a proteção indicada na lei aos topos de morros e montanhas. Faltou ao texto da lei tanto a definição precisa de como estabelecer se uma determinada elevação do terreno poderia ser classificada como um morro ou montanha, como também não foi estabelecido de que forma deveria ser demarcado o topo do morro, ou montanha, objeto da proteção.

A definição desses parâmetros somente seria feita em janeiro de 1986, porém antes disso ocorreu uma modificação na forma de identificar os espaços protegidos pela Lei 4.771.

A Lei Federal 6.938, de 31 de agosto de 1981[10], estabeleceu a Política Nacional de Meio Ambiente, e estruturou o Sistema Nacional de Meio Ambiente, criando o CONSEMA, colegiado a quem caberia e deliberar sobre *"normas e padrões compatíveis com o Meio Ambiente ecologicamente equilibrado e essencial a sadia qualidade de vida"*[11].

Em seu artigo 18, a Lei 6.938/81 transformou em reservas ou estações ecológicas as florestas e as demais formas de vegetação natural de preservação permanente, definidas na Lei 4.771.

Posteriormente, é publicada a Resolução CONAMA 4 de 18 de setembro de 1985, definindo as dimensões das áreas indicadas pela Lei 4.771/65, onde a vegetação seria considerada como de preservação permanente, espaços esses agora chamados de "reservas ecológicas", em função da disposição da Lei Federal 6.938/81.

A Resolução CONAMA 4/1985[12] determinou a dimensão da reserva ecológica ao redor das nascentes como sendo a área contida em um raio de 50 metros a partir do afloramento de água, criou procedimento para verificar se uma elevação se constituía em morro ou em montanha, definindo que o terço superior dos morros e montanhas seria considerado como reserva ecológica, estabeleceu a largura da faixa protetiva

---

10. Brasil. Lei Federal 6.938 de 31 de agosto de 1981. Dispõe sobre a Política Nacional do Meio Ambiente, seus fins e mecanismos de formulação e aplicação, e dá outras providências. Disponível em: www.http://. planalto.gov.br/ccivil_03/leis/l6938.htm. Acesso em: 10 ago. 2021.
11. Inciso II artigo 6º da Lei Federal 6.938/1981.
12. Brasil. Resolução CONAMA 4 de 18 de setembro de 1985. Disponível em: https://cetesb.sp.gov.br/licenciamento/documentos/1985_Res_CONAMA_4.pdf. Acesso em: 10 ago. 2021.

ao redor de lagos e reservatórios, e também a largura da faixa de proteção nas bordas de tabuleiros ou chapadas.

Dessa forma, a Resolução CONAMA 4/1985 criou os parâmetros para permitir a aplicação da proteção estabelecida pelo "Novo Código Florestal" para a vegetação existente ao redor de nascentes, lagos e reservatórios, nos topos de morro e nas bordas de tabuleiros ou chapadas, que antes dessa definição não podia ser efetivada.

Porém, além de trazer as definições requeridas para a completa aplicação da lei, a Resolução CONAMA 4/1985 inovou o texto da lei em dois pontos.

O texto original da Lei 4.771/1965 determinava que deveria ser classificada como de preservação permanente a vegetação existente nas restingas como fixadoras de dunas ou estabilizadoras de mangues. Já o texto da Resolução CONAMA 4/1985 passou a classificar como reserva ecológica a vegetação existente nas restingas, em faixa mínima de 300 metros a contar da linha de preamar máxima.

A determinação de considerar como reserva ecológica as restingas existentes na faixa de 300 metros, medida a partir da preamar máxima, teve grande impacto nas cidades litorâneas, já que o termo restinga se refere originalmente à deposição arenosa paralela à costa, sendo posteriormente utilizado também para a vegetação que se desenvolve nesse local. Ou seja, os espaços urbanos não ocupados, quando inseridos nessa faixa, ainda que não exercessem a função de fixar dunas ou proteger mangues, passaram a constituir reservas ecológicas, com restrição à ocupação, ainda que se localizassem em meio a áreas densamente urbanizadas.

Um segundo ponto em que ocorreu inovação em relação ao texto da lei foi a criação da reserva ecológica relativa à linha de cumeada.

Enquanto a Lei 4.771/1965 definia como de preservação permanente apenas as florestas e demais formas de vegetação existentes no topo de morros, montes, montanhas e serras, a Resolução CONAMA 4/1985 trouxe o conceito de linha de cumeada como sendo a linha constituída pelos pontos mais altos das elevações a partir da qual se originam os declives das vertentes[13]. A resolução estabeleceu que o terço superior das elevações que geram a linha de cumeada seria considerado também reserva ecológica.

As próximas alterações ao Novo Código Florestal surgem com a edição das Leis 7.511[14], em 7 de julho de 1986, e 7.803[15], em 15 de agosto de 1989.

---

13. Número 1, letra L do artigo 2º da Resolução CONAMA 4/1985.
14. Brasil. Lei Federal 7.511 de 7 de julho de 1986. Altera dispositivos da Lei 4.771, de 15 de setembro de 1965, que institui o novo Código Florestal. Disponível em: http://www.planalto.gov.br/ccivil_03/leis/l7511.htm. Acesso em: 10 ago. 2021
15. Brasil. Lei Federal 7.803 de 18 de julho de 1989. Altera a redação da Lei 4.771, de 15 de setembro de 1965. Disponível em: http://www.planalto.gov.br/ccivil_03/leis/l7803.htm. Acesso em: 10 ago. 2021

A EVOLUÇÃO DA CONSERVAÇÃO E PROTEÇÃO DA VEGETAÇÃO NO LICENCIAMENTO AMBIENTAL

A principal alteração trazida pela Lei 7.511/1986 foi referente à alteração da largura da faixa marginal aos cursos d'água, onde as florestas e demais formas de vegetação seriam consideradas de preservação permanente.

Já a Lei 7.803/1989, além de promover uma nova alteração na dimensão das faixas de proteção ao longo dos rios, incorporou ao texto as dimensões das áreas protegidas ao redor de nascentes e das bordas de tabuleiros ou chapadas, definidas pela Resolução CONAMA 4/85.

3. A INCLUSÃO DO TERMO "RESERVA LEGAL" NO "NOVO CÓDIGO FLORESTAL" E AS ALTERAÇÕES NA FORMA DE SEU CÁLCULO

A Lei 7.803/1989 também criou o termo "Reserva Legal" para definir a área do imóvel rural na qual não seria admitido o corte raso da vegetação, estipulando ainda a necessidade de averbação da delimitação dessa área na matrícula do imóvel, e vedando a possiblidade de sua alteração na transmissão, desmembramento, ou ainda na alienação do imóvel.

A obrigação de preservar parte da vegetação da propriedade já existia no Código de 1934 que determinava em seu artigo 23 que "*Nenhum proprietario de terras cobertas de mattas poderá abater mais de tres quartas partes da vegetação existente*",

A obrigação de preservar parte da vegetação nativa do imóvel foi mantida no Novo Código Florestal na forma de limitação para a concessão de autorização para supressão de vegetação. A Lei 4.771/1965 determinava que as florestas de domínio privado poderiam ser exploradas, desde que 20% da área de cada propriedade fosse mantida com cobertura arbórea, em localização a ser definida pela autoridade competente[16]. A determinação não valia para as florestas primitivas da bacia amazônica, que só poderiam ser exploradas mediante planos técnicos de manejo a serem estabelecidos pelo Poder Público.

Assim, o conceito de reserva legal estabelecido em 1989 diz respeito a uma porção do imóvel onde a vegetação deve ser mantida como condição para permitir a supressão da vegetação da vegetação no restante da propriedade.

A obrigação de constituir a área de reserva legal do imóvel, independentemente do fato de ser solicitada ou não uma autorização de supressão de vegetação, somente vai surgir em 26 de maio de 2000, com a edição da MP 1956-50, quando passará também a ser exigida a recomposição da cobertura vegetal na área destinada a constituir a reserva, quando essa se encontrar desprovida de vegetação.

4. AS ALTERAÇÕES PROMOVIDAS NA LEI FEDERAL 4.771/1965 POR MEDIDAS PROVISÓRIAS

Uma nova série de alterações no Novo Código Florestal surge com a edição de 67 medidas provisórias alterando o texto da lei, publicadas entre 22 de agosto de 1996,

---

16. Artigo 16 da redação original da Lei Federal 4.771/1965.

quando é publicada a MP 1.511-1, e 24 de agosto de 2001, com a publicação da MP 2.166-67, que vigorou com força de lei até a publicação da Lei 12.651.

Até a edição da Emenda Constitucional 32, não havia limitação ao número de vezes que uma Medida Provisória poderia ser reeditada, o que permitiu a reedição de diversas dessas medidas por um grande número de vezes, bem como a edição de novas medidas provisórias tratando de medidas provisórias anteriores.

A edição dessas medidas provisórias promoveu alterações significativas no texto da Lei 4.771/1965, tendo ocorrido por vezes que a disposição trazida por uma medida provisória foi contraditada por uma medida provisória posterior.

A primeira Medida Provisória alterando a Lei 4.771 foi a de número 1.511-1, que trouxe disposições específicas para a reserva legal na região norte e norte da região centro oeste.

A Medida Provisória 1.736-31, de 14 de dezembro de 1998[17], criou o § 4º para o artigo 16 da Lei 4.771/1965, determinando que as áreas ocupadas pela vegetação considerada de preservação permanente deveriam ser integralmente computadas para o cálculo do percentual da área de reserva legal.

Importante notar que antes da edição dessa MP não havia qualquer dispositivo definindo regras para a inclusão ou não da vegetação de preservação permanente, ou seja, não havia qualquer vedação à inclusão das áreas ocupadas pela vegetação de preservação permanente no percentual da área do imóvel destinado a constituir a reserva legal.

Porém, menos de dois anos depois, a MP 1.956-50[18], publicada em 26 de maio de 2000, alterou o mesmo dispositivo da lei, determinando que o cômputo das áreas recobertas por vegetação de preservação permanente na área de reserva legal somente poderia ocorrer quando a somatória das áreas de vegetação de preservação permanente e da reserva legal fosse superior a 80% da área do imóvel localizado na Amazônia legal, e maior que 50% da área do imóvel nas demais regiões do Brasil.

Ou seja, a inclusão da vegetação de preservação permanente na área de reserva legal que não era vedada, passando a ser obrigatória com a edição da MP 1736-31, e com a edição da MP 1.956-50 somente poderia ser feita se atendido condicionante específico.

Sendo assim, para avaliar a regularidade da constituição de uma reserva legal, torna-se necessário verificar a norma vigente na data de sua constituição.

Questionamentos quanto a irregularidades verificadas na constituição da reserva legal de imóveis rurais, encaminhados ao Departamento Estadual de Proteção

---

17. Brasil. Medida Provisória 1.736-1. Dá nova redação aos artigos 3º, 16 e 44 da Lei 4.771. Disponível em: http://www.planalto.gov.br/ccivil_03/mpv/antigas/1736-31.htm. Acesso em: 10 ago. 2021.

18. Brasil. Medida Provisória 1956-50. Altera os arts. 1º, 4º, 14, 16 e 44, e acresce dispositivos à Lei 4.771. Disponível em: http://www.planalto.gov.br/ccivil_03/mpv/antigas/1956-50.htm. Acesso em: 10 ago. 2021.

de Recursos Naturais de São Paulo, órgão estadual responsável pela aplicação da legislação florestal à época, foram muitas vezes respondidos com o esclarecimento de que a incorporação da vegetação de preservação permanente na área da reserva decorreu da aplicação da norma que tornava tal inclusão obrigatória.

5. O CONCEITO DE ÁREA DE PRESERVAÇÃO PERMANENTE

A MP 1.956-50 trouxe outras alterações significativas no texto do "Novo Código Florestal, sendo sem dúvida a mais relevante delas, do ponto de vista da proteção dos espaços com relevância ambiental, a alteração do conceito de floresta de preservação permanente para o conceito de área de preservação permanente.

O Código de 1934 trazia o conceito de florestas protetoras e de florestas remanescentes, claramente indicando uma proteção apenas para as fisionomias florestais da vegetação nativa. O Novo Código Florestal aumentou o grau de proteção ao falar em "florestas e demais formas de vegetação consideradas de preservação permanente'", estendendo assim a proteção à vegetação campestre, ao cerrado, à caatinga e a qualquer forma de vegetação nativa.

A alteração trazida pela MP 1.956-50, com o conceito de área de preservação permanente, que continua vigente hoje, foi muito mais abrangente e trouxe também uma modificação conceitual. A área de preservação permanente passa a ser definida como a porção do espaço coberta ou não por vegetação que reúne um conjunto de funções ambientais.

Sem dúvida alguma o entorno de nascentes e as faixas marginais aos cursos d'água, apenas para citar dois exemplos, são áreas extremamente importantes do ponto de vista ambiental, e não só a sua proteção como a sua recuperação são do maior interesse para garantir a preservação da qualidade ambiental. Nesse sentido, a ampliação da proteção com a alteração do conceito de vegetação de preservação permanente para o de área de preservação permanente representou um efetivo ganho ambiental.

O reparo que deve ser feito é que nem a MP, nem a Lei 12.651/2012 que vige hoje, trouxeram um regramento específico para as áreas urbanas densamente ocupadas.

Como a disposição legal fala que constitui área de preservação permanente o espaço definido em lei, coberto ou não por vegetação, isso implica a necessidade de considerar como de preservação permanente áreas de reduzida dimensão no espaço urbanizado, que não possuem qualquer relevância ambiental. Um lote vago na Avenida do Estado, em São Paulo, pode estar separado do rio por três faixas de rolamento e localizado na área de preservação permanente do Rio Tamanduateí, e assim sofrer restrições para sua ocupação, ainda que cercado por lotes edificados.

O que necessita ser considerado é que, apesar de ser legalmente exigida[19] e necessária, a delimitação de áreas de preservação permanente no ambiente urbano, bem

---

19. Artigo 4º da Lei 12.651/2012.

como a definição de suas funções, deveria ser feita considerando as características e necessidades da área urbanizada.

A função ambiental de permitir o fluxo gênico da fauna e flora dificilmente será cumprida por uma área de preservação permanente no centro de uma cidade, para citar um exemplo. Por outro lado, é inegável que as áreas baixas adjacentes aos cursos d'água no ambiente urbano deveriam gozar de proteção específica, e sofrer restrição à ocupação, pelo papel que podem exercer no controle de inundações.

Uma tentativa de trabalhar com essa diferenciação de funções das áreas de preservação permanente na área urbana ocorreu na Medida Provisória 571, de 25 de maio de 2012[20], que alterou o texto da Lei 12.651/2012, determinando a delimitação nos Planos Diretores ou Leis de Uso do Solo dos Municípios, das faixas de passagem de inundação ao longo dos cursos d'água[21].

Infelizmente, o dispositivo que tinha por finalidade mitigar o impacto de inundações no ambiente urbano foi retirado do texto legal pela Lei Federal 12.727/2012, que alterou a Lei 12.651/2012.

6. AS HIPÓTESES DE INTERVENÇÃO NA ÁREA DE PRESERVAÇÃO PERMANENTE

Ao estabelecer o regime de proteção das florestas e demais formas de vegetação de preservação permanente, a Lei 4.771/1965 ressalvou que sua supressão somente poderia ocorrer para obras ou atividades de utilidade pública ou interesse social[22], porém não definiu como seria avaliada a ocorrência dessa hipótese.

Na falta de uma definição específica para aplicação da lei, o IBAMA, no papel de órgão ambiental federal, manifestava-se nos processos em que era solicitada a autorização de supressão de vegetação de preservação permanente, avaliando caso a caso se a obra ou atividade poderia ser enquadrada como de utilidade pública ou interesse social.

A definição daquilo que poderia ser considerado como de utilidade pública ou de interesse social para fins de supressão da vegetação de preservação permanente somente ocorreu com a edição da MP 1.956-50, que trouxe uma relação dos empreendimentos e obras que poderiam assim ser classificados, ao incluir no artigo 1º da lei, o § 2º, e em especial as alíneas IV e V.

Porém as hipóteses que permitiriam a intervenção nas áreas de preservação permanente não foram totalmente esgotadas, uma vez que a MP 1956-50 trouxe uma outra hipótese que permitiria ao órgão ambiental autorizar a supressão de ve-

---

20. Brasil. Medida Provisória 571 de 25 de maio de 2012, altera a Lei 12.651 disponível em: http://www.planalto. gov.br/ccivil_03/_ato2011-2014/2012/mpv/571.htm. Acesso em: 10 ago. 2021.
21. Inclusão do parágrafo 9º, no artigo 4º da Lei Federal 4.771/1965 prevista no artigo 1º da Medida Provisória 571/2012.
22. Artigo 1º da redação original da Lei Federal 4.771/1965.

getação em área de preservação. A intervenção poderia ser autorizada quando fosse considerada como eventual e de baixo impacto, assim definida em regulamento[23].

Apesar de ter sido estabelecida a previsão para autorizar a intervenção eventual e de baixo impacto, mantida na última das medidas provisórias que alteraram a Lei Federal 4.771/1965 - MP 2.166-67, não houve um detalhamento acerca do que deveria ser considerado como intervenção eventual e de baixo impacto, para fins de se autorizar a intervenção em área de preservação permanente.

Dada a falta de definição na lei federal do que seria o baixo impacto, que impedia a aplicação do dispositivo, o Estado de São Paulo edita em 25 de abril de 2005 o Decreto Estadual 49.566, relacionando os casos que deveriam ser considerados como intervenções de baixo impacto ambiental em área de preservação permanente.

Posteriormente, em 28 de março de 2006, o CONAMA edita a Resolução 369[24], trazendo a regulamentação quanto à definição da atividade de baixo impacto, e atualizando a listagem dos casos de utilidade pública e interesse social.

Todas as hipóteses que permitiriam a intervenção e supressão de vegetação em área de preservação permanente ficaram assim relacionadas nessa resolução.

A Resolução CONAMA 369/2006 criou uma possibilidade de intervenção extremamente importante para o ambiente urbano, permitindo a intervenção em áreas de preservação permanente com a finalidade de implantação de área verde de domínio público em área urbana[25].

Esse dispositivo passou a permitir a implantação de parques lineares, com equipamentos públicos para atividades recreativas, associada à recuperação da área de preservação permanente, mecanismo extremamente importante para garantir a qualidade de vida no ambiente urbano, sem deixar de garantir as funções ambientais do local.

A Lei 12.651/2012 não manteve a previsão específica para a implantação das áreas verdes públicas, com as condicionantes previstas na Resolução CONAMA, limitando-se a prever, de forma genérica, a possibilidade da implantação na área de preservação permanente de infraestrutura para lazer e atividade esportiva, educacional ou recreacional[26].

7. CRIAÇÃO DA OBRIGAÇÃO DE DESAPROPRIAÇÃO OU AQUISIÇÃO DA ÁREA DE PRESERVAÇÃO PERMANENTE DE RESERVATÓRIOS

A MP 1.956-50 trouxe outra inovação importante, passando a ser obrigatória a desapropriação ou aquisição, pelo empreendedor, das áreas de preservação permanente criadas com a implantação de reservatórios de água.

---

23. Artigo 1º da Medida Provisória 1.956-50 de 26 de maio de 2000.
24. Brasil. Resolução CONAMA 369 de 28 de março de 2006. Disponível em: http://conama.mma.gov.br/?option=com_sisconama&task=arquivo.download&id=480. Acesso em: 10 ago. 2021.
25. Artigo 8º, Resolução CONAMA 369/2006.
26. Letra e, inciso IX, artigo 3º Lei 12.651/2012.

A partir da edição da Resolução CONAMA 4/1985, ao ser implantado um reservatório artificial, a vegetação existente na faixa de 100 metros ao redor do espelho d'água passava a ser considerada reserva ecológica[27], passando a ser objeto de restrição de uso.

Ocorre que na maior parte dos casos, essa área de reserva ecológica criada com o enchimento do reservatório não era integralmente desapropriada ou adquirida pelo empreendedor. Isso resultava na criação de áreas de reserva ecológica na propriedade de terceiros lindeiros ao reservatório, impondo uma restrição de uso da propriedade, sem qualquer indenização.

A partir da edição da MP 1.956-50 esse problema deixou de ocorrer, passando a ser obrigatória a desapropriação ou a aquisição da área de preservação permanente que fosse criada com o enchimento do reservatório[28], mas a situação dos empreendimentos antigos não foi resolvida.

A solução encontrada para essa situação foi a inclusão do artigo 62 na Lei 12.651/2012, estabelecendo que a área de preservação permanente dos reservatórios registrados, ou com concessão ou autorização assinados antes de 24 de agosto de 2001, seria constituída pela área localizada entre as cotas máxima normal operativa e máxima *maximorum*.

Cabe apontar que o correto seria o artigo fazer a referência à data de 26 de maio de 2000, data da edição da MP 1.956-50 que estabeleceu o dispositivo obrigando à desapropriação ou aquisição da área de preservação permanente, e não a data da edição da MP 2166-67, que foi a última reedição das MPs que alteraram o Novo Código Florestal.

Outra questão de cunho técnico diz respeito à impropriedade de se definir uma área de preservação permanente que se encontra na verdade dentro do reservatório. A cota máxima *maximorum* é o limite máximo de armazenamento de água de um reservatório, enquanto que a cota máxima normal operativa é o nível de armazenamento de água ideal para o funcionamento das turbinas. Sendo assim, a área entre essas duas cotas é espaço sujeito a inundações, não sendo a localização mais adequada para a recomposição da vegetação que se espera ver em uma área de preservação permanente.

8. O FINAL DO CONCEITO DA "RESERVA ECOLÓGICA" NO "NOVO CÓDIGO FLORESTAL"

Como foi visto, as florestas e demais formas de vegetação definidas na Lei 4.771/1965 foram transformadas em "reservas ecológicas" com a edição da Lei 6.938/1981. A regulamentação com a definição da dimensão das áreas onde a vegetação seria considerada como sendo de preservação permanente ocorreu com a edição

---

27. Resolução CONAMA 4/85, artigo 3°, inciso II.
28. Artigo 1° da Medida Provisória 1.956-50, criando o § 6° no artigo 4° da Lei Federal 4.771/65.

da Resolução CONAMA 4/1985, que estabeleceu a dimensão das então chamadas reservas ecológicas.

Ocorre que, em 18 de julho de 2000 é editada a Lei Federal 9.985, que cria o Sistema Nacional de Unidades de Conservação – SNUC, definindo as diferentes categorias de unidades de conservação de proteção integral: a Estação Ecológica, a Reserva Biológica, o Parque Nacional, o Monumento Natural e o Refúgio de Vida Silvestre. O artigo 60 da lei revogou o artigo 18 da Lei 6938/1981, que havia transformado as florestas de preservação permanente em reservas ecológicas, provavelmente com a finalidade de evitar confusão do termo com as novas denominações das unidades de conservação.

Criou-se assim uma situação inusitada, uma vez que a Resolução CONAMA 4/1985 definia a dimensão das 'reservas ecológicas", termo que não mais se aplicava para as florestas de preservação permanente da Lei 4.771/1965.

Para correção dessa situação são editadas em 20 de março de 2002 as Resoluções CONAMA 302 e 303, trazendo os parâmetros para a definição das dimensões das áreas de preservação permanente.

A Resolução CONAMA 302 tratou de forma exclusiva da definição das áreas de preservação permanente de reservatórios artificiais, trazendo novas disposições sobre o tema quando comparada com a Resolução CONAMA 4/1985.

O primeiro ponto relevante foi a definição de que não haveria área de preservação permanente nas acumulações artificiais de água, inferiores a cinco hectares de superfície, que não fossem resultantes do represamento de cursos d'água.

A inclusão desse dispositivo foi importante já que a Lei Federal 4.771/1965 definia como de preservação permanente a vegetação existente ao redor de qualquer acumulação de água natural ou artificial. Considerando essa disposição, um bebedouro para o gado escavado em meio ao pasto gerava uma área de preservação permanente, podendo o proprietário ser autuado por permitir a presença de gado na área protegida. Na área urbana, a implantação de um tanque para peixes ornamentais geraria igualmente uma área de preservação permanente, restringindo a possibilidade de ocupação das áreas em seu entorno imediato.

Essa disposição foi mantida na Lei Federal 12.651/2012, retirando-se a limitação de tamanho do espelho d'água existente na Resolução CONAMA 302/2002. Assim, atualmente, as reservações de água que não decorrem de barramento de cursos d'água não geram áreas de preservação permanente, independentemente de sua dimensão.

Um ponto muito questionável da Resolução CONAMA 302/2002 diz respeito à definição da área de preservação permanente ao redor dos reservatórios de pequenas centrais hidrelétricas. A resolução estabeleceu uma área de preservação de 15 metros de largura para reservatórios de pequenas centrais hidrelétricas com até 10 ha de superfície.

Do ponto de vista técnico, essa delimitação não faz sentido. A dimensão mínima da área de preservação permanente ao longo dos rios é de 30 metros de largura. Essa faixa marginal aos rios é extremamente importante para garantir o fluxo gênico de fauna e flora, servindo como um corredor onde a fauna pode circular. Sendo assim, não faz sentido que esse corredor seja estreitado justamente ao redor do espelho d'água, onde se espera uma maior afluência de animais.

A redução da largura da faixa de proteção ao redor dos reservatórios das pequenas hidrelétricas pode ser explicada analisando o momento de grave crise hídrica, com uma crise energética associada, pelo qual o país passava à época da edição das resoluções. Havia o interesse que se implantasse o maior número possível de pequenas centrais hidrelétricas, e a aquisição da área de preservação permanente a ser gerada com a criação do reservatório poderia impactar economicamente os projetos dessas pequenas centrais.

Já a Resolução CONAMA 303/202 repetiu, de forma geral, as disposições da Resolução CONAMA 4/1985, estabelecendo uma metodologia mais precisa para o cálculo da área de preservação permanente em conjuntos de morros e montanhas, e definindo de forma mais detalhada os termos restinga e mangue.

9. A LEI DE PROTEÇÃO À VEGETAÇÃO NATIVA – LEI 12.651/2012

Atualmente, o regramento geral de proteção à vegetação nativa é dado pela Lei Federal 12.651, de 25 de maio de 2012, alterada pela Lei Federal 12.727 de 17 de outubro de 2012, que revogou expressamente a Lei 4771/1965 e a Medida Provisória 2.166-67, última edição da medida provisória que alterou o "Novo Código Florestal e que vigorava com força de lei.

Vale lembrar que, a partir de 1990 é editada legislação específica para a proteção da Mata Atlântica. Com a publicação do Decreto Federal 99.547 de 26 de setembro de 1990 e do Decreto Federal 750 de 10 de fevereiro de 1993, passa a ser protegida a vegetação de Mata Atlântica, independentemente de sua localização. Enquanto o primeiro decreto simplesmente estabeleceu a proibição de corte da vegetação de mata atlântica, o segundo definiu as situações em que a supressão de mata atlântica poderia ser autorizada, respeitadas certas condições. Posteriormente, em 22 de dezembro de 2006, a proteção à Mata Atlântica é consolidada com a edição da Lei Federal 11.428.

No Estado de São Paulo, a Lei Estadual 13.550 de 2 de junho de 2009, estabeleceu a proteção legal à vegetação de cerrado, não protegida de modo específico pela legislação federal

A Lei 12.651/2012 dispõe, de modo geral, sobre a proteção da vegetação nativa, e trata das questões relacionadas com as áreas de preservação permanente, da constituição da reserva legal dos imóveis rurais, da exploração florestal e do controle da origem de produtos florestais, do cadastro ambiental rural e do programa de regularização ambiental dos imóveis rurais, regendo uma boa parte daquilo que era objeto dos Códigos Florestais de 1934 e de 1965.

O conceito de área de preservação permanente como sendo o espaço coberto ou não por vegetação com determinadas funções ambientais, a definição das hipóteses de utilidade pública, interesse social e baixo impacto para fins de supressão de vegetação em área de preservação permanente, e a maior parte das delimitações dessas áreas de preservação permanente estabelecida nas normas anteriores, foram incorporadas à lei.

A nova norma inovou, trazendo novos dispositivos e alterando entendimentos anteriores. Algumas das alterações trazidas com a nova lei representam avanços desejáveis na proteção do meio ambiente, porém outras acabam por reduzir a proteção anteriormente existente. Foi criado o conceito de área rural consolidada, como sendo aquela ocupada por atividade agrossilvopastoril em 22 de julho de 2008[29], data da edição do Decreto Federal 6.514, que regulamentou a Lei de Crimes Ambientais.

Nas áreas rurais consolidadas localizadas em áreas de preservação permanente passa a ser permitida a continuidade da atividade agrossilvopastoril, e estabelecido que a continuidade dessa ocupação fica condicionada à recuperação de uma parcela da faixa de preservação permanente. Conforme citado anteriormente, houve uma variação na dimensão das faixas de preservação ao longo do tempo. Sendo assim, seria justificável permitir a continuidade da atividade nas porções das áreas hoje definidas como áreas de preservação permanente que houvessem sido ocupadas com a atividade agrossilvopastoril antes do estabelecimento da proteção legal.

Porém, na forma apontada na lei, o que pode ocorrer é um favorecimento pelo descumprimento da Lei. Qualquer supressão de vegetação para estabelecer atividade agrossilvopastoril que tenha sido executada a menos de 30 metros de um rio com menos de 10 metros de largura, a partir de 1986, foi irregular.

Permitir a continuidade da atividade nessa situação é premiar o infrator e punir aquele que respeitou os limites da área de preservação permanente. É claro que existem áreas ocupadas há muito tempo com agricultura e pecuária, tendo ocorrido estas ocupações muito antes do estabelecimento da obrigação legal de preservação, e é razoável que tais atividades possam ter continuidade.

Entretanto, estender o benefício da continuidade da atividade na área de preservação permanente quando essa foi implantada em descordo com a legislação vigente não parece razoável. A escolha da data até a qual a ocupação em áreas de preservação permanente poderia ser considerada como "área rural consolidada" não guarda relação com a delimitação da área protegida, mas sim com o momento em que tal conduta poderia ser imputada como infração ambiental, em função da regulamentação trazida pelo Decreto Federal 6.514/2008.

Outro ponto negativo diz respeito à dispensa da delimitação da área de preservação permanente ao redor de acumulações de água inferiores a 1 hectare[30]. O

---

29. Inciso IV, artigo 3º da Lei 12651/2012.
30. § 4º do artigo 4º da Lei 12.651/2012.

grande problema desse dispositivo é que ele se aplica a qualquer acumulação de água, inclusive as decorrentes de barramento de cursos d'água.

Essa é uma situação bem diversa da dispensa de área de preservação permanente para reservatórios que não decorram do barramento ou represamento de cursos d'água naturais, também prevista na lei[31], situação já objeto de comentário.

A área de preservação permanente ao longo do curso d'água, correspondente à faixa marginal ao rio, tem a importante função de servir de corredor ecológico para a fauna e a flora. Interromper essa faixa no local do barramento pode comprometer a circulação da fauna, prejudicando a longo prazo a própria conservação da biodiversidade.

Mais um ponto delicado diz respeito à determinação da lei no sentido de que a áreas de preservação permanente ao longo dos cursos d'água devem ser medidas a partir da borda da calha do leito regular[32]. Tecnicamente falando, essa é uma boa definição, considerando que o nível do rio sofre variações sazonais ao longo do ano, e também variações de ano para ano, conforme a maior ou menor precipitação pluviométrica observada.

Deve-se entender que o leito regular do rio se constitui na calha normalmente ocupada pelo rio, independentemente de estar ocorrendo uma grande cheia ou uma grande seca no momento da avaliação do licenciamento solicitado.

O problema aqui refere-se às várzeas, planícies de inundação localizadas ao lado dos cursos d'água, que tem enorme importância tanto para a preservação da biodiversidade, quanto para a proteção dos recursos hídricos.

A Lei Federal 4.771/1965, após sua alteração pela Lei Federal 7.803/1989, determinava que a faixa marginal delimitando a preservação permanente deveria ser delimitada a partir do nível mais alto do curso d'água[33]. A Resolução CONAMA 303/2002 definia nível mais alto como sendo o nível alcançado pelas águas na cheia sazonal.

Com base nesse regramento, a área de preservação permanente em áreas de várzea era delimitada a partir do limite da várzea, já que o limite da várzea representa o nível mais alto atingido pelas águas na cheia.

Com a nova determinação, a área de preservação é delimitada a partir da calha do rio, o que pode resultar em uma situação em que parte da várzea está na área de preservação permanente e parte da várzea está fora, reduzindo de forma drástica a proteção para esse importante ambiente, com funções relevantes tanto na área rural quanto na área urbana.

---

31. § 2º do artigo 4º da Lei Federal 12.651/2012.
32. Inciso I do artigo 4º da Lei 12.651/2012.
33. Letra a do artigo 2º da Lei Federal 4.771/1965, alterada pela Lei Federal 7.803/1989.

Importante também observar que não existe disposição especifica na lei a protegendo as várzeas.

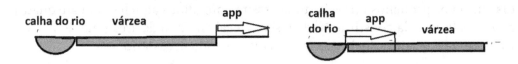

Figura 1 à esquerda indica a delimitação da área de preservação permanente a partir do nível mais alto, de acordo com a Resolução CONAMA 303/2002, protegendo a área de várzea. À direita indica a delimitação da área de preservação permanente a partir do limite da calha do leito regular, conforme a Lei Federal 12651/2012, deixando parte da várzea sem proteção.

Com relação à área de preservação de topo de morro, a alteração foi ainda mais drástica. O conceito de morro foi alterado, passando a ser necessária uma diferença de altura, entre o topo e a base da elevação, de 100 metros, ao invés dos 50 anteriormente definidos pela Resolução CONAMA 303/2002, sendo preciso também que a declividade média da encosta seja maior do que 25°, enquanto que anteriormente era exigido que a linha de maior inclinação apresentasse declividade superior a 17°.

Essas alterações já reduziriam significativamente a quantidade de elevações que poderiam ser classificadas como morros, porém outra alteração praticamente extinguiu a área de preservação de topo de morro. Conforme as novas disposições, a base a partir da qual deveria ser medida a altura da elevação passou a ser o ponto de sela mais próximo à elevação, e não a superfície mais baixa no entorno. Nas nossas condições de relevo movimentado, é extremamente difícil encontrar um ponto de sela adjacente a uma elevação com um diferencial de altura de 100 metros. Uma vez que a imensa maioria das elevações deixou de ser classificada como morros pela nova lei, a área de preservação permanente de topo de morro praticamente deixou de existir.

Na figura 2 abaixo se apresenta um exemplo das consequências da mudança no modo de se classificar uma elevação como morro.

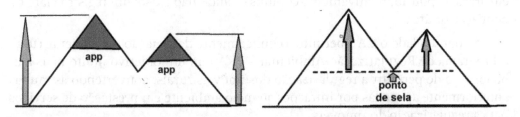

A Figura 2 à esquerda determina a altura da elevação e delimitação da área de preservação permanente de topo de morro de acordo com a Resolução CONAMA 303/2002. À direita, determina a elevação conforme a Lei Federal 12.651/2012, com drástica redução da altura da elevação, descaracterizando-a como morro e consequentemente deixando de existir a área de preservação permanente

No que diz respeito à constituição da reserva legal do imóvel rural, a nova lei dispensou os pequenos imóveis rurais, assim entendidos aqueles com até quatro módulos fiscais, da constituição da reserva legal em 20% da área total do imóvel rural, com reconstituição da vegetação nativa quando necessário.

Para esses imóveis, a reserva legal será constituída pela vegetação remanescente existente no imóvel em 22 de julho de 2008, podendo a área ocupada por essa vegetação ser inferior a 20% da área do imóvel. Existe, assim, uma redução na área total de reserva legal a ser exigida dos proprietários rurais.

Como aspecto positivo da lei é possível destacar a determinação de que o proprietário deve manter a vegetação nas áreas de preservação permanente, e que, caso tenha ocorrido a supressão dessa vegetação, cabe ao proprietário a sua recomposição[34].

O estabelecimento dessa obrigação é muito significativo. Até a edição dessa lei, existia um claro regramento quando aos impedimentos para a ocupação das áreas de preservação permanente, mas não a determinação legal da obrigatoriedade de sua restauração.

A Lei 12.651 trouxe também dois instrumentos bastante úteis para a proteção e conservação do meio ambiente, o Cadastro Ambiental Rural - CAR e o Programa de Regularização Ambiental - PRA.

Com o cadastramento dos imóveis rurais torna-se possível para os órgãos ambientais identificar as áreas de preservação permanente e as reservas legais existentes, permitindo um melhor direcionamento das medidas de compensação exigidas no licenciamento, de modo a garantir conexão entre fragmentos de vegetação já existentes.

A identificação dos imóveis em bases georreferenciadas permite uma otimização das operações de fiscalização, que passam a poder ser feitas por meio de imagens de satélite, fotos aéreas ou vistorias realizadas com drones.

Do ponto de vista do proprietário, o CAR garante segurança, na medida em que o cadastro homologado identificará claramente as áreas de cultura, evitando episódios de autuação por limpeza de pastagens, ou corte de vegetação invasora em áreas de pousio, relativamente comuns quando não existe um registro claro da ocupação da área.

Se por um lado o CAR permite o conhecimento da situação no ambiente rural, o Programa de Regularização Ambiental – PRA tem um objetivo muito mais ambicioso - o de permitir a regularização dos imóveis rurais, convertendo as multas anteriormente aplicadas por infrações ao meio ambiente em prestação de serviços para a regularização dos imóveis.

---

34. Artigo 7º da Lei Federal 12.651/2012.

Conforme determina o artigo 59 da Lei 12.651/2012, cumpridos os requisitos estabelecidos em termo de compromisso firmado no âmbito do PRA, o passivo ambiental existente do imóvel rural será convertido em prestação de serviços, e a cobrança das multas extinta.

Considerando que a lei obriga o proprietário recompor as áreas de preservação permanente onde tiver ocorrido a supressão de vegetação, e levando em conta que essa obrigação necessariamente deve ser atendida pelo PRA, a efetivação do programa de regularização pode trazer um fantástico benefício ao meio ambiente, ao reestabelecer a vegetação nas áreas de preservação permanente, o que trará enorme vantagem para o fluxo gênico de fauna e flora, para a preservação dos recursos hídricos e para a conservação da biodiversidade.

10. CONSIDERAÇÕES FINAIS E PERSPECTIVAS

Como pode ser visto, a legislação protetiva da vegetação se constrói a partir de 1934, passando por um grande número de alterações. Apesar de todas as mudanças ocorridas, existe ainda muito campo para melhorias e aperfeiçoamento na legislação.

É possível destacar, entre os aspectos a serem melhorados, a necessidade de uma melhor definição das funções e da delimitação das áreas de preservação permanente nas áreas urbanas, a criação de uma proteção específica para as áreas de várzea, tanto na área urbana quanto na área rural, e a adequação da definição de morros que possibilite a existência das áreas de preservação permanente de topos de morro, entre outros.

Porém, mais necessário do que o aprimoramento da norma é garantir a sua efetiva aplicação. Desde o Código Florestal de 1934 ocorre o descumprimento sistemático de disposições protetivas relevantes. No caso da atual norma, a Lei Federal 12.651/2012, é fundamental garantir a implementação completa do Cadastro Ambiental Rural e do Programa de Regularização Ambiental.

Se conseguirmos ter um retrato claro da situação dos imóveis rurais com o Cadastro Ambiental Rural e se houver uma efetivação do Programa de Regularização Ambiental, com a recuperação de todas as áreas de preservação permanente, o ganho ambiental será enorme e teremos dado um passo importante para a garantia de um meio ambiente equilibrado, direito garantido pela Constituição.

11. REFERÊNCIAS

DECRETO FEDERAL 23.793 de 23 de janeiro de 1934. Aprova o código florestal que com esse baixa. Disponível em: http://www.http://www.planalto.gov.br/ccivil_03/decreto/1930-1949/d23793.htm. Acesso em: 10 ago. 2021.

LEI FEDERAL 4.771 de 15 de setembro de 1965, que institui o novo Código Florestal. Disponível em: http://www.planalto.gov.br/ccivil_03/leis/l4771.htm. Acesso em: 10 ago. 2021.

LEI FEDERAL 6.938 de 31 de agosto de 1981. Dispõe sobre a Política Nacional do Meio Ambiente, seus fins e mecanismos de formulação e aplicação, e dá outras providências. Disponível em: http://www. http:\\planalto.gov.br/ccivil_03/leis/l6938.htm. Acesso em: 10 ago. 2021.

RESOLUÇÃO CONAMA 4 de 18 de setembro de 1985. Disponível em: https://cetesb.sp.gov.br/licenciamento/documentos/1985_Res_CONAMA_4.pdf. Acesso em: 10 ago. 2021.

MEDIDA PROVISÓRIA 1.956-50 de 26 de maio de 2000, criando o § 4º no artigo 4º da Lei Federal 4771/1965. Disponível em: http://www.planalto.gov.br/ccivil_03/mpv/antigas/1956-50.htm. Acesso em: 10 ago. 2021.

RESOLUÇÃO CONAMA 369 de 28 de março de 2006. Disponível em: http://conama.mma.gov.br/?option=com_sisconama&task=arquivo.download&id=480. Acesso em: 10 ago. 2021.

LEI FEDERAL 12.651 de 25 de maio de 2012. Dispõe sobre a proteção da vegetação nativa. Disponível em: http://www.planalto.gov.br/ccivil_03/_ato2011-2014/2012/lei/l12651.htm. Acesso em: 10 ago. 2021.

LICENCIAMENTO DE PARCELAMENTO DO SOLO URBANO E CONDOMÍNIOS

Célia Poeta

1. INTRODUÇÃO

No Brasil, o estado de São Paulo possui a maior taxa de urbanização e a maior densidade demográfica. A necessidade de moradia é cada vez mais premente e consequentemente obriga os municípios a expandirem suas malhas urbanas, e assim, avançando e reduzindo as áreas rurais.

De forma a ordenar e racionalizar a ocupação do espaço urbano e garantir o equilíbrio ambiental, foram instituídas normas técnicas e normas jurídicas para assegurar essa ocupação de forma equilibrada.

No Estado de São Paulo o parcelamento do solo em área urbana, mais precisamente, os loteamentos, em função de suas características, a concentração e adensamento de população, a geração de resíduos e a geração de esgotos foram considerados fontes de poluição e, portanto, incluídos na listagem de atividades relacionadas, no artigo 57, do Regulamento da Lei Estadual 997/76, aprovado pelo Decreto Estadual 8.468/76, como atividade objeto de Licença de Instalação à época.

Em 1976 vigia o Decreto Lei 58/1937, que "dispõe sobre o loteamento e a venda de terrenos para pagamento em prestações" e tinha como foco preservar os adquirentes dos lotes, sem a preocupação com as questões urbanísticas. A análise da CETESB se restringia aos aspectos referentes ao saneamento e locacionais. Em 1984, foi incluído no já citado artigo 57, como fonte de poluição, a atividade de desmembramento e posteriormente, em 2002, foram incluídos conjuntos habitacionais e condomínios, portanto, objeto de licenciamento ambiental.

2. PARCELAMENTO DO SOLO URBANO

Em 1979 foi promulgada a Lei Federal 6.766, mais conhecida como Lei Lehman, que "dispõe sobre o parcelamento do solo urbano e dá outras providências", responsável pelo processo de divisão de solo urbano em todo território nacional e que traz definições, restrições e regras urbanísticas para o parcelamento do solo urbano.

Parcelamento do solo urbano pode ser feito mediante *loteamento* ou *desmembramento*, observadas as disposições das legislações municipais, estaduais e federais pertinentes, conforme artigo 2º, da referida Lei.

Loteamento é a subdivisão da gleba em lotes destinados à edificação, com abertura de novas vias de circulação e logradouros públicos ou prolongamentos, modificação ou ampliação das vias existentes.

Figura 1 – Loteamento

FOTO - blog.expertsystem.com.br

Desmembramento é a subdivisão de gleba em lotes, destinados à edificação, com aproveitamento do sistema viário existente, desde que não implique a abertura de novas vias e logradouros públicos, nem no prolongamento, modificação ou ampliação dos já existentes. (§§ 1º e 2º do artigo 2º, da referida Lei).

A figura 2 ilustra as duas formas de parcelamento do solo.

Figura 2 – Desmembramento e Loteamento

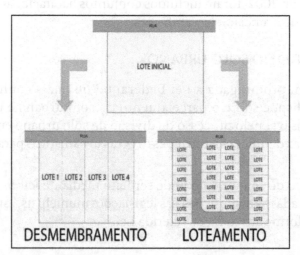

FONTE: Planej (2020)

Em resumo, o loteamento promove a abertura de novas vias ou prolongamento das existentes, implantação de equipamento urbano e comunitário (área institucional) e espaços livres de uso público (área verde, e lazer) e lotes.

Com relação ao desmembramento, sua implantação é com aproveitamento do sistema viário existente de fato (aberto) e de direito (instituído legalmente por lei municipal), não podendo permanecer lote encravado, sem acesso.

A Lei Federal 6766/79 sofreu várias modificações ao longo dos anos com inclusões, vetos e alterações e destacam-se aqui, entre as alterações introduzidas pela Lei Federal 9.785/99, a inclusão da definição de lote e a atribuição ao município, por meio de legislação municipal, a definição para cada zona em que se divide o território, o estabelecimento dos usos permitidos e os índices urbanísticos de parcelamento e ocupação do solo, incluindo as áreas mínimas e máximas de lotes e os coeficientes máximos de aproveitamento, trazendo assim maior autonomia aos municípios na questão do parcelamento do solo.

Lote é "o terreno servido de infraestrutura básica cujas dimensões atendam aos índices urbanísticos definidos pelo plano diretor ou lei municipal para a zona que se situe".

A questão da infraestrutura básica para os parcelamentos do solo urbano, somente foi definida e incluída na Lei Federal 6.766/79, por meio da Lei Federal 9.785/1999.

No artigo 2º, da Lei Federal 6.766/79, que trata das definições, foi incluído o § 5º cujo conteúdo foi alterado, posteriormente, pela Lei 11.445/2007. Dessa forma, a *infraestrutura básica* dos parcelamentos do solo é constituída pelos equipamentos urbanos de escoamento de águas pluviais, iluminação pública, esgotamento sanitário, abastecimento de água potável, energia elétrica pública e domiciliar e vias de circulação.

Não consta nas definições da Lei Federal 6.766/76 a definição de outro tipo de parcelamento do solo, que é conjunto habitacional. *Conjunto habitacional* é o empreendimento em que o parcelamento do imóvel urbano, com ou sem abertura de ruas, é feito para alienação de unidades habitacionais já edificadas pelo próprio empreendedor, conforme Provimento 37/2013, da Corregedoria-Geral de Justiça do Estado de São Paulo.

Em resumo, o *conjunto habitacional* é o parcelamento do solo associado a edificação, ou seja, com edificação no lote realizada pelo próprio empreendedor. A edificação pode constituir-se por unidades autônomas em cada lote (residência) ou unidades habitacionais, na forma de condomínio vertical, em cada lote parcelado. Possui áreas públicas, como áreas verdes, institucional e de lazer e sistemas públicos de abastecimento de água, coleta, afastamento e tratamento de esgotos, energia e águas pluviais.

A figura 3 ilustra tipos de conjunto habitacional

Figura 3 – Conjunto Habitacional

FOTO:http://cdhu.sp.gov.br/web/guest/programas-habitacionais/provisao-de-moradias/parceria-com-municipio

Embora não se configure como parcelamento do solo, importante também trazer o conceito de condomínio, que é uma forma de ocupação do solo urbano.

Condomínios são edificações ou conjunto de edificações, de um ou mais pavimentos (horizontal ou vertical), construídos sob a forma de unidades isoladas entre si, destinadas a fins residenciais ou não residenciais, e constituindo-se, cada unidade, por propriedade autônoma (Lei Federal 4.591, de 16/12/64).

Mesmo que haja abertura de sistema viário interno ou a destinação de áreas de lazer de uso comum, estas continuarão particulares, não havendo nesse caso a divisão entre público e privado. Cada unidade habitacional se constitui em uma unidade autônoma, cabendo a cada qual, como parte inseparável, uma fração ideal de terreno e áreas comuns.

Figura 4 – Condomínio vertical e horizontal

FOTO:https://www.definicionabc.com/wp-content/uploads/2014/07/Condominio.jpg

A Lei Federal 13.465/2017 também alterou a Lei Federal 6766/79, trazendo novas definições, como loteamento de acesso controlado (fechado) e condomínio de lotes, em seus artigos 58 e 78 respectivamente.

Loteamento de acesso controlado (fechado) é a subdivisão de uma área maior (gleba) em áreas menores, em lotes, destinados a edificação. A gleba é cercada em seu perímetro ou murado para formar um loteamento fechado e é dividida em lotes, com abertura de novas vias ou prolongamento das vias existentes. As ruas são de domínio público (responsabilidade da prefeitura), a infraestrutura também pública, como rede de abastecimento de água, coleta, afastamento e tratamento de esgoto, energia, águas pluviais, com acesso livre da população, com ou sem controle de circulação (apresentação de documentos na portaria) e a existência ou não de associação de moradores, com o fim de obter melhorias para o local perante o poder público.

Condomínio de lotes são empreendimentos que são constituídos de partes designadas de lotes que são propriedade exclusiva e partes que são propriedade comum dos condôminos, nos termos da Lei Federal 13.465, de 11 de julho de 2017, art. 58.

Figura 5 – Condomínio de lotes

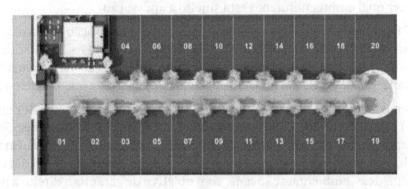

FOTO:https://www.garantiaincorporadora.com.br/uploads/content_file/BIGd4228b42d876b6b411dc3c32d93a55cb.jpg

Somente será admitido o parcelamento do solo para fins urbanos em zonas urbanas, de expansão urbana ou de urbanização específica, assim definidas pelo Plano Diretor ou aprovadas por lei Municipal, de acordo com artigo 3°, da Lei Federal 6766/79 e suas alterações.

De acordo com o parágrafo único do artigo 3°, da Lei Federal 6.766/79 não será permitido parcelamento do solo em:

- Terrenos alagadiços e sujeitos a inundações, antes de tomadas as providências para assegurar o escoamento das águas;

- Terrenos que tenham sido aterrados com material nocivo à saúde pública, sem que sejam previamente saneadas;

- Terrenos com declividade igual ou superior a 30%, salvo se atendidas as exigências específicas das autoridades competentes;

- Terrenos onde as condições geológicas não aconselham a edificação;

- Em áreas de preservação ecológica ou naquelas onde a poluição impeça condições sanitárias suportáveis, até a sua correção.

3. LICENCIAMENTO E APROVAÇÃO DE EMPREENDIMENTOS HABITACIONAIS NO ESTADO DE SÃO PAULO

Criado por meio do Decreto Estadual 33.499, de 10 de julho de 1991, o Grupo de Análise

e Aprovação de Projetos Habitacionais – GRAPROHAB, vinculado à Secretaria de Habitação do Estado – SH, tem como objetivo centralizar e agilizar a análise e aprovação de projetos habitacionais no âmbito do Estado.

Em 2007 o Graprohab foi reestruturado por meio do Decreto Estadual 52.053, de 13 de agosto de 2007 e regimento interno, aprovado por meio da Resolução SH 21/2009, com estabelecimento de prazos para manifestação dos órgãos que compõem esse colegiado para análise e manifestação com relação aos projetos e, também, para o empreendedor, no atendimento às exigências formuladas pelo colegiado, além de estabelecer qual empreendimento está sujeito à aprovação.

O Graprohab passou a ter a atribuição para análise e aprovação de novos empreendimentos habitacionais e com relação à regularização, o Decreto Estadual 52.052, de 13 de agosto de 2007 instituiu, no âmbito da Secretaria da Habitação, o Programa Estadual de Regularização de Núcleos Habitacionais – Cidade Legal para tratar do referido tema.

Apenas a título de esclarecimento, ainda com relação ao processo de regularização, em 11 de julho de 2017 foi promulgada a Lei Federal 13.465, que dispõe sobre a regularização fundiária rural e urbana e institui em território nacional normas gerais e procedimentos aplicáveis à Regularização Fundiária, abrangendo medidas jurídicas, urbanísticas, ambientais e sociais, com objetivo de garantir o direito à moradia, processo esse que opera no âmbito do poder público local, ou seja, no município.

Retornando ao tema licenciamento, são objeto de aprovação, pelo Graprohab, os empreendimentos urbanos públicos ou privados para fins residenciais na modalidade de parcelamento do solo, loteamento, desmembramento e conjunto habitacional e condomínio.

A estrutura do GRAPROHAB é composta pela Presidência e uma secretaria executiva, com protocolo, expediente e área técnica.

Compõem o colegiado hoje, a Secretaria da Habitação, a quem compete a análise urbanística (Lei Federal 6.766/79 e suas alterações), a CETESB – Companhia Ambiental do Estado de São Paulo, para a análise ambiental (recursos naturais, intervenção em áreas protegidas, fontes de poluição), o Departamento de Águas e Energia Elétrica – DAEE, para a análise de intervenção em recursos hídricos (captação de água superficial e subterrânea, lançamento de efluentes domésticos em corpo d' água, barramentos e travessias) e Companhia de Saneamento Básico do Estado de São Paulo – SABESP, para a análise e emissão de diretrizes referentes aos sistemas de abastecimento de água e tratamento de esgotos nos municípios que opera.

Também participam, mas sem direito a manifestação com relação aos projetos, instituições e órgãos de classe, como Aelo-Associação das Empresas de Loteamento e Desenvolvimento do Estado de São Paulo, SECOVI, CREA, CRECI, IRIB etc.

Cabe esclarecer que a CETESB, Companhia Ambiental do Estado de São Paulo, único órgão responsável pelo licenciamento ambiental no estado, conforme Lei Estadual 13.542, de 08 de maio de 2009, tem o papel de licenciador nesse colegiado e, portanto, sua manifestação equivale as licenças.

Estão sujeitos à análise do Graprohab:

- Projetos de *loteamentos* para fins habitacionais;
- Projetos de *conjuntos habitacionais* com abertura ou prolongamento de vias públicas existentes;
- Projetos de *desmembramentos* para fins habitacionais que resultem em *mais de 10 (dez) lotes* não servidos por redes de água e de coleta de esgotos, guias e sarjetas, energia e iluminação pública;
- Projetos de *condomínios residenciais* que se enquadrem em uma das seguintes situações:
  - *Condomínios horizontais e mistos* (horizontais e verticais), com mais de 200 unidades ou com área de terreno superior a 50.000 m²;
  - *Condomínios verticais* com mais de 200 unidades ou com área de terreno superior a 50.000 m² que não sejam servidos por redes de água e de coleta de esgotos, guias e sarjetas, energia e iluminação pública;
  - *Condomínios horizontais, verticais ou mistos* (horizontais e verticais) localizados em áreas especialmente protegidas por legislação ambiental em área de terreno maior ou igual a 10.000 m².

Não estão sujeitos à aprovação do Graprohab loteamentos e condomínios exclusivamente para uso industrial e ou comercial, desdobro de lotes e regularização

Figura 6 – Condomínio industrial

https://storage.stwonline.com.br/180graus/uploads/ckeditor/pictures/421117/aerea-montagem-drone-1.jpg

Figura 7 – Desdobro de lotes

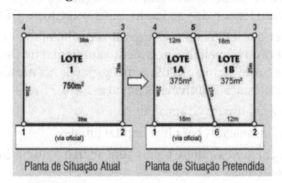

FOTO:https://www.garantiaincorporadora.com.br/uploads/content_file/BIGd4228b42d876b6b411dc3c32d93a55cb.jpg

Figura 8 – Regularização

FOTO: http://f.i.uol.com.br/fotografia/2013/08/08/306958-970x600-1.jpeg

Os projetos de *desmembramento* que resultem em mais de *10 (dez) lotes* podem solicitar a manifestação do Graprohab de *não enquadramento* no *artigo 5° do Decreto Estadual 52.053/07*, desde que os *lotes em sua testada (perímetro) possuam a infraestrutura urbana implantada.*

Os empreendimentos habitacionais que não se enquadrarem nas categorias descritas no artigo 5°, do Decreto Estadual 52.053/07, independentemente do número de unidades habitacionais ou área, também não devem apresentar as seguintes características:

- Intervenção em área de preservação permanente (APP) e supressão de vegetação;

- Inserido em Área de Proteção dos Mananciais (APM), Área de Proteção e Recuperação dos Mananciais (APRM) e Zoneamento Costeiro e Zoneamento Ecológico Econômico do Litoral,

- Inserido em Área de Proteção Ambiental (APA) com área de terreno superior a 10.000 m².

- Os projetos de *desmembramentos* que resultem em mais de *10 (dez) lotes* podem solicitar a manifestação do Graprohab de não enquadramento no artigo 5°, do Decreto Estadual 52.053/07, desde que os lotes em sua testada (perímetro) possuam a infraestrutura urbana implantada:

  – Redes de água,

  – Coleta de esgotos,

  – Guias e sarjetas,

  – Energia,

  – Iluminação pública.

- Os projetos de condomínios verticais, com *mais de 200 unidades* ou com *área de terreno superior a 50.000,00m²*, podem solicitar a manifestação do Graprohab de *não enquadramento* no *artigo 5°*, do Decreto Estadual 52.053/07, desde que *em sua testada (perímetro) possuam infraestrutura urbana implantada:*

  – Redes de água,

  – Coleta de esgotos,

  – Guias e sarjetas,

  – Energia,

  – Iluminação pública.

Para obter a manifestação de não enquadramento no artigo 5°, do Decreto Estadual 52.053/07, há necessidade de comprovação da existência de redes de água e de coleta de esgotos implantadas, com capacidade de atendimento ao empreendimento, por meio de documento emitido pela SABESP ou Concessionária local e via de acesso oficial e implantada, com guias e sarjetas, energia e iluminação pública comprovada por meio de Certidão ou Declaração, emitida pela Prefeitura Municipal.

A via de acesso ao empreendimento não pode ser oriunda de doação prévia à municipalidade, sem que exista a previsão na Diretriz Viária ou Plano Diretor, estabelecidos por lei municipal, comprovando o interesse público na ampliação do sistema viário.

Importante esclarecer que a solicitação de manifestação de não enquadramento no art. 5°, do Decreto Estadual 52.053/07 é uma análise exclusivamente documental das informações sobre o empreendimento pelo corpo técnico da Secretaria Executiva do GRAPROHAB, submetendo-a a apreciação em reunião do Colegiado, a quem cabe anuir ou solicitar a análise completa do GRAPROHAB.

Nesses casos, não é realizada a análise do projeto e, portanto, não cabe aos Órgãos do Colegiado qualquer responsabilidade acerca da viabilidade técnica do empreendimento, ficando esta a cargo do responsável técnico e da Prefeitura Municipal.

A documentação necessária a ser apresentada no GRAPROHAB está relacionada no Manual de Orientação para Aprovação de Projetos Habitacionais, disponível no site da Secretaria da Habitação[1].

Esse Manual de orientação contém as normas e procedimentos do GRAPROHAB e dos Órgãos que compõem o colegiado e, por ser digital, é atualizado continuamente.

4. PROJETO MODIFICATIVO E PROJETO SUBSTITUTIVO NO GRAPROHAB

Projeto modificativo é aquele que apresenta alteração na configuração do projeto, na disposição das edificações, na área do terreno, no número de lotes ou unidades habitacionais e outras informações que modificam as condições iniciais da análise documental.

A documentação referente ao projeto modificativo deve ser protocolada na Secretaria Executiva e submetida à nova análise junto à Área Técnica do Graprohab, independentemente da proporção das alterações, devendo o projeto estar previamente aprovado ou pré-aprovado na Prefeitura Municipal. O prazo para análise documental do projeto modificativo segue os estabelecidos para novos projetos.

Exemplos de projetos modificativos:

• Alterações de Projeto Urbanístico – concepção e alteração de destinação de áreas.

• Alterações com relação ao tratamento e destinação dos esgotos.

Projetos substitutivos são aqueles cujas alterações não representem a descaracterização do projeto urbanístico original, ou seja, não alteram a sua concepção. São pequenas adequações sem alteração das características iniciais do projeto já aprovado.

Essas alterações decorrem de razões técnicas ou exigências das Prefeituras ou dos Cartórios de Registro de Imóveis e são analisadas pelo corpo técnico da Secretaria Executiva do GRAPROHAB.

Exemplos de projeto substitutivo:

• Adequação de cotas dos lotes,

---

1. Disponível em: http://www.habitacao.sp.gov.br/icone/detalhe.aspx?Id=72.

- Perímetros,
- Correção de rumos,
- Mudança de confrontantes etc.

Funcionamento do GRAPROHAB

Figura 9 – Fluxograma – GRAPROHAB

FOTO: cpoeta

- Protocolo da documentação, conforme orientação no Manual de Orientação para Aprovação de Projetos Habitacionais, de forma presencial, na Secretaria Executiva do GRAPROHAB, localizada na Secretaria da Habitação do Estado;
- Projetos que não são de interesse social, prazo 60 (*sessenta*) dias para manifestação, conforme artigo 9º, do Decreto Estadual 52.053/07;
- Projetos de Interesse Social, prazo de 30 (*trinta*) dias, artigo 31, da Seção V, do Regimento Interno do GRAPROHAB;
- Reuniões semanais do Colegiado, ocasião em que os representantes se manifestam por meio de voto, acompanhado de relatório técnico (de Aprovação, Indeferimento ou de Exigências Técnicas), com Publicação da Ata no Diário Oficial;
- O Interessado retira presencialmente a manifestação/ Relatório completo na Secretaria Executiva do GRAPROHAB;
- Em caso de aprovação, deverão ser encaminhadas, via correio ou presencial, 05 (cinco) vias da Planta Urbanística assinadas pelo responsável técnico e pelo proprietário do imóvel e 05 vias dos memoriais descritivo e justificativo assinado também pelo responsável técnico e pelo proprietário do imóvel;
- Para o cumprimento das Exigências Técnicas, a documentação protocolada no GRAPROHAB será enviada pela Secretaria Executiva do GRAPROHAB aos órgãos e instituições integrantes do colegiado, os quais terão 30 (trinta) dias para emitir Parecer Técnico conclusivo (aprovação ou indeferimento).

- *Recurso ao Indeferimento* – o interessado poderá interpor recurso no prazo máximo de 20 (vinte) dias, contados a partir da data da publicação no Diário Oficial da Ata de Reunião. O recurso ao indeferimento refere-se à contestação dos itens indeferidos e quando não há solicitação de alteração/adequação de projeto. Dois indeferimentos consecutivos de mesmo protocolo implicam a abertura de novo protocolo.
- *Reabertura* – No caso de indeferimento, o interessado poderá optar pelo procedimento de Reabertura do protocolo, devendo, para tanto, complementar ou corrigir a documentação ou exigências técnicas, conforme indeferimento.
- Em caso de aprovação, o documento emitido pelo GRAPROHAB é o Certificado de Aprovação –

Figura 10 – Certificado

Foto: GRAPROHAB

Aspectos considerados na análise da CETESB

Nos parcelamentos do solo e condomínios habitacionais são objeto de análise da CETESB:

- Os recursos naturais (Legislação Florestal);
- As soluções de abastecimento de água e sistema de tratamento;
- As soluções de coleta, tratamento e disposição de esgotos sanitários;
- A compatibilidade do empreendimento com o zoneamento estabelecido para o local, assim como sua compatibilidade com a ocupação do solo circunvizinho;
- As soluções quanto coleta e disposição de resíduos;
- Os aspectos referentes a Legislação de Proteção aos Mananciais;
- Áreas contaminadas.

Sistema de Abastecimento de água

- Interligado ou não ao sistema ao público:
- Projeto de redes aprovado pelo SAE, DAE etc. e ART, dispensado para os casos em que for SABESP, porém cabe apresentar apenas o traçado da rede.
- Sistema isolado, sistema independente não interligado ao sistema público existente na malha urbana podendo ser coletivo ou individual, por meio de captação de água superficial ou subterrânea:

O Projeto básico aprovado pelo SAE, DAE etc. e ART, (dispensado o projeto de reservação e distribuição quando se tratar de SABESP);

Declaração da responsabilidade pela operação e manutenção até que seja transferida para quem tem a concessão.

Sistema de Esgotos

- *Interligado sistema ao público:*

Sistema e elevatórias, Projetos aprovados e ART

- Sistema isolado coletivo, sistema independente, não interligado ao sistema público existente na malha urbana:

Projeto completo aprovado para rede; Estações Elevatórias de Esgotos – EEE; Estação de Tratamento de Esgotos – ETE (projeto de rede dispensado quando SABESP) e ART;

Declaração de responsabilidade pela operação e manutenção, até que seja transferida para quem detém a concessão.

Destaque-se que, na existência de sistema público de esgotos em condições de atendimento ao empreendimento, os efluentes tratados deverão ser obrigatoriamente lançados na rede pública, exceto se for demonstrada a inviabilidade técnica desse lançamento, mediante certidão expedida pela entidade responsável pela operação do sistema público de esgotos, conforme estabelecido no artigo 19, do Regulamento da Lei Estadual 997/76, aprovado pelo Decreto Estadual 8468/76 e suas alterações.

Excepcionalmente, será admitido o lançamento dos efluentes sem tratamento diretamente em rede pública coletora existente, desde que exista Termo de Ajustamento de Conduta – TAC, contemplando o atendimento do empreendimento em questão, firmado entre o órgão responsável pelo sistema de esgotos do município e a CETESB, ou entre órgão responsável pelo sistema de esgotos do município e o Ministério Público, desde que aceito pela CETESB.

- Sistema isolado individual no lote, sistema independente, não interligado ao sis tema público existente na malha urbana, para situações específicas e excepcionais:

Projeto completo; Relatório de testes de infiltração e determinação do nível do lençol freático (NBR 7.229/93 da ABNT, e NBR 13.969/97 da ABNT) e ART;

Localização das unidades observando, se for o caso, a distância mínima de 30 (trinta) metros entre qualquer poço freático e qualquer sumidouro e/ou vala de infiltração.

Áreas contaminadas

Para a verificação de eventual existência de áreas contaminadas no imóvel, que possam causar risco à saúde humana e ao meio ambiente, antes de dar entrada com o projeto no GRAPROHAB, adotar procedimentos estabelecidos no site da CETESB nos links abaixo:

http://arquivos.ambiente.sp.gov.br/legislacao/2017/02/resolucao-sma-010-2017-definicao-das-atividades-potencialmente-geradoras-
-de-areas-contaminadas.pdf.

https://cetesb.sp.gov.br/areas-contaminadas/parecer-tecnico/.

5. CERTIFICADO GRAPROHAB E AS LICENÇAS DA CETESB

A manifestação da CETESB, no âmbito do Graprohab, equivale às Licenças Prévia e de Instalação, exceto para os casos de empreendimentos habitacionais sujeitos a avaliação de impacto ambiental, onde a manifestação da CETESB, no âmbito do GRAPROHAB, equivalerá apenas a Licença de Instalação. Empreendimentos que, pelas suas características e localização, estão sujeitos à Licença Prévia com apresentação de Estudos Ambientais (Avaliação de Impacto Ambiental), e esse licenciamento antecede o GRAPROHAB, nas seguintes situações:

- Áreas > 100 ha, conforme Resolução CONAMA 1/86;
- Áreas > 70 ha para empreendimentos de interesse social, conforme Resolução SMA 54/07 e empreendimentos habitacionais não contíguos a malha urbana;
- Áreas > 20 ha no litoral, conforme Resolução SMA 68/09.

Figura – 11 Fluxograma – licenciamento de empreendimentos habitacionais com avaliação de impacto

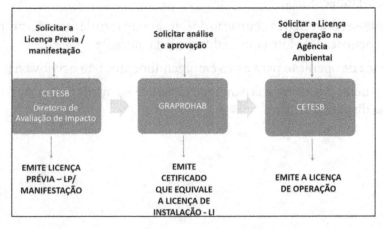

Foto: cpoeta

A manifestação da CETESB, no âmbito do Graprohab, tem prazo de validade de 2(dois) anos, prorrogáveis por mais dois anos, quando solicitada em tempo hábil. Se o empreendimento não iniciar as obras de implantação dentro do prazo do Certificado Graprohab, a aprovação no âmbito da CETESB não terá mais validade.

Vencido o prazo da manifestação da CETESB no CERTIFICADO e não iniciadas as obras do empreendimento, o empreendedor deverá requerer nova manifestação da CETESB, ou seja, novo Parecer Técnico GRAPROHAB, via GRAPROHAB, que será analisado pela CETESB sob a legislação vigente à época dessa nova solicitação e, caso tenham ocorrido alterações ou a vegetação tenha alterado seu estágio, o projeto deverá ser adequado à nova situação e, se necessário, submetido aos demais órgãos/instituições que compõe o GRAPROHAB.

Após a nova manifestação, será concedido um novo prazo de 02(dois) anos para serem iniciadas as obras.

O Certificado GRAPROHAB, após a devida aprovação na Prefeitura e Registro do Projeto no Cartório de Registro de Imóveis, permite a implantação do empreendimento, desde que acompanhado da devida Autorização (supressão de vegetação e ou intervenção em Área de Preservação Permanente – APP) e Termo de Compromisso de Recuperação Ambiental – TCRA e da Declaração para Vinculação – DV, para os casos em Área de Proteção aos Mananciais.

Licença de Operação da CETESB para loteamentos, desmembramentos e condomínios para fins habitacionais

A partir de dezembro de 2002, os loteamentos, desmembramentos condomínios e conjuntos habitacionais também estão sujeitos à Licença de Operação (LO), que deve ser solicitada diretamente na Agência Ambiental da CETESB, via e-ambiente, após a implantação das obras de infraestrutura e antes da efetiva ocupação dos lotes ou unidades habitacionais.

Entende-se como efetiva ocupação do lote, a ocupação da moradia propriamente dita e não a ocupação do lote com a edificação da moradia.

A licença de operação para esses empreendimentos não é renovável.

A documentação necessária para solicitação da Licença de Operação da CETESB, encontra-se disponível no link:

https://cetesb.sp.gov.br/licenciamentoambiental/roteiros/graprohab/graphohab_lo/.

Relação – Licença de Operação – LO e Termo de Compromisso de Recuperação Ambiental – TCRA

Por ocasião da solicitação da Licença de Operação da CETESB, as medidas de recuperação constantes do TCRA devem estar em execução e dentro do prazo, para que a Licença possa ser concedida.

Caso as medidas de recuperação ainda não tenham sido iniciadas, ou o TCRA estiver vencido e não cumprido, a Licença de Operação não poderá ser concedida.

A Licença de Operação para empreendimentos habitacionais (loteamento, condomínio e conjunto habitacional) poderá ser solicitada parcialmente. Para solicitação da Licença de Operação parcial, a infraestrutura deverá estar implantada e em condições de operação para atender à área pretendida. Adicionalmente, as exigências com relação a legislação florestal deverão estar sendo cumpridas já nessa etapa.

O rito de aprovação dos projetos de empreendimentos habitacionais se inicia com a pré-aprovação na Prefeitura, a análise e aprovação no GRAPROHAB, a aprovação final na Prefeitura, o registro em Cartório de Registro de Imóveis para início das obras e após a sua conclusão, a obtenção da Licença de Operação da CETESB e do Termo de Verificação de Obras – TVO da Prefeitura.

Figura 12 – Fluxograma de elaboração de projetos e aprovação para Empreendimentos Habitacionais

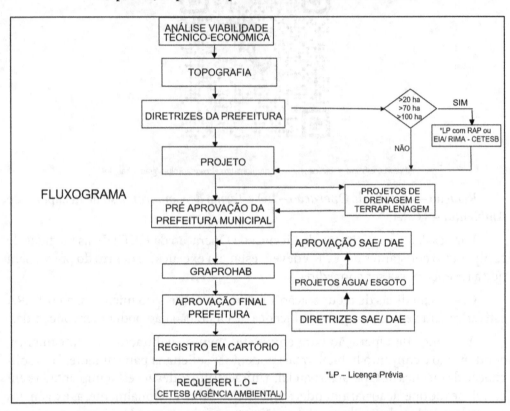

Foto: cpoeta

6. REFERÊNCIAS

AMADEI, Vicente C. *PSU parcelamento do solo urbano*: loteamento e desmembramento: como gerenciar o empreendimento em todas as suas fases. Campinas: Millennium, 2010.

BARREIROS, M. A. F. Reflexões sobre o Parcelamento do Solo Urbano. *Boletim Técnico Da Escola Politécnica da Usp Departamento De Engenharia De Construção Civil*, [s. l.], p. 1-26, 1998. Disponível em: http://barreiros.arq.br/textos/reflexoes.pdf.

BRASIL, DISTRITO FEDERAL, BRASÍLIA. Lei 12.651, de 25 de maio de 2012. Dispõe sobre a proteção da vegetação nativa; altera as Leis 6.938, de 31 de agosto de 1981, 9.393, de 19 de dezembro de 1996, e 11.428, de 22 de dezembro de 2006; revoga as Leis 4.771, de 15 de setembro de 1965, e 7.754, de 14 de abril de 1989, e a Medida Provisória 2.166-67, de 24 de agosto de 2001; e dá outras providências. *Diário Oficial executivo*. Brasília, 25 de maio de 2012. Disponível em: http://www.planalto.gov.br/ccivil_03/_ato2011-2014/2012/lei/l12651.htm. Acesso em: 20 maio 2020.

BRASIL, DISTRITO FEDERAL, BRASÍLIA. Lei 4.591, de 16 de dezembro de 1964. Dispõe sobre o condomínio em edificações e as incorporações imobiliárias. *Diário Oficial executivo*. Brasília, 16 de dezembro de 1964. Disponível em: http://www.planalto.gov.br/ccivil_03/leis/l4591.htm. Acesso em: 20 maio 2020.

DO SOLO URBANO E CONDOMÍNIOS **197**

BRASIL, DISTRITO FEDERAL, BRASÍLIA. Lei 6.766, de 19 de dezembro de 1979. Dispõe sobre o Parcelamento do Solo Urbano e dá outras Providências. *Diário Oficial executivo*. Brasília, 19 de dezembro de 1979. Disponível em: http://www.planalto.gov.br/ccivil_03/LEIS/L6766.htm#:~:text=LEI%20No%20 6.766%2C%20DE%2019%20 DE%20DEZEMBRO%20DE%201979&text=Disp%C3%B5e%20 sobre%20o%20Parcelamento%20do,Art. Acesso em: 20 maio. 2020.

BRASIL, DISTRITO FEDERAL, BRASÍLIA. Lei 9.785, de 29 de janeiro de 1999. Altera o Decreto-Lei 3.365, de 21 de junho de 1941 (desapropriação por utilidade pública) e as Leis 6.015, de 31 de dezembro de 1973 (registros públicos) e 6.766, de 19 de dezembro de 1979 (parcelamento do solo urbano). *Diário Oficial executivo*. Brasília, 29 de janeiro de 1999. Disponível em: http://www.planalto.gov.br/ ccivil_03/LEIS/L9785.htm. Acesso em: 20 maio 2020.

BRASIL, DISTRITO FEDERAL, BRASÍLIA. Lei Federal 13.465, 11 de julho de 2017 – Dispõe sobre a regularização fundiária rural e urbana, sobre a liquidação de créditos concedidos aos assentados da reforma agrária e sobre a regularização fundiária no âmbito da Amazônia Legal; institui mecanismos para aprimorar a eficiência dos procedimentos de alienação de imóveis da União; altera as Leis 8.629, de 25 de fevereiro de 1993, 13.001, de 20 de junho de 2014, 11.952, de 25 de junho de 2009, 13.340, de 28 de setembro de 2016, 8.666, de 21 de junho de 1993, 6.015, de 31 de dezembro de 1973, 12.512, de 14 de outubro de 2011, 10.406, de 10 de janeiro de 2002 (Código Civil), 13.105, de 16 de março de 2015 (Código de Processo Civil), 11.977, de 7 de julho de 2009, 9.514, de 20 de novembro de 1997, 11.124, de 16 de junho de 2005, 6.766, de 19 de dezembro de 1979, 10.257, de 10 de julho de 2001, 12.651, de 25 de maio de 2012, 13.240, de 30 de dezembro de 2015, 9.636, de 15 de maio de 1998, 8.036, de 11 de maio de 1990, 13.139, de 26 de junho de 2015, 11.483, de 31 de maio de 2007, e a 12.712, de 30 de agosto de 2012, a Medida Provisória 2.220, de 4 de setembro de 2001, e os Decretos-Leis nos 2.398, de 21 de dezembro de 1987, 1.876, de 15 de julho de 1981, 9.760, de 5 de setembro de 1946, e 3.365, de 21 de junho de 1941; revoga dispositivos da Lei Complementar no 76, de 6 de julho de 1993, e da Lei 13.347, de 10 de outubro de 2016; e dá outras providências. Disponível em: http://www.planalto.gov.br/ ccivil_03/_Ato2015-2018/2017/Lei/L13465.htm.

BRASIL, SÃO PAULO, SÃO PAULO. Decreto 47.397, de 04 de dezembro de 2002. Dá nova redação ao Título V e ao Anexo 5 e acrescenta os Anexos 9 e 10, ao Regulamento da Lei 997, de 31 de maio de 1976, aprovado pelo Decreto 8.468, de 8 de setembro de 1976, que dispõe sobre a prevenção e o controle da poluição do meio ambiente. Com alterações posteriores. Disponível em: < http://www. al.sp.gov.br/norma/?id=1281>. Acesso em: 22 dez. 2017.

BRASIL, SÃO PAULO, SÃO PAULO. Decreto 47.400, de 04 de dezembro de 2002. Regulamenta dispositivos da Lei Estadual 9.509, de 20 de março de 1997, referentes ao licenciamento ambiental, estabelece prazos de validade para cada modalidade de licenciamento ambiental e condições para sua renovação, estabelece prazo de análise dos requerimentos e licenciamento ambiental, institui procedimento obrigatório de notificação de suspensão ou encerramento de atividade, e o recolhimento de valor referente ao preço de análise. Com alterações posteriores. Disponível em: http://www.al.sp.gov.br/ norma/?id=1284. Acesso em: 22 dez. 2017.

BRASIL, SÃO PAULO, SÃO PAULO. Decreto 52.053, de 13 de agosto de 2007. Reestrutura o Grupo de Análise e Aprovação de Projetos Habitacionais – GRAPROHAB. *Diário Oficial executivo*. São Paulo, 14 de agosto de 2007. Disponível em: https://www.al.sp.gov.br/norma/73501 Acesso em: 20 maio. 2020.

BRASIL, SÃO PAULO, SÃO PAULO. Resolução SIMA 80, de 16 de outubro de 2020. Dispõe sobre os procedimentos para análise dos pedidos de supressão de vegetação nativa para parcelamento do solo, condomínios ou qualquer edificação em área urbana, e o estabelecimento de área permeável na área urbana para os casos que especifica. *Diário Oficial do Estado*. São Paulo, 20 de outubro de 2000. Disponível em: https://smastr16.blob.core.windows.net/legislacao/sites/40/2020/10/resolucao-sima-080-2020-processo-cetesb-060968-2020-01-proc-para-analise-dos-pedidos-de-supressao--de-vegetacao-nativa-para-parcelamento-do-solo-em-area-urbana-3.pdf. Acesso em: 20 dez. 2020.

CETESB, Companhia Ambiental do Estado de São Paulo. *Portal de licenciamento ambiental*. Disponível em: https://portalambiental.cetesb.sp.gov.br/pla/welcome.do;jsessionid=AEADED3FA53102DA-6F791C246E945F 69?ocurredException=null&timeException=null. Acesso em: 15 fev. 2021.

CADERNOS JURÍDICOS, *Direito Urbanístico*. 46. ed. São Paulo: Escola Paulista da magistratura, 2017. Disponível em: www.epm.tjsp.jus.br.

MASCARENHAS, Marisa Pulice. Projeto de lei de responsabilidade territorial urbana: a construção de um referencial normativo comum em torno do parcelamento do solo urbano e da regularização fundiária sustentável. *Tese apresentada à Faculdade de Arquitetura e Urbanismo da Universidade de São Paulo para obtenção do título de Doutora em Planejamento Urbano e Regional*, 2012.

SÃO PAULO. Cetesb. Governo do Estado de São Paulo. *CETESB – Companhia Ambiental do Estado de São Paulo. 2021.*

Disponível em: https://cetesb.sp.gov.br/. Acesso em: 15 fev. 2021.

SECRETARIA DA HABITAÇÃO, Governo do Estado de São Paulo. Manual de orientação: Aprovação de Projetos Habitacionais – GRAPROHAB. *Secretaria da Habitação – Governo do Estado de São Paulo.* São Paulo, v. 3.02, 1-138, setembro de 2020. Disponível em: https://app.habitacao.sp.gov.br/ManualGraprohab/manualgraprohab.pdf.

SILVA, J. A. Da. *Direito urbanístico brasileiro.* 6. ed. São Paulo: Malheiros editores, 2010.

LICENCIAMENTO AMBIENTAL E LOGÍSTICA REVERSA: CONCEITUAÇÃO E O CASO DO ESTADO DE SÃO PAULO

Flávio de Miranda Ribeiro

1. INTRODUÇÃO

Dentre os desafios da sustentabilidade, o gerenciamento dos resíduos sólidos apresenta-se como uma prioridade para muitas regiões, em especial os resíduos sólidos urbanos nos países em desenvolvimento. Seja em função do grande e crescente volume gerado, pela falta de infraestrutura ou por restrições financeiras dos titulares da gestão, em muitos casos a evolução dos sistemas de gerenciamento ainda fica aquém do necessário para a proteção da saúde pública ou mesmo para aproveitar as oportunidades de recuperação material ou energética dos resíduos.[1]

Neste contexto, alguns instrumentos de regulação ambiental têm sido aplicados com sucesso em diversos países, com destaque para o conceito da "responsabilidade estendida do produtor" (conhecida pelo acrônimo em inglês EPR, de *exteded producer responsibility*). Definida como "*uma abordagem de política ambiental na qual a responsabilidade de um produtor por um produto é estendida para a fase pós-consumo de um ciclo de vida do produto*",[2] a EPR se traduz na imposição da responsabilização de fabricantes, importadores ou revendedores sobre os resíduos associados aos seus produtos (ou suas embalagens) após o consumo.[3] A aplicação sistemática da EPR por meio de legislação específica é reconhecida como uma estratégia fundamental para ampliar a recuperação de resíduos municipais, reduzindo o aterro e aumentando o reúso e a reciclagem, com destacados resultados em vários países europeus.[4]

No Brasil, a Política Nacional de Resíduos Sólidos (PNRS)[5] estabeleceu exigências similares à EPR, ainda que sem aplicar o conceito. Em seu lugar, trouxe a exigência de implementação da "logística reversa", exigindo do setor privado a criação de sistemas capazes de coletar e destinar adequadamente os resíduos pós-consumo de diversos produtos. Porém, mesmo passados mais de dez anos da promulgação da PNRS, os desafios para implementar os sistemas de logística reversa no Brasil permanecem, ainda que tenham sido havido significativo progresso.[6]

---

1. PEREIRA et al., 2020.
2. OECD, 2001, p. 9.
3. EUROPEAN COMMISSION, 2010.
4. OECD, 2014.
5. Promulgada pela Lei n. 12.305, de 03 de agosto de 2010 (Brasil, 2010a), e regulamentada pelo Decreto 7.404, de 24 de dezembro de 2010 (Brasil, 2010b).
6. RIBEIRO e KRUGLIANSKAS, 2019.

Dentre os avanços percebidos, destaca-se a própria arquitetura regulatória proposta para a logística reversa na PNRS, qual seja o uso de instrumentos de política pública com base na negociação e no estabelecimento de acordos – no caso, denominados como Termos de Compromisso e Acordos Setoriais. Por meio destes, alguns sistemas de logística reversa já estão em operação, trazendo diversos benefícios à sociedade. Porém, o que se tem verificado, tanto na prática[7] como em estudos acadêmicos[8] é que a atuação voluntária nem sempre se mostra suficiente para avançar na implementação deste dispositivo da PNRS. E é exatamente no limite dessa possibilidade que se propõe a complementação das estratégias negociadas com mecanismos mandatórios e coercitivos, que criem formas de cobrar o atendimento legal (*enforcement*), utilizando, por exemplo, o instrumento do licenciamento ambiental.

Neste capítulo iremos abordar a questão partindo de um enfoque amplo, apresentando alguns conceitos sobre a logística reversa antes de fazer a defesa do uso do licenciamento como "metainstrumento" de regulação para o tema. Em seguida, será apresentado o caso do uso desta abordagem no estado de São Paulo, com vistas tanto a discutir seus méritos e desafios como para apoiar e inspirar futuros avanços similares em outros contextos sub-nacionais ou mesmo junto à União.

2. LOGÍSTICA REVERSA: CONCEITO E APLICAÇÃO NO BRASIL

O termo "logística reversa" tem sido utilizado há muito tempo pela gestão empresarial. De forma a situar nossa discussão no contexto da PNRS, são apresentados a seguir alguns aspectos de sua definição legal no caso dos resíduos sólidos, bem como a situação de implementação das estratégias propostas em âmbito federal[9].

2.1 Definição e conceito

Para a gestão empresarial, "logística reversa" é entendida como "área da logística responsável pelo retorno dos produtos de pós-venda e de pós-consumo e seu endereçamento a diversos destinos".[10] No caso dos resíduos, ao usarmos o termo estamos nos referindo especificamente à parcela dos resíduos pós-consumo, sejam as embalagens vazias dos produtos, ou mesmo os próprios produtos quebrados, defeituosos ou apenas usados.

No caso da PNRS, a logística reversa (LR) é definida como:[11]

---

7. YOGUI, 2015.
8. PEREIRA et al., 2020.
9. Dados e informações atualizados para julho de 2021, época de redação do presente capítulo.
10. LEITE, 2017, p. 11.
11. BRASIL, 2010a, Art. 3º.

"Instrumento de desenvolvimento econômico e social caracterizado por um conjunto de ações, procedimentos e meios destinados a viabilizar a coleta e a restituição dos resíduos sólidos ao setor empresarial, para reaproveitamento, em seu ciclo ou em outros ciclos produtivos, ou outra destinação final ambientalmente adequada".

Neste caso, é importante notar que na prática isso significa coletar, separar e dar a melhor destinação ambientalmente viável a cada fração dos resíduos pós-consumo. Isso não significa, necessariamente, retornar os resíduos pelos mesmos canais logísticos ou para as mesmas empresas da distribuição – o que na verdade quase nunca ocorre. Na maior parte das vezes os resíduos acabam sendo encaminhados para empresas de reciclagem, que recuperam os materiais constituintes destes para novo aproveitamento produtivo.[12]

2.2   A logística reversa no Brasil antes da PNRS

Como consequência de diversos fatores sociais, há muito se realizam no Brasil operações informais de logística reversa. Desde os antigos "garrafeiros", passando pelos atuais "catadores de materiais recicláveis", são amplos os exemplos de pessoas (ou até empresas) que atuam por sua própria conta na coleta e recuperação de valor de resíduos pós-consumo como forma de obtenção de renda. Além disso, algumas empresas adotam práticas de logística reversa como parte de seus modelos de negócio, desde casos mais tradicionais (como por exemplo com o retorno dos "cascos" das garrafas reutilizáveis de bebida em vidro), até outros mais recentes (como campanhas de fidelização de algumas marcas de cosméticos, que oferecem brindes no retorno de embalagens vazias pelos próprios clientes).

Para algumas situações, porém, a legislação brasileira já trazia obrigações legais de implementação da logística reversa mesmo antes da promulgação da PNRS, principalmente em função de sua periculosidade e dificuldade de gestão junto ao fluxo dos resíduos sólidos urbanos.[13] Assim, desde cerca de 20 anos antes da promulgação da PNRS, quatro fluxos de resíduos pós-consumo já tinham requisitos de logística reversa estabelecidos pela regulamentação federal no Brasil: pilhas e baterias; pneus; óleo lubrificante usado e contaminado; e embalagens de agrotóxicos.

Para as pilhas e baterias, a primeira legislação foi promulgada em 1999, atualizada em 2008[14] e, embora houvesse algumas iniciativas para coleta de pilhas os principais resultados eram da coleta e reciclagem de baterias automotivas, o que em 2019 já atingiu 275 mil toneladas, representando 74% do que foi colocado no mercado. O óleo lubrificante usado e contaminado (OLUC), tem a logística regulamentada desde 1993, com atualização em 2005[15], e após a coleta por empresas devidamente autorizadas este é enviado ao re-refino. Em 2019 foram coletados 489 mil litros de

---

12. RIBEIRO e KRUGLIANSKAS, 2019.
13. RIBEIRO e KRUGLIANSKAS, 2019.
14. Resolução CONAMA 401/ 2008.
15. Resolução CONAMA 362/2005, complementada pela Portaria Interministerial 475/ 2019.

OLUC, o que representa 35,8% do volume comercializado. Já para os pneus usados, a legislação existe desde 1999 (atualizada em 2002 e depois em 2009[16]), e em 2019 o sistema criado pelos fabricantes coletou e destinou 419 mil t de resíduos. Por fim, as embalagens agroquímicas tem regras de logística desde 1989 (atualizada em 2000 e com diversas complementações[17]). Neste caso, também há um sistema estruturado pelos fabricantes, que em 2019 coletou e destinou 45 mil t de embalagens, representando 94% do comercializado.[18]

2.3 Previsão da logística reversa na PNRS

A ampliação da obrigatoriedade da logística reversa consiste em um dos principais avanços trazidos pela PNRS.[19] De forma direta, a lei estabelece que:[20]

> "Artigo 33. São obrigados a estruturar e implementar sistemas de logística reversa, mediante retorno dos produtos após o uso pelo consumidor, de forma independente do serviço público de limpeza urbana e de manejo dos resíduos sólidos, os fabricantes, importadores, distribuidores e comerciantes (...)"

Em seus incisos, o artigo 33 da PNRS traz a relação dos produtos sujeitos a essa determinação, tais como: agrotóxicos, seus resíduos e embalagens; pilhas e baterias; pneus; óleos lubrificantes, seus resíduos e embalagens; lâmpadas fluorescentes, de vapor de sódio e mercúrio e de luz mista e produtos eletroeletrônicos e seus componentes (Brasil, 2010a). Esta relação é ainda estendida para "produtos comercializados em embalagens plásticas, metálicas ou de vidro, e aos demais produtos e embalagens".[21] Desta forma, percebe-se que a PNRS incorpora a relação dos produtos com logística reversa já regulamentada, mas amplia significativamente a relação para outras categorias.

Quanto aos requisitos e detalhes operacionais de cada sistema, a PNRS[22] determina que sua definição seja realizada caso a caso, por meio de três possibilidades: Acordos Setoriais (negociados com todo o conjunto de partes interessadas, incluindo consulta pública); Termos de Compromisso (assinados entre autoridades públicas e empresas); ou regulamentação direta (definida pelo governo).

Tanto o Acordo Setorial como os Termos de Compromisso são considerados instrumentos inovadores, por permitirem um novo patamar de diálogo entre o poder público e as empresas.[23] Os Acordos Setoriais são atos de natureza contratual, firmados entre o Poder Público e iniciativa privada, a partir de procedimentos definidos

---

16. Resolução CONAMA 416/2009.
17. Lei 7.802/89, Lei 9.974/2000, Decreto 4.074/2002, Resolução CONAMA 465/2014.
18. MMA, 2021.
19. RIBEIRO, 2014.
20. BRASIL, 2010a.
21. BRASIL, 2010a, Art. 33, § 1º.
22. BRASIL, 2010b.
23. RIBEIRO, 2016.

no Decreto 7.404/2010[24] incluindo editais de chamamento, estudos de viabilidade e consulta pública. Já os Termos de Compromisso são estabelecidos pelo Poder Público com empresas ou grupos de empresas, nas hipóteses em que não houver acordo setorial ou regulamento específico, ou então para a fixação de compromissos e metas mais exigentes.[25]

Estas formas de organizar a discricionariedade do atendimento legal da logística reversa exemplifica o caráter participativo da PNRS enquanto política pública, e representam uma nova forma de governança, com o reconhecimento da importância da participação das partes interessadas (*stakeholders*) no processo de construção da regulação.

2.4 Situação da logística reversa junto ao governo federal

Desde a promulgação da PNRS em 2010, o Governo Federal tem atuado visando ao estabelecimento de Acordos Setoriais, com prioridade em cinco setores: embalagens em geral; produtos eletroeletrônicos; lâmpadas contendo mercúrio; embalagens de óleo lubrificante; e medicamentos. Para tanto, o Ministério do Meio Ambiente (MMA) organizou cinco grupos de discussão, com o objetivo de avaliar os estudos e debater as propostas em cada fluxo de resíduos. Foram realizados estudos de viabilidade, muita discussão ocorreu, mas até a metade de 2018, com oito anos de promulgação da lei, apenas três acordos setoriais haviam sido assinados.[26] Posteriormente, outros documentos foram firmados, e em julho de 2021 a situação destes era a expressa na Tabela 01 a seguir.

Tabela 01: Regulamentação da Logística Reversa em âmbito federal

(documentos vigentes em julho/2021, em ordem cronológica; adaptado de MMA, 2021)

Produto / Embalagem	Tipo de Documento	Data
Embalagens plásticas de óleo lubrificante	Acordo Setorial	Assinado em 10/12/2012, com extrato publicado no D.O.U. de 07/02/2013
Lâmpadas Fluorescentes, de vapor de sódio e mercúrio e de luz mista	Acordo Setorial	Assinado em 27/11/2014, com extrato publicado no D.O.U. de 12/03/2015
Embalagens em Geral	Acordo Setorial	Assinado em 25/11/2015 com extrato publicado no D.O.U. de 27/11/2015
Embalagens de Agrotóxicos	Termo de Compromisso	Assinado em 21/12/2018, com extrato publicado no D.O.U. de 27/12/2018
Embalagens de aço	Termo de Compromisso	assinado em 21/12/2018, com extrato publicado no D.O.U de 27/12/2018

---

24. BRASIL, 2010b.
25. RIBEIRO, 2016.
26. RIBEIRO e KRUGLIANSKAS, 2019.

Produto / Embalagem	Tipo de Documento	Data
Baterias Chumbo Ácido	Acordo Setorial	Assinado em 14/08/2019, com extrato publicado no D.O.U de 27/09/2019
Produtos Eletroeletrônicos e seus Componentes	Acordo Setorial	Assinado em 31/10/2019, com extrato publicado no D.O.U de 19/11/2019
	Regulamento (Decreto)	Decreto 10.240, de 12 de fevereiro de 2020 (replica conteúdo do Acordo)
Medicamentos domiciliares vencidos ou em desuso, de uso humano, industrializados e manipulados, e de suas embalagens	Regulamento (Decreto)	Decreto nº 10.388, de 05 de junho de 2020
Embalagens de alumínio para bebida	Termo de Compromisso	Assinado em 10/11/2020, com extrato publicado no D.O.U de 12/11/2020

Destaca-se que além da relação apresentada na Tabela 01, em julho de 2021 estavam ainda em discussão os seguintes documentos:[27]

- Proposta de "Termo de Compromisso para implementar ações voltadas à Economia Circular e Logística Reversa", apresentado em maio de 2020;

- Proposta de "Acordo Setorial para a implementação de sistema de logística reversa de Resíduos de Origem Animal, oriundos do abate e da comercialização de carnes e produtos cárneos, no âmbito do território nacional", apresentado em dezembro de 2020; e

- Proposta de "Regulamento sobre a instituição de sistema de logística reversa de embalagens de vidro", com a minuta em consulta pública no período de 04/01 a 05/02/2021, conforme a Portaria MMA 641/2020.

3. O *ENFORCEMENT* NA LOGÍSTICA REVERSA E O LICENCIAMENTO AMBIENTAL

Conforme mencionado no início deste capítulo, a estratégia participativa adotada pela PNRS para implementação da logística reversa representa um grande avanço no formato de estruturar a regulação ambiental. Ao trazer à mesa de diálogo a própria comunidade regulada, não apenas se aperfeiçoa o conteúdo das regras, mas também se facilita sua adoção tão logo sejam promulgadas.[28]

De fato, a PNRS trouxe inegáveis ganhos às empresas que buscam cumprir a lei. No caso da logística reversa, isso se verifica principalmente na valiosa possibilidade de propor, discutir, negociar e influenciar positivamente a definição das regras, assegurando flexibilidade e gradualidade para um melhor atendimento legal. Como destacado por Granziera e Ribeiro,[29] a PNRS abriu um importante precedente para que muitas empresas, antes refratárias a assumir as responsabilidades legais, passassem

---

27. MMA, 2021.
28. RIBEIRO e KRUGLIANSKAS, 2019.
29. GRANZIERA e RIBEIRO, 2021.

a dialogar para negociar como atender a estes mesmos ditames. Como destacam os autores, mesmo que em alguns casos os resultados dos sistemas objeto dos Acordos e Termos ainda estejam aquém do desejado pela sociedade, houve um avanço inegável, inclusive evitando possíveis judicializações.

Assim, muitas empresas passaram a fazer os necessários investimentos na implementação e operação dos sistemas, proporcionando avanços reais na implementação da logística reversa no país. Na prática, porém, essa realidade não constitui uma unanimidade, ficando restrita a algumas empresas que aderiram aos sistemas negociados, comprometendo assim o pleno atendimento legal das exigências definidas pela PNRS.

Ocorre que, se observarmos a questão de forma mais ampla, veremos que até a promulgação da PNRS a legislação de logística reversa era toda baseada na regulamentação direta, sem possibilidade de ampla participação da comunidade regulada. Uma vez promulgadas as normas, a fiscalização era conduzida basicamente dentro das rotinas do IBAMA, com muitos casos de inadimplência e sucessivas autuações. Com a edição da PNRS, o quadro regulatório foi fortalecido, ampliando as possibilidades não apenas de participação na formulação das regras, mas também de verificação de seu cumprimento.[30] Porém, em virtude da ampliação das exigências da logística para novos setores e atividades, novos desafios de cumprimento legal surgiram.

Assim, conforme destacado por Brusadin, Amaral e Ribeiro,[31] mesmo após oito anos de promulgação da PNRS, e com toda a discussão e formalização de acordos à época, em 2018 ainda era muito elevada a quantidade de empresas que ainda não atendiam às exigências legais de logística reversa. Como destacado pelos autores, esta inadimplência trazia não apenas prejuízos ambientais, pela falta de coleta e tratamento adequado aos resíduos, mas principalmente provocava graves distorções de competitividade no mercado.

Sucede que, enquanto as empresas que se esforçavam para assegurar o atendimento legal realizando investimentos (muitas vezes significativos) e assumindo novas responsabilidades operacionais, alguns de seus concorrentes diretos permaneciam à sombra da lei, sem incorrer naqueles custos e desafios. Esta situação incômoda, onde nem todas as empresas responderam à oportunidade de participação, era agravada pela dificuldade em definir formas de cobrança das exigências da lei, e como ressaltado por Granziera e Ribeiro,[32] tornou necessário que se complementassem as abordagens colaborativas por mecanismos de cobrança do atendimento legal (denominadas em geral pelo termo em inglês *enforcement*).

Importante destacar que esta ausência de cumprimento legal quanto à logística reversa não ocorria apenas com empresas pequenas ou pouco estruturadas, mas também com diversas grandes empresas globais. Como destacado por Brusadin, Amaral

---

30. GRANZIERA e RIBEIRO, 2021.
31. BRUSADIN, AMARAL e RIBEIRO, 2018.
32. GRANZIERA e RIBEIRO, 2021.

e Ribeiro,[33] várias destas "atendem a legislações equivalentes em outros países, mas se esquivam de fazê-lo por aqui".

De forma a discutir essa mudança de abordagem, no item seguinte apresenta-se o caso do estado de São Paulo, que após um ciclo bem-sucedido de implementação dos sistemas de logística reversa por meio de Termos de Compromisso negociados, complementou sua estratégia com a verificação de requisitos relativos à implementação da logística reversa, tema então inexistente no restante do país, utilizando para isso o procedimento do licenciamento ambiental.

Embora se verifique o disposto na legislação, de que o licenciamento ambiental tem a função de avaliar a localização, instalação, ampliação e a operação de empreendimentos e atividades utilizadoras de recursos ambientais[34], é também reconhecido que, enquanto procedimento administrativo, licenciamento tem grande potencial de absorver outras possibilidades de verificar como as empresas cumprem a legislação ambiental de forma mais ampla.

Assim, a escolha do licenciamento ambiental como instrumento para inclusão das exigências da logística reversa encontra suporte na visão deste como um "metainstrumento" de regulação ambiental, capaz de operacionalizar a aplicação de outros instrumentos, estratégias e técnicas como a avaliação de desempenho ambiental e requisitos relativos ao combate às mudanças climáticas, dentre outros temas.[35]

4. INCORPORAÇÃO DA LOGÍSTICA REVERSA NO LICENCIAMENTO AMBIENTAL: O CASO DO ESTADO DE SÃO PAULO

As discussões sobre logística reversa no estado de São Paulo já vinham ocorrendo quando a PNRS foi promulgada. Com a definição desse marco legal, uma nova estratégia foi proposta, criando uma abordagem pioneira e diferenciada para o tema com base em sucessivas etapas regulatórias. Estas etapas evoluíram do engajamento das empresas, passando pelo estabelecimento de acordos (por meio dos primeiros Termos de Compromisso firmados no país), até incluírem o uso do licenciamento ambiental como instrumento de acompanhamento e *enforcement* da lei.

Esta experiência é abordada a seguir, descrevendo-se o processo e apresentando-se os resultados disponíveis.

4.1 Antecedentes e primeiras iniciativas

Antes de descrever as ações realizadas a partir da promulgação da PNRS, é fundamental destacar que o estado de São Paulo já possuía à época um marco legal próprio da Política Estadual de Resíduos Sólidos[36], estabelecendo de modo genérico a responsabilidade pós-consumo aos fabricantes, distribuidores ou importadores sobre

---

33. BRUSADIN, AMARAL e RIBEIRO, 2018, p. 40.
34. Adaptado da Resolução CONAMA 237/1997
35. RIBEIRO e KRUGLIANSKAS, 2013.
36. Instituída pela Lei Estadual 12.300/2006 e regulamentada pelo Decreto Estadual 54.645/2009.

os resíduos de "produtos que, por suas características, venham a gerar resíduos sólidos de significativo impacto ambiental, mesmo após o consumo desses produtos".[37]

A lei determinava que a então Secretaria de Meio Ambiente editasse norma com a relação dos produtos objeto da responsabilidade pós-consumo e assim, quando a PNRS foi publicada, já havia uma regra estadual em São Paulo[38], trazendo não apenas a relação de produtos como definindo as primeiras exigências a serem atendidas em relação à estruturação dos sistemas de logística reversa.[39]

Com a promulgação da PNRS, a primeira tentativa de São Paulo de harmonizar a legislação foi editar nova norma[40], alterando prazos e algumas das exigências anteriores. Porém, como destacado por Ribeiro e Kruglianskas,[41] estas regras foram recebidas pelo setor privado com forte reação, criando obstáculos para avanço da regulação.

4.2 Estabelecimento de uma nova estratégia regulatória

Com a posse de uma nova gestão na administração do governo do estado, no começo de 2011 foi iniciado um processo de diálogo entre a Secretaria de Meio Ambiente (SMA) e representantes dos setores empresariais incluídos na relação dos produtos objeto da logística reversa, sob coordenação da Federação das Indústrias do Estado de São Paulo (FIESP), que incluiu 18 diferentes tipologias industriais.[42]

O diálogo realizado trouxe importantes subsídios às equipes da SMA, que revogou a norma estadual vigente e desenhou então uma estratégia de implementação da logística reversa em três fases:[43]

- Fase 1: prevista para durar de 2011 a 2014, consistiu no reconhecimento dos sistemas de logística reversa já existentes, em geral de produtos regulados por norma do CONAMA, além de incentivar a criação de sistemas-piloto para os demais casos. Para tanto, o governo de São Paulo desenvolveu um modelo de Termo de Compromisso, trazendo as principais definições e a divisão de responsabilidades entre os atores, de forma a conferir segurança jurídica às empresas;

- Fase 2: prevista para iniciar em 2015, sem previsão de encerramento, visava ampliar gradualmente a experiência da Fase 1 para todas as empresas, criando mecanismos de *enforcement* e incluindo no diálogo o comércio e municípios; e

- Fase 3: traria a incorporação na legislação dos aprendizados das duas fases anteriores, de modo a fortalecer a regulação, criando marcos mais definitivos para a política pública.

---

37. Decreto Estadual 54.645/2009, Art. 19.
38. Resolução SMA 24, de 30 de março de 2010.
39. RIBEIRO, 2014.
40. Resolução SMA 131, de 30 de dezembro de 2010.
41. RIBEIRO e KRUGLIANSKAS, 2020.
42. RIBEIRO, 2012.
43. RIBEIRO e KRUGLIANSKAS, 2019.

Esta abordagem regulatória adotou como pressupostos conceituais os "princípios de qualidade da regulação ambiental" resultantes da pesquisa de Ribeiro[44], e conforme a análise realizada por Ribeiro e Kruglianskas[45] foi responsável por destravar o impasse entre o poder público e a iniciativa privada na implementação da logística reversa.

A seguir as etapas já realizadas destas fases são brevemente descritas e analisadas.

4.3   FASE 1 – OS PRIMEIROS COMPROMISSOS

Logo em seguida ao diálogo entre a SMA e a FIESP, foi desenhada uma nova regulação para a logística reversa em São Paulo, adotando diretrizes de uma boa regulação ambiental,[46] tais como ser flexível, gradual, reflexiva e participativa.

a) A Resolução SMA 38/2011

Com vistas a dar segurança jurídica ao processo, e em especial às empresas aderentes, foi publicada a Resolução SMA 38/2011[47], que trazia uma nova lista de produtos e embalagens sujeitos à logística reversa[48], e estipulava que os fabricantes e importadores deveriam elaborar e enviar, dentro de 60 dias, uma proposta de implementação conforme um conteúdo mínimo – que incluía metas de cobertura geográfica em um primeiro momento, deixando a discussão sobre metas de coleta para uma etapa posterior.[49]

Durante os 60 dias de prazo da norma houve intenso trabalho de esclarecimento de dúvidas e orientação às indústrias. Foram realizadas 57 reuniões com representantes dos setores empresariais e mais de 500 empresas participaram de duas audiências públicas para esclarecimentos.[50]

Ao final do prazo, 199 propostas foram recebidas, sendo 47 de entidades empresariais, representando no total mais de 3 mil empresas de todos os setores da Resolução SMA 38/2011. Segundo a análise conduzida pela SMA, 12% destas foram consideradas ótimas; 22% boas; 55% regulares; e 11% não atenderam ao esperado. Aquelas "ótimas" e "boas", foram então chamadas a nova rodada de diálogo, visando à negociação de Termos de Compromisso.[51]

---

44. RIBEIRO, 2012.
45. RIBEIRO e KRUGLIANSKAS, 2020.
46. RIBEIRO, 2012.
47. Resolução SMA 38, de 02 agosto de 2011.
48. A saber: óleo lubrificante automotivo; óleo de comida vegetal; filtros de óleo lubrificante automotivo; baterias automotivas; baterias portáteis; produtos eletrônicos; lâmpadas contendo mercúrio; pneus; e embalagem de: alimentos; bebidas; produtos de cuidados pessoais, perfumes e cosméticos; produtos de limpeza e similares; pesticidas; e óleo lubrificante automotivo.
49. RIBEIRO e KRUGLIANSKAS, 2019.
50. RIBEIRO, 2014.
51. RIBEIRO e KRUGLIANSKAS, 2019.

b) Estabelecimento dos Termos de Compromisso

À época da Fase 1 da implementação da logística reversa em São Paulo, ainda não havia no País nenhuma experiência de estabelecimento de Acordos Setoriais ou Termos de Compromisso de logística reversa. Assim, o primeiro passo foi definir qual seria sua estrutura. Ao final, definiu-se um modelo de formato padrão para os Termos de Compromisso (TC), incluindo: objeto, definições, descrição do sistema, responsabilidades das partes, metas e forma de acompanhamento, com poucas especificidades em alguns casos.[52]

A negociação dos TC em São Paulo teve início em novembro de 2011, e foi organizada de forma a selecionar para cada tipologia industrial a proposta de melhor escopo, considerando o número de participantes e seu protagonismo de mercado. Uma parte importante da estratégia foi reconhecer em TC os sistemas que já estavam em operação, principalmente aqueles elaborados em resposta das regulações anteriores à PNRS. Em alguns casos, a proposta selecionada abrangeu toda a comunidade regulamentada, como no caso das embalagens de agrotóxicos. Em outros, apenas uma empresa alcançou status suficiente, como foi o caso das embalagens de bebidas, por exemplo.[53]

Os primeiros TC foram assinados em fevereiro de 2012 e, ainda dentro da Fase 1, o último foi firmado em abril de 2014. A Tabela 02 a seguir apresenta a relação dos mesmos, com a respectiva data de assinatura – detalhes adicionais, como formato de atuação, participantes etc. podem ser encontrados em Ribeiro.[54]

Tabela 02: Termos de Compromisso firmados na Fase 1

(adaptado de Ribeiro, 2016)

Produto / Embalagem	Data de Assinatura
Embalagens de agrotóxicos (*Sistema Campo Limpo*)	28/02/2012
Embalagens plásticas de óleo lubrificante (*Programa Jogue Limpo*)	
Embalagens de prod. hig. pessoal, perf., cosm., limpeza e afins, massas alim. e pães e bolos ind. e alguns prod. alim. (*Programa Jogue Limpo*)	
Pilhas e baterias portáteis (*Programa ABINEE Recebe Pilhas*)	
Pneus inservíveis	05/06/2012
Óleo Lubrificante Usado e Contaminado (OLUC)	
Telefonia celular	
Óleo Comestível (empresa)	
Filtro de óleo lubrificante (*Programa Descarte Consciente ABRAFILTROS*)	

---

52. RIBEIRO, 2014.
53. RIBEIRO e KRUGLIANSKAS, 2019.
54. RIBEIRO, 2014.

Produto / Embalagem	Data de Assinatura
Óleo comestível (associação)	20/12/2012
Baterias automotivas	
Lâmpadas fluorescentes	24/01/2013
Embalagem de alimentos	05/06/2013
Embalagens de bebidas	01/04/2014

c) Avaliação da Fase 1

Conforme gradualmente definido pelos TCs estabelecidos na Fase 1 da estratégia de São Paulo, os sistemas de logística reversa foram implementados e passaram a operar, cada qual com uma evolução própria. Até 2014, dos 14 TC firmados um foi aditado; dois cancelados devido a metas não cumpridas e os demais seguiram sendo acompanhados pela CETESB por meio de relatórios e reuniões periódicas.[55] Os resultados detalhados de cada sistema estão sintetizados em Ribeiro.[56]

De forma a planejar a Fase 2 da estratégia, ao final de 2014 as equipes da CETESB conduziram uma avaliação do processo. Em acréscimo ao relatório anual de resultados, foi realizada uma rodada de reuniões de avaliação, que teve como objetivo identificar em cada caso os pontos positivos, dificuldades e oportunidades de melhoria. Os resultados foram compilados em um relatório,[57] que dentre os aspectos identificados apontou principalmente para:

- Como pontos positivos: contribuições para a valorização e reconhecimento dos participantes dos programas; mudança de cultura; formalização dos programas junto aos órgãos públicos; atendimento superior à meta e sistematização de dados;

- Como dificuldades: falta ou baixa de adesão das empresas, comércio e importadores; dificuldades com as prefeituras; dificuldade de atendimento às metas; falta de fiscalização sobre o comércio e empresas não aderentes; elevado custo dos sistemas; e falta de incentivo à reciclagem;

- Como oportunidades de melhoria: inclusão de orientações nos programas estaduais de educação ambiental; revisar o licenciamento ambiental; ampliar e cobrar a adesão de mais participantes, incluindo as prefeituras, o comércio e importadores; incentivar os arranjos intermunicipais; ampliar a quantidade de pontos de coleta por meio de parcerias; realizar fiscalização dos sistemas; fomentar a revisão tributária e incentivo fiscal à reciclagem; ampliar a quantidade de pontos de coleta por meio de parcerias e estimular a indústria da reciclagem.

---

55. RIBEIRO e KRUGLIANSKAS, 2019.
56. RIBEIRO, 2014.
57. YOGUI, 2015.

Para os fins deste capítulo, é importante destacar, dentre as oportunidades apontadas pelos participantes, a necessidade de fiscalização, que surgiu em todos os casos. Como solução proposta, foi apontado pelos próprios representantes da indústria a possibilidade de uso do instrumento do licenciamento ambiental como forma de verificar o cumprimento legal.

d) A logística reversa no Plano Estadual de Resíduos Sólidos

Ao final da Fase 1, e já preparando as medidas a serem adotadas na Fase 2, decidiu-se incluir no Plano de Resíduos Sólidos do Estado de São Paulo[58] um capítulo só sobre logística reversa, com dados e metas específicas.

A proposta de inclusão da logística reversa no Plano Estadual possuía três vertentes principais: dar continuidade à estratégia de negociação junto a representantes da indústria; complementar esta estratégia com um mecanismo de *enforcement* e ampliar o escopo da iniciativa, incluindo novos atores e setores. A Tabela 03 a seguir apresenta as respectivas ações e prazos das metas de logística reversa do plano.[59]

Tabela 03: Metas de logística reversa no Plano de Resíduos do Estado de São Paulo

(adaptado de SMA,2014)

Ação do Plano Estadual	Proposta de cumprimento	Prazo
Dar prosseguimento ao estabelecimento dos Termos de Compromisso	Padronizar os Termos existentes e aditar com novas metas e condições	Ação contínua
	Verificar novos Termos a serem firmados	
Criar regulamentação para cumprimento das exigências legais de LR para empresas não signatárias dos Termos	Publicar nova Resolução, substituindo Res. SMA 38/2011	2015 a 2018
	Criar regra para cobrar, gradativamente, a LR como exigência no licenciamento ambiental	
	Estabelecer forma de cobrança da LR para indústrias de outros estados	
Inserir o comércio e os importadores nos sistemas de LR	Criar regra para comércio, definindo qual a responsabilidade e como cumprir	2015 a 2018
	Estabelecer forma de cobrança da LR para importadores	
Discutir a inclusão nos Termos de outros setores	Discutir com Comissão Estadual de Resíduos	2020
Regulamentar proibição da venda no Estado de São Paulo para quem não tem LR	Redigir uma proposta de Projeto de Lei	2025

---

58. SMA, 2014.
59. SMA, 2014.

Como podemos verificar, estas metas incorporaram várias das propostas resultantes do processo de avaliação da Fase 1 da estratégia. Para os fins deste capítulo, vale ressaltar a meta de criar uma forma de cobrança do atendimento legal para quem não fosse parte dos TC. De fato, à época havia o reconhecimento pela CETESB de que não haveria como obrigar as empresas a participar dos TC, e que a falta de um outro instrumento de cumprisse o papel de exigir e acompanhar o atendimento das exigências de logística reversa criava uma falta de isonomia na aplicação da regra.

Como mostra a Tabela 03, esta meta se desdobrava em três propostas: a criação de um novo marco regulatório, substituindo a Resolução SMA 38/2011, que ficara sem função após a entrega e negociação das propostas em TC; a inclusão gradual de exigências de logística reversa no licenciamento e a definição de uma forma de cobrança das empresas de outros estados. Como veremos, as duas primeiras destas são o cerne da Fase 2, descrita a seguir.

4.4   Fase 2: A inclusão da logística reversa no licenciamento ambiental

O início da Fase 2 coincidiu com uma nova gestão do governo do estado, e a equipe da SMA decidiu dar seguimento às estratégias previamente planejadas. Assim, passou-se a discutir a nova regulação para a logística reversa, tendo como base os resultados apresentados no item anterior.

a) A Resolução SMA 45/2015

Publicada em 23 de junho, a Resolução SMA 45/2015 substitui a Resolução SMA 38/2011 e dá início à Fase 2 da estratégia. Ao invés de chamar propostas, esta replica em âmbito estadual o conteúdo da PNRS, determinando a obrigatoriedade da estruturação e implementação de sistemas de logística reversa por fabricantes, importadores, distribuidores e comerciantes de diversos produtos[60]-[61].

Além da revisão dos produtos e embalagens objeto da logística reversa, a Resolução SMA 45/2015 também indica que os sistemas devem ser implementados de preferência coletivamente; que os TC firmados deverão ser renovados, com vistas principalmente a padronizar o formato de relatórios e definir novas metas; e define sanções em caso de não cumprimento, além de delegar a discussão sobre vários temas relevantes à Comissão Estadual de Resíduos Sólidos.[62]

Porém, a determinação mais importante da Resolução SMA 45/2015 é sem dúvida a demanda para que a CETESB estabeleça exigências relativas à logística reversa no processo de licenciamento. Para os signatários ou aderentes aos TC, determina-se que a verificação será feita de forma coletiva, por meio do acompanhamento do próprio

---

60. A relação dos produtos reitera aqueles anteriores, da Resolução SMA 38/2011, mas alterando sua semântica, adiciona os "medicamentos domiciliares, vencidos ou em desuso" e abre a possibilidade de o governo incluir "outros bens de consumo".
61. IGLESIAS, 2015.
62. RIBEIRO e KRUGLIANSKAS, 2019.

documento. Já para os não signatários ou aderentes, a CETESB deveria publicar uma nova regra a ser atendida.[63]

b) Renovação dos TC com novo formato

Uma parte importante da Fase 2 foi a mudança no formato dos TC, que passou por uma revisão com vistas a harmonizar tanto as metas como o formato dos relatórios. Percebeu-se que na Fase 1 a falta desta padronização dificultava tanto a comparação dos resultados entre diferentes sistemas, como também impedia que as metas de muitos TC fossem extrapoladas para empresas que não fossem parte daquele sistema. Assim, uma das principais mudanças foi a adoção de metas de coleta de resíduos proporcionais à quantidade de produto comercializado, em peso. Com isso, permitiu-se melhor comparação e pavimentou-se o caminho para a futura definição das metas a serem cobradas no licenciamento.[64] Adicionalmente, alguns dos TC passaram a incluir o comércio, já fazendo dessa forma um primeiro ensaio da meta do Plano Estadual de Resíduos de incluir outros atores no processo.

Desta forma, todos os TC vigentes em 2015 passaram por nova etapa de negociação, e gradualmente passaram a ser renovados. A Tabela 04 a seguir traz a relação dos TC vigentes em julho de 2021, com seus participantes e datas de assinatura, conforme dados obtidos da página na Internet da CETESB.[65]

Tabela 04: Termos de Compromisso vigentes em julho/ 2021[66]

Produto / Embalagem	Participantes (além da SMA e CETESB)	Data de Assinatura
Embalagens de Agrotóxicos	InPEV – Instituto Nacional de Processamento de Embalagens Vazias ANDAV – Associação Nacional de Distribuidores de Insumos Agrícolas e Veterinários	21/12/2015, aditado em 05/10/2018
Filtros Usados de Óleo Lubrificante Automotivo	ABRAFILTROS – Assoc. Bras. das Empresas de Filtros e seus Sistemas Automotivos e Industriais	21/12/2015, aditado em 05/10/2018
Óleo Comestível	ABIOVE – Associação Brasileira das Indústrias de Óleos Vegetais SINDOLEO – Sindicato da Indústria de Óleos Vegetais e seus Derivados no Estado de São Paulo FECOMERCIO SP – Federação do Comércio de Bens, Serviços e Turismo do Estado de São Paulo APAS – Associação Paulista de Supermercados	21/12/2015, aditado em 29/12/2017 e renovado em 10/12/2020
Pilhas e Baterias Portáteis	ABINEE – Associação Brasileira da Indústria Elétrica e Eletrônica Federação do Comércio de Bens e Serviços e Turismo do Estado de São Paulo – FECOMERCIO SP	10/12/2020
Baterias Inservíveis de Chumbo Ácido	Associação Brasileira de Baterias Automotivas e Industriais – ABRABAT Instituto Brasileiro de Energia Reciclável – IBER Federação do Comércio de Bens e Serviços e Turismo do Estado de São Paulo – FECOMERCIO SP	21/12/2016, aditado em 17/12/2019

---

63. RIBEIRO e KRUGLIANSKAS, 2019.
64. CETESB, 2021a.
65. CETESB, 2021a.
66. CETESB, 2021a.

Produto / Embalagem	Participantes (além da SMA e CETESB)	Data de Assinatura
Embalagens Plásticas Usadas de Lubrificantes	Instituto Jogue Limpo	21/12/2016, aditado em 15/10/2018
Embalagens Vazias de Saneantes Desinfetantes e Desinfetantes de Uso Profissional	ABAS – Associação Brasileira de Aerossóis e Saneantes Domissanitários	15/07/2016
Produtos eletroeletrônicos de uso doméstico	Green Eletron – Gestora de Resíduos Eletroeletrônicos Nacional ABINEE – Associação Brasileira da Indústria Elétrica e Eletrônica FECOMERCIO SP – Federação do Comércio de Bens e Serviços e Turismo do Estado de São Paulo	16/10/2017
Embalagens em geral – FIESP, CIESP e ABRELPE	Associação Brasileira de Empresas de Limpeza Pública e Resíduos Especiais – ABRELPE Associação Brasileira de Empresas de Tratamento de Resíduos e Efluentes – ABETRE Centro das Indústrias do Estado de São Paulo – CIESP Federação das Indústrias do Estado de São Paulo – FIESP Federação do Comércio de Bens, Serviços e Turismo do Estado de São Paulo – FECOMERCIOSP 81 entidades empresariais (Associações, Sindicatos, Institutos etc.)	23/05/2018
Embalagens em geral – ABIHPEC, ABIPLA e ABIMAPI	Associação Brasileira da Indústria de Higiene Pessoal, Perfumaria e Cosméticos – ABIHPEC Associação Brasileira das Indústrias de Produtos de Limpeza e Afins – ABIPLA Associação Brasileira das Indústrias de Biscoitos, Massas Alimentícias e Pães & Bolos Industrializados – ABIMAPI	15/10/2018
Embalagens e Óleo Comestível	Associação Paulista de Supermercados – APAS	06/05/2019
Embalagens Pós-Consumo de Aerossóis	Associação Brasileira de Aerossóis e Saneantes Domissanitários – ABAS	09/10/2019
Embalagens de Aço Vazias de Tinta Imobiliária	Prolata Recicladores e Associados ABRAFATI – Associação Brasileira dos Fabricantes de Tinta ABEAÇO – Associação Brasileira de Embalagens de Aço ARTESP – Associação dos Revendedores de Tintas do Estado de São Paulo	05/11/2020
Embalagens em geral – ABPA, ABINPET e Instituto Recicleiros	Associação Brasileira de Proteína Animal – ABPA Associação Brasileira da Indústria de Produtos para Animais de Estimação – ABINPET Instituto Recicleiros	10/12/2020
Medicamentos Domiciliares de Uso Humano, vencidos ou em desuso, e suas embalagens	ABAFARMA – Associação Brasileira do Atacado Farmacêutico ABCFARMA – Associação Brasileira do Comércio Farmacêutico ABIFISA – Assoc. Bras. Empresas do Setor Fitoterápico, Suplemento Alimentar e de Promoção da Saúde ABIMIP – Associação Brasileira da Indústria de Medicamentos Isentos de Prescrição ABRADILAN – Associação Brasileira de Distribuição e Logística de Produtos Farmacêuticos ABRAFARMA – Associação Brasileira de Redes de Farmácias e Drogarias ALANAC – Associação dos Laboratórios Farmacêuticos Nacionais FEBRAFAR – Federação Brasileira das Redes Associativistas e Independentes de Farmácias PRÓGENÉRICOS – Associação Brasileira das Indústrias de Medicamentos Genéricos SINCOFARMA – Sindicato do Comércio Varejista de Produtos Farmacêuticos no Estado de São Paulo SINDUSFARMA – Sindicato da Indústria de Produtos Farmacêuticos SINDUSFARQ – Sindicato das Indústrias de Produtos Farmacêuticos e Químicos para Fins Industriais no Estado de Minas Gerais SINFAR-RJ – Sindicato da Indústria de Produtos Farmacêuticos do Estado do Rio De Janeiro	16/02/2021

c) Regulamentação da LR no licenciamento

Conforme apresentado anteriormente, a previsão de incluir a logística reversa como critério no licenciamento ambiental teve como principal motivador a necessidade de criar um mecanismo de *enforcement* para o tema, permitindo o acompanhamento sistemático dos sistemas de logística reversa e incluindo a possibilidade de fiscalização e eventual aplicação de sanções. No estado de São Paulo, esta previsão consta inicialmente das metas do Plano de Resíduos Sólidos do Estado, de 2014, visando a atender à expectativa do próprio setor privado em assegurar a isonomia do cumprimento legal, tendo sido em seguida regulamentada pela Resolução SMA 45/2015.

Segundo os responsáveis por sua implementação à época, a estratégia teve como objetivo:[67]

> "conferir isonomia na cobrança do cumprimento legal dentre as empresas, promovendo segurança jurídica e induzindo a ampliação gradual da oferta e da abrangência dos sistemas de logística reversa, com claros benefícios à população e ao meio ambiente".

Conforme determinado pela Resolução SMA 45/2015, a CETESB passou então a discutir os requisitos a serem estabelecidos e, após uma longa discussão interna, publicou as regras na Decisão de Diretoria 076/2018, ou simplesmente DD 076,[68] que define os requisitos e detalhes para incorporação da logística reversa no licenciamento, incluindo metas quantitativas, requisitos de relatório e outras condições. Dentre as determinações da DD 076, podemos destacar:[69]

- a definição das empresas objeto da regra, uma vez que o universo dos fabricantes licenciados no estado era composto por dezenas de milhares de empreendimentos. Assim, optou-se pela definição de uma progressão de linhas de corte destas empresas (à exceção dos setores regulamentados antes da PNRS, para os quais não é possível estabelecer gradação para a aplicação da regra), utilizando como critério o porte (em área), com empresas acima de 10 mil m² no primeiro grupo. Esta caracterização trouxe também uma definição ampliada de "fabricante", de forma a incluir na cobrança do atendimento legal não apenas quem manufatura ou envasa o produto, mas também os detentores das marcas;

- o benefício às empresas aderentes aos TC, uma vez que estas são automaticamente consideradas adimplentes, desde que o TC esteja em dia com suas obrigações;

- a recomendação para que os sistemas sejam implementados por iniciativas coletivas, preferencialmente por meio de entidade gestora criada para esse fim, sob controle dos responsáveis e sem fins lucrativos;

---

67. BRUSADIN, AMARAL e RIBEIRO, 2018, p. 39.
68. CETESB, 2018.
69. BRUSADIN, AMARAL e RIBEIRO, 2019.

- a demonstração da conformidade será feita por meio da apresentação de um "Plano de logística reversa", ser elaborado para cada sistema, seguido da entrega periódica de um "Relatório anual" para monitorar os resultados;

- a definição das metas a serem atingidas em cada caso, separadas por produto ou embalagem sujeitos à logística reversa. Estes valores foram definidos utilizando-se tanto a legislação existente como os Acordos Setoriais federais, acrescidos sempre da consideração das metas dos TC recém-renovados junto ao governo de São Paulo, ressaltando sua importância;

- especificamente em relação às metas de coleta, estas foram estabelecidas como percentuais do peso de produtos ou embalagens colocados no mercado paulista no ano anterior, solicitando-se aos proponentes estas informações – mesmo que estimadas;

- todas as informações deverão ser fornecidas pelos sistemas informatizados disponibilizados pela CETESB, por meio de formulários eletrônicos próprios; e

- a CETESB irá incorporar estas exigências em sua rotina de fiscalização, sendo possível a aplicação das penalidades previstas em lei, em caso de não atendimento.

A mudança de enfoque promovida pela DD 076 assume que a ação voluntária foi fundamental na Fase 1 e começo da Fase 2, mas também reconhece que esta já havia chegado à saturação e, portanto, se fazia necessário um mecanismo de *enforcement* para seguir avançando na implementação da logística reversa.[70] Nas palavras dos responsáveis pela iniciativa à época, "o diálogo estará sempre aberto – mas agora complementado com o *enforcement* e respectivas sanções para aqueles que ainda não se dispõem a cumprir a Lei".[71]

A partir da publicação do DD 076, em 03 de abril de 2016, várias ações foram realizadas pela CETESB para colocá-la em prática, incluindo a definição de diretrizes e formulários para os Planos e Relatórios de Logística Reversa, respostas a consultas e reuniões para esclarecimentos, bem como treinamento das equipes das agências ambientais para aplicação das novas regras e exigências.[72]

Dentre as principais medidas inclui-se a publicação de uma versão atualizada da norma, em 2019, a Decisão de Diretoria da CETESB 114/2019/P/C, ou DD 114.[73] As principais alterações em relação à versão anterior são: a revisão da definição de "resíduo pós-consumo"; a mudança em um ano no prazo para as linhas de corte de 2019 e 2020; as novas metas para os sistemas de logística reversa de Embalagens em Geral, Embalagens de Aço, Eletroeletrônicos (cria divisão por porte) e Óleo

---

70. GRANZIERA e RIBEIRO, 2019.
71. BRUSADIN, AMARAL e RIBEIRO, 2019, p. 40.
72. CETESB, 2020.
73. CETESB, 2019.

Comestível; a necessidade de que os sistemas que usam serviços das prefeituras demonstrem o ressarcimento dos custos (ou que estas declinaram deste); e a inclusão dos Certificados de Reciclagem de Embalagens em Geral (CRE), com regras para comprovação dos resultados.

d) Resultados iniciais do enforcement

Na primeira rodada de vigência da DD 076, com o final do primeiro prazo em outubro de 2018, a CETESB havia recebido 51 planos de logística reversa. Após uma primeira verificação, eliminando o duplo relatório e melhorando a orientação para o setor, estes foram reduzidos para 26 Planos de Logística Reversa, incluindo 2.179 empresas, que a CETESB verificou individualmente. Vale ressaltar que apenas 6 eram de empresas isoladas, o que mostra a preferência das empresas por ações coletivas. Até novembro de 2018, 13 desses planos haviam sido verificados com sucesso pela CETESB, com ou sem reservas, e os outros 14 haviam sido devolvidos para revisão ou suplementação.[74]

Conforme dados divulgados pela CETESB (2020), o progresso das ações de implementação da logística reversa no licenciamento ambiental surtiram importantes resultados e demonstram o aumento no atendimento legal. Dentre os dados apresentados evidencia-se: o crescimento no número de planos recebidos, de 27 (2018), para 60 (2019); o aumento no total de empresas inseridas nos planos, de 2.179 (2018), para 2.869 (2019) – com destaque a um aumento de 44,8%, quando se faz o recorte para as empresas paulistas (de 1.276 para 1.848). Na mesma notícia, a CETESB ainda destaca as ações de fiscalização e *enforcement* realizadas, tendo no ano aplicado notificação a 346 empresas para apresentação de Planos e Relatórios, além da lavratura de 59 autos de infração por descumprimento da exigência.

Os dados relativos ao ano de 2020 não foram divulgados até julho de 2021, mas em notícia relativa à participação da Presidente da CETESB em um evento,[75] a mesma destacou que "das 2.869 empresas instaladas no estado, mais de 2 mil estão inseridas em planos de logística reversa, apresentando uma evolução de 45% em relação nos últimos três anos". Na mesma notícia, ressaltou outro fato relevante no período 2020-2021, de que durante o período da pandemia da COVID-19, a CETESB passou a não exigir o atendimento à meta quantitativa de logística reversa para embalagens em geral, sendo em contrapartida exigido das empresas o investimento nas cooperativas de catadores de, no mínimo, os mesmos valores pecuniários que vinham sendo investidos na média dos seis meses precedentes ao estado de emergência, em forma de remuneração direta aos cooperados.

---

74. RIBEIRO e KRUGLIANSKAS, 2019.
75. CETESB, 2021b.

5. CONSIDERAÇÕES FINAIS

Dentre as diversas abordagens para solução dos desafios ambientais relacionados à gestão dos resíduos sólidos, a logística reversa tem se mostrado uma importante estratégia em diversas partes do mundo. Embora com diferentes concepções, a legislação ambiental de muitos países e regiões têm incorporado exigências e obrigações às empresas que colocam diversos produtos no mercado, ampliando o escopo de suas responsabilidades.

Mas como toda forma inovadora e complexa de regulação, a adoção destes marcos legais traz muitos desafios. Assim, é necessário criar uma arquitetura regulatória capaz de avançar no tema, respeitando os anseios da sociedade, mas também considerando a viabilidade técnica e financeira da estruturação e operação dos sistemas.

No caso brasileiro, a PNRS optou por definir uma abordagem ampla e contemporânea, estabelecendo na Lei e no Decreto apenas as regras gerais, para que em cada caso a discricionariedade das regras possa ser definida de forma participativa. Embora ainda tenhamos muitos desafios por vencer, essa escolha parece acertada e digna de reconhecimento. Porém, para que possa de fato ser bem-sucedida, é fundamental que as estratégias criadas prossigam em sua evolução.

Neste sentido, um aspecto fundamental é assegurar a isonomia na aplicação da lei. Ocorre que, em função da forma de construção das regras, por meio da negociação de Acordos Setoriais e Termos de Compromisso, muitas empresas acabam ficando fora do processo e não participam dos sistemas. Seja por desconhecimento, dificuldades financeiras ou operacionais, falhas no diálogo, negligência, má-fé, ou qualquer outra motivação, o fato é que em muitos casos ainda temos grande quantidade de empresas aquém do cumprimento legal quanto à implementação e operação de sistemas de logística reversa. Assim, muitas vezes o *compliance* é assegurado ou cobrado apenas daqueles que se apresentam ao diálogo e participam da negociação, deixando uma significativa parcela das empresas sem cobrança quanto aos investimentos necessários para o cumprimento legal.

É com vistas a corrigir esta distorção na aplicação da legislação que surgem novas modelagens regulatórias, como no presente caso da inclusão da logística reversa como exigência no licenciamento ambiental. Como já destacado por Granziera e Ribeiro (2021), isso cria uma situação de três momentos históricos distintos no *compliance* da logística reversa: um primeiro relativo às normas do CONAMA anteriores à PNRS, via atuação do IBAMA e outros órgãos ambientais; um segundo, com a negociação dos sistemas a partir da promulgação da PNRS, quando as empresas atendem a lei por meio da adesão aos sistemas estabelecidos nos Acordos Setoriais e Termos de Compromisso; e agora uma terceira, quando o poder público (no caso em São Paulo) passa a cobrar a logística reversa das empresas de forma coercitiva, por meio de exigências no licenciamento ambiental.

Ao inaugurar esta nova forma de exigência, o governo de São Paulo define um mecanismo de *enforcement* diferenciado, com grande chance de favorecer a implementação da logística reversa no país em atendimento à PNRS. A própria escolha do licenciamento como instrumento parece ser acertada, uma vez que isso se beneficia da amplitude e experiência na aplicação desse instrumento, aproveitando também a estrutura administrativa e as rotinas já existentes e criando uma forma sistemática e organizada de cobrança do cumprimento legal com mínimo esforço para a criação de novos procedimentos. Com essa medida, foi possível também estruturar uma dinâmica de fiscalização usando as estruturas e rotinas já em prática, com pequenos acréscimos, promovendo o *compliance* com reduzido esforço institucional adicional da parte do órgão ambiental.

Outro ponto relevante do caso paulista é o cuidado com a gradualidade da evolução legal, como defendido por Ribeiro e Kruglianskas.[76] Pelo que se pode apurar, o sucesso em evoluir a estratégia foi fortemente influenciado pela decisão de fasear a estratégia: começando com a revogação da regra anterior (início de 2011); passando pela publicação de uma "chamada de propostas" (Resolução SMA 38/2011); negociando os TC na fase 1 (2011-2014); avaliando a experiência junto aos envolvidos (2014); substituindo a regra por outra mais exigente (Resolução SMA45/2015); atualizando os TC para que todas empresas aderentes atendessem às exigências antes de publicar; e só então publicando as regras para inclusão no licenciamento (DD 076 em 2018), dando ainda prazo para iniciar a cobrança de seu atendimento.

Nesta evolução, uma questão importante a destacar foi a revisão de todos os TC antes de publicar a DD 076/2018, de forma a iniciar a definição das metas que todos teriam de cumprir a partir das discussões com aqueles que já vinham não apenas colaborando com o diálogo, mas principalmente assumindo compromissos e realizando investimentos. Essa postura não apenas reforça a importância de participar das negociações, como privilegia quem o fez e já era parceiro da SMA e CETESB.

A publicação da regra (DD 076) ainda teve um importante significado junto a estas empresas que já vinham participando dos sistemas sob TC em São Paulo, ao efetivar a cobrança daqueles que até o momento não haviam se disposto ao diálogo e, eventualmente, vinham se beneficiando da falta de fiscalização. A nova postura da CETESB serviu assim para demonstrar que os esforços de *compliance* dessas empresas e entidades não foram em vão, e que aqueles que ainda não estavam fazendo sua parte passariam a ser cobrados pelo Poder Público. Espera-se que com isso também se dê um reforço positivo a uma postura de *compliance* ambiental com base na participação voluntária, trazendo novo sentido e valor à colaboração nas negociações com os órgãos ambientais de forma mais ampla.

Embora ainda seja cedo para estabelecer conclusões definitivas, pelo exposto podemos concluir que o uso do licenciamento ambiental para aplicação de exigên-

---

76. RIBEIRO e KRUGLIANSKAS, 2020.

cias de logística reversa é uma estratégia acertada e, pelo menos até o momento, bem sucedida. Faz-se necessário, porém, assegurar que o governo do estado siga com a aplicação das regras de acordo com o planejado. A propósito, o sucesso da abordagem, evidenciado pelos dados apresentados, também mostram a importância da continuidade e estabilidade das políticas públicas, garantindo segurança jurídica e confiança ao setor privado – lembrando que no caso as ações realizadas, pelo menos até julho de 2021, consistem na implementação do que foi desenhado dez anos antes, quando, no início de 2011, definiu-se a estratégia.

Agora que São Paulo está promovendo a isonomia entre as empresas do estado, um importante próximo passo será promover a isonomia entre os estados – evitando a fuga de empresas para locais menos regulados. Para tanto, sugere-se que tanto outras unidades da federação, como bem a própria União, possam inspirar-se na experiência aqui relatada e avançar em sua regulamentação, de modo a assegurar a aplicação da lei de forma igualitária em todo o País.

Por fim, vale ressaltar que a aplicação de um mecanismo coercitivo a exigências legais da logística reversa não tira o mérito, importância ou merecido protagonismo das iniciativas de negociação de Acordos Setoriais e Termos de Compromisso. Muito pelo contrário, esta iniciativa só fortalece esse modelo – que deve seguir apostando na capacidade e maturidade das empresas e governos para a cooperação em busca das melhores soluções para nossos desafios ambientais. Porém, para aqueles que relutam em voluntariamente assumir sua parcela de responsabilidades, agora existe uma alternativa regulatória para garantir à sociedade o cumprimento da lei vigente.

6. REFERÊNCIAS

BRASIL. Lei 12.305, de 02 de agosto de 2010. Institui a Política Nacional de Resíduos Sólidos(...). Diário Oficial [da] República Federativa do Brasil, Poder Exec., Brasília, 03 ago. 2010. 2010a.

BRASIL. Decreto 7.404, de 23 de dezembro de 2010. Regulamenta a Lei 12.305(...). Diário Oficial [da] República Federativa do Brasil, Poder Exec., Brasília, 24 dez. 2010. 2010b.

BRUSADIN, Maurício; AMARAL FILHO, Geraldo; RIBEIRO, Flávio de Miranda. Termos de Compromisso – A incorporação da logística reversa no licenciamento ambiental. RMAI – *Revista Meio Ambiente Industrial*, p. 38-40, 01, São Paulo, jul. 2018.

CETESB – COMPANHIA AMBIENTAL DO ESTADO DE SÃO PAULO. Logística Reversa. Página internet institucional. Disponível em: https://cetesb.sp.gov.br/logisticareversa/. Acesso em julho/2021. 2021a.

CETESB – COMPANHIA AMBIENTAL DO ESTADO DE SÃO PAULO. Especialistas debatem os avanços de SP na área de resíduos. Página internet institucional. Disponível em: https://cetesb.sp.gov.br/blog/2021/03/19/especialistas-debatem-os-avancos-de-sp-na-area-de-residuos/. Acesso em julho/2021. 2021b.

CETESB – COMPANHIA AMBIENTAL DO ESTADO DE SÃO PAULO. Avanços da Logística Reversa em 2019 no Estado. Notícias. Página Internet institucional. Disponível em: https://cetesb.sp.gov.br/blog/2020/01/08/avancos-da-logistica-reversa-em-2019-no-estado/. Acesso em: julho/2021. 2020.

CETESB – COMPANHIA AMBIENTAL DO ESTADO DE SÃO PAULO. Decisão de Diretoria CETESB 114/2019/P/C. Disponível em: https://cetesb.sp.gov.br/wp-content/uploads/2019/10/DD-

-114-2019-P-C-Procedimento-para-a-incorpora%C3%A7%C3%A3o-da-Log%C3%ADstica-Reversa-no-%C3%A2mbito-do-licenciamento-ambiental.pdf. Acessado em julho/ 2021. 2019.

CETESB – COMPANHIA AMBIENTAL DO ESTADO DE SÃO PAULO. Decisão de Diretoria CETESB 076/2018/C. Disponível em: https://cetesb.sp.gov.br/wp-content/uploads/2018/04/DD-076-2018-C.pdf . Acessado em julho/2021. 2018.

GRANZIERA, Maria Luiza Machado; RIBEIRO, Flávio de Miranda. *Compliance ambiental e logística reversa*: o descarte de produtos. Capítulo de livro no prelo. Indaiatuba: Foco, 2021.

IGLECIAS, Patricia. *Interview*. ARES – Ambiente & Resíduos. Ed. 3, ano 1. p. 20-25. 2015.

LEITE, Paulo Roberto. *Logística Reversa*: Sustentabilidade e competitividade. São Paulo: Saraiva, 2017.

MMA – MINISTÉRIO DO MEIO AMBIENTE. Logística Reversa. SNIR – Sistema Nacional de Informações sobre a Gestão dos Resíduos Sólidos. Disponível em: https://sinir.gov.br/logistica-reversa. Acesso em: julho/ 2021.

OECD – ORGANIZATION FOR ECONOMIC CO-OPERATION AND DEVELOPMENT. Extended Producer Responsibility. A Guidance manual for governments. Paris: OECD, 2001.

OECD – ORGANIZATION FOR ECONOMIC CO-OPERATION AND DEVELOPMENT. The state of play on extended-producer responsibility (EPR): opportunities and challenges. Issue paper. Global Forum on Environment. Tokyo, 2014.

PEREIRA, Alexandre Neves; RIBEIRO, Flávio de Miranda; JEFFREY, Robin; DORON, Assa. Waste policy reforms in developing countries: A comparative study of India and Brazil. *Waste Management & Research*, v. 38, p. 987-994, 2020. Disponível em: http://dx.doi.org/10.1177/0734242X20938435. Acesso em: julho/2021.

RIBEIRO, Flávio de Miranda. Logística Reversa. *Cadernos de Educação Ambiental*. n. 20. São Paulo: Secretaria do Meio Ambiente, 2014. Disponível em: https://www.infraestruturameioambiente.sp.gov.br/cea/2014/11/20-logistica-reversa/. Acesso em: julho/2021.

RIBEIRO, Flávio de Miranda. Implantação da logística reversa: a primeira fase da experiência piloto do estado de São Paulo. In: AMARO, A.B.; VERDUM, R. (Org.). *Política Nacional de Resíduos Sólidos e suas interfaces com o espaço geográfico*: entre conquistas e desafios. Porto Alegre: Letra1, 2016.

RIBEIRO, Flávio de Miranda. *Reforma da Regulação Ambiental*: Características e Estudos de Caso do Estado de São Paulo. Tese (Doutorado). Programa de Pós-Graduação em Ciência Ambiental da Universidade de São Paulo (PROCAM-USP). São Paulo. 235p. 2012.

RIBEIRO, Flávio de Miranda; KRUGLIANSKAS, Isak. Reforma da regulação ambiental: Estudo de caso da licença de operação renovável em São Paulo. *4th International Workshop Advances in Cleaner Production*, São Paulo: UNIP, 2013.

RIBEIRO, Flávio de Miranda. Implementação da Logística Reversa no Brasil: estudo de caso do Estado de São Paulo entre 2011 e 2018. *XXI ENGEMA* – Encontro Internacional sobre Gestão Empresarial e Meio Ambiente, 2019, São Paulo. XXI ENGEMA – Anais. São Paulo: FEA-USP, 2019.

RIBEIRO, Flávio de Miranda. Critical factors for environmental regulation change management: evidence from an extended producer responsibility case study. *Journal of Cleaner Production*, v. 246, p. 119.013, 2020. Disponível em: http://dx.doi.org/10.1016/j.jclepro.2019.119013. Acesso em: julho/ 2021.

SÃO PAULO (Estado). Decreto Estadual 54.645, de 05 de agosto de 2009. Regulamenta dispositivos da Lei 12.300 (...). Diário Oficial do Estado – Poder Executivo, 05 de agosto de 2009.

SMA – SECRETARIA DE ESTADO DO MEIO AMBIENTE. Plano de Resíduos Sólidos do Estado de São Paulo. São Paulo: SMA, 2014. Disponível em:< http://s.ambiente.sp.gov.br/cpla/plano-residuos-solidos-sp-2014-251114.zip. 2014.

YOGUI, Regiane Teruya. Acompanhamento dos Termos de Compromisso para Responsabilidade Pós-Consumo. Informação Técnica 001/2015/VR. Report. São Paulo: CETESB, 2015.

ANOTAÇÕES

ANOTAÇÕES